눈떠보니
커피 사업가?!

눈떠보니 커피 사업가

신동민 지음

netmaru

카페 말고도
커피로 돈 버는 법 알려드립니다

안녕하세요. 저는 현재 공정무역 커피 회사 '아름다운커피' 카페 비즈니스팀에서 일하고 있는 신동민입니다. 아름다운커피는 공정무역Fair trade를 하는 회사입니다. 커피를 통해 저개발국 생산지의 어려운 농부들을 돕는 일을 하고 있습니다. 제가 커피 관련 일을 시작한 지도 어느덧 13년이 넘어가고 있네요. 저는 첫 번째 직장에서도 공정무역과 관련된 일을 했었는데요. '기아대책'이라는 국제개발 NGO였으며, 그 중 공정무역 커피팀에 발령을 받아 이후 8년 간 같은 팀에서 일을 했습니다. 지금도 아름다운커피에서 일을 하고 있으니, 이 사람이 커피를 꽤나 좋아하는구나, 생각하실지도 모르겠습니다. 하지만 사실 저 같은 경우에는 커피가 좋아서 커피 일을 시작하게 되었던 건 아닙니다. 그저 남을 돕는 일을 하고 싶어 들어갔던 NGO에서 우연히 공정무역 커피를 접하게 되었고, 어쩌다 보니 커피가 저의 인생에서 중요한 키워드가 된 셈이죠. NGO에서 사회적 기업이라… 왠지 커리어를 보면 돈과 별로 상관없어 보이는데, 커피를 가지고 돈을 벌 수 있다고 이야기를 하니 조금 의아하신가요? 하지만 이런 환경을 겪었기 때문에 오히려 커피를 가지고 어떤 비즈니스를 할 수 있을까 좀 더 폭넓게 고민해볼 수밖에 없었다는 말씀을 꼭 드리고 싶습니다. 작은 커피 회사에서 커피를 잘 팔기 위해 궁리하다 보니, 이런 저런 시도를 많이 해보고 실패와 성공도 모두 맛보았으니까요. 자신만의 커피 비즈니스를 시작해보고자 하는 분들께 이러한 경험이 도움 될 것이라 생각해 이 책을 쓰게 되었습니다. 꼭 카페가 아니더라도, 커피라는 키워드로 시작할 수 있는 다양한 비즈니스 모델을 소개해 드리려고 합니다.

커피와 관련된 모든 Value Chain(가치사슬)을 경험했습니다

제가 다닌 회사들은 큰 카페 프랜차이즈나 대기업은 아니었습니다. 첫 직장이었던 NGO는 규모가 제법 컸지만 그 중 커피를 다루는 팀은 아주 작았습니다. 현재 근무하고 있는 아름다운커피도 20~30명 규모의 작은 회사이죠. 그렇기에 많은 일을 혼자서 할 수밖에 없었습니다. 영업도 뛰고, 마케팅도 하고, 교육도 했습니다. 생산지에 직접 나가야 할 때도 있었고, 택배를 직접 포장하거나 무거운 생두를 나르기도 했습니다. 커피 회사가 가지고 있는 가치 사슬 Value Chain을 하나하나 전부 경험해봤다고 해도 과언이 아닐 겁니다. 보통의 커피 회사는 하나만 잘하는 경우가 많은데요. 예를 들어 이디야는 카페를 잘 하고, GSC는 생두를 잘합니다. 그리고 프릳츠는 스페셜티 커피와 베이커리 명가입니다. 리브레는 생두 소싱에 전문성이 있고요. 그러나 제가 있던 회사는 모든 것을 해낼 수밖에 없는 운명이라고 해야 할까요? 공정무역이 비전이며 곧 미션인 곳이니 커피 생산지에 포커스 되어 있게 됩니다. 자연스럽게 커피 농장들, 즉 생산자들과 네트워크가 활발한 편이었죠. 그렇다면 공정무역으로 가난한 농부들을 돕는 가장 좋은 방법은 무엇일까요? 바로 이들이 재배한 커피를 많이 수입하는 것입니다. 그러면 당연히 생두(로스팅하기 전의 커피 콩)를 수입해야 합니다. 많은 농부들에게 도움을 주어야 하니 많이 수입해 옵니다. 자, 창고에 생두가 가득가득 쌓여 있으니 이제는 팔 궁리를 시작해볼까요? 먼저 생두부터 팔기 시작합니다. 그리고 더 맛있는 커피를 재배할 수 있도록 생산지 개발사업도 진행합니다. 생두를 볶아 원두로 만들어 카페에 판매하기도 하고요. 이때 정말 많은 카페 사장님들을 만나봤었죠. 원두를 갈아 드립백이나 티백을 만들어 온라인 쇼핑몰에 올려놓고 팔기도 합니다. 콜드브루, 믹스커피 같이 다양한 가공식품으로 만들어 팔거나, 초콜릿 등 다양한 MD 상품을 다루기도 했습니다. 커피 자체를 다루는 것을 넘어, 대기업과 제휴하여 사내 카페 체인을 관리한 적도 있고요. 여러 기업에 전자동 커피머신 임대(렌탈) 사업을 제안하여 탕비실용 원두를 영업한 경험도 있습니다. 커피머신이 고장나면 직접 출동해서 A/S도 했죠. 카페를 열고자 하는 예비사장님들을 컨설팅하고, 장소 선정부터 인테리어, 기계 소싱까지 전반적인 진행을 맡아본 적도 있습니다. 카페 사장님들을 교육해야 하니 바리스타부터 브루잉, 센서리, 로스팅과 같은 커피 전문분야에 대해 교육을 받아야만 했습니다. 그리고 지금은 제가 전문분야 자격증을 발급하는 사람이 되었죠. 제가 왜 여태까지의 커리어를 이야기했는지 혹시 감을 잡으셨나요?

생산지 농부들을 돕기 위해 수입해온 커피를 어떻게 팔아야 할까, 고민에 고민을 거듭하며 살다 보니 저는 커피 비즈니스 분야에서 폭넓은 경험을 가지게 되었습니다. 제가 직접 발로 뛰거나, 혹은 팀에서 진행하는 일을 돕거나, 다소 산만하게 느껴질 만큼 이런저런 일을 한꺼번에 해내야만 하는 환경이었던 것이죠. 다양한 분야를 접하면서 한국 커피 산업의 구조, 커피 비즈니스의 생리에 대해 잘 알게 되었습니다. 저 또한 그간 경험했던 분야 중 하나를 비즈니스 모델로 잘 다듬어 저만의 사업을 시작하고자 하는 포부를 가지고 있는 사람입니다. 그러니 앞으로 들려드릴 이야기는 어떻게 보면 제가 가지고 있는 커피 사업 아이디어를 아낌없이 나누어 드리는 것입니다. 이 책이 앞으로 자신만의 커피 사업을 구상하고 꾸려 나가야 하는 여러분께 도움이 되었으면 좋겠습니다.

왜 카페가 아닌 다른 아이템을 선택해야 하나요?

현재 한국의 카페 시장은 포화상태에 이르렀습니다. 도심의 거리에는 눈을 돌리는 곳마다 카페가 한 두 군데 보일 정도죠. 뜨거운 관심을 증명하듯 카페를 여는 방법, 혹은 카페를 잘 운영하여 수익률을 높이는 방법에 대한 책과 강의는 수도 없이 많습니다. 하지만 여러분은 카페 자체가 아닌 다른 커피 비즈니스로 살짝 눈을 돌려보심이 어떨까요? 카페를 운영하면서 함께 병행할만한 비즈니스 모델이 생각보다 많거든요. 이렇게 커피 관련 비즈니스 모델을 이야기하다 보면, 또 자연스럽게 카페 운영에 대한 좋은 아이디어를 얻게 될 수도 있습니다.

워낙 주변에서 흔하게 카페를 접하다 보니, 은퇴 후 카페를 차릴까 고민하는 분들이 꽤 많습니다. 저는 이런 분들께 딱 한마디 조언을 드리고 싶은데요.

"그냥 카페를 연다고 해서, 절대! 저절로 잘 되지 않습니다."

정말 커피가 좋아서 카페를 생각하신다면, 약간 시선을 돌려 다른 커피 사업을 고민해 보시기 바랍니다. 카페와 함께 할 수 있는 사업을 고려해보는 것도 좋습니다. 물론 카페 시장은 다른 어떤 커피 비즈니스 영역보다 수요자가 많습니다. 하지만 공급자도 많죠. 쉽게 말해 경쟁이 치열하다는 뜻입니다. 권리금이 많이 나오는 상권에 들어가 유리한 입지를 선정할 수 있거나, 다른 카페와 확실한 차별성을 가지고 고객들의 눈에 띄게 만들 자신이 있는 게 아니라면 함부로 뛰어들지 않기를 권합니다.

그런데 한국의 카페 시장은 어째서 유난히 빠른 성장을 보였던 것이며, 왜 이토록 많은 사람들이 여기에 뛰어드는 걸까요? 그 이유는 한국경제의 특성에서 기인합니다. 사실 한국은 카페뿐만 아니라 식당 등의 자영업자 비율이 OECD 국가 중 유난히 높은 편입니다. 대기업 재벌 중심으로 돌아갔던 한국경제는 IMF 이후 평생직장 개념이 없어졌습니다. 비정규직의 비율이 높고, 40~50대에 은퇴하는 직장인들이 많아졌죠. 은퇴했다고 해도 곧바로 다시 경제활동을 시작해야 하는 나이인데, 이때 재취업에 성공하지 못한다면 자영업을 선택할 수밖에 없습니다. 한때 우리나라는 치킨집이 너무 많아져서 '치킨공화국'이라는 말이 있을 정도였는데요. 지금은 은퇴 후 카페를 오픈하려는 사람이 많습니다. 카페가 치킨집보다는 조금 덜 고생할 것 같기도 하고, 뭔가 고상해 보이기 때문일까요. '장사가 잘 안되면 손님 기다리면서 책이나 좀 보지 뭐.' 이렇게 생각하기도 하는데요. 현실은 전혀 그렇지가 않습니다. 손님이 없으면 책이 눈에 들어오지 않습니다. 속이 새까맣게 타 들어가죠. 그리고 생각보다 고상하지도 않습니다. 치킨집보다 10배 정도 많은 진상고객을 상대해야 하는 것이 카페입니다. 그래서 카페가 아닌, 그렇지만 커피와 관련된 다른 비즈니스 기회를 소개하고자 하는 것입니다. 만일 카페를 열게 되더라도, 카페 수익 말고도 추가적인 다른 수익을 얻을 수 있는 기회가 있습니다.

이런 분들께 도움이 될 것 같습니다

> "주로 영업 업무를 했는데, 커피로 해볼 만한 영업이 있을까요?"

> "카페 운영만으로는 어려워서… 같이 할 수 있는 아이템이 없을까요?"

> "우리 기관의 브랜드로 커피 상품을 만들어 팔고 싶은데, 어떤 것이 좋을까요?"

저는 종종 이런 유형의 질문을 받곤 하는데요. 이를 해결하기 위해 드렸던 조언과, 저의 커리어를 만들어가기 위해 고민하며 공부했던 지식, 이런 것들을 잘 풀어내어 여러분께 알려드리겠습니다. 먼저 여러분이 공감할 만한 페르소나를 구체적으로 고민해봤습니다.

타깃 페르소나	페르소나의 고민
예비 창업가	커피 사업에 나의 어떤 전문성을 살릴 수 있을까? 사업을 위해 무엇을 시작할까?
취업 준비생	커피 업계 취업을 위해 필요한 전문성은 무엇일까?
복지관 관장	취약계층 일자리 창출을 위한 커피 사업은 무엇일까?
카페 사장	카페를 운영하면 동시에 할 수 있는 다른 커피 비즈니스 모델은 무엇일까?
신사업 담장자	커피 회사에서 사업 영역을 확장하려면 어떻게 해야할까?
벤처 기업가	커피 관련 스타트업 창업에 앞서 차후 커피 시장의 트렌드는 누구인가?
기업 총무팀	기업 브랜드를 담은 커피 관련 판촉물, 기념품은 어디서 제작할 수 있을까?
프리랜서, N잡러	커피를 포함한 여러 일을 하며 1인 사업자가 될 수 있을까?

공감이 가는 페르소나를 발견하셨을까요? 여러분이 커피 사업의 '실행'에 집중할 수 있도록, 시작하는 데 큰 자본 부담이 없고 진입장벽이 낮은 비즈니스 모델을 주로 다루어 보려고 합니다. 하지만 종종 진입장벽이 높은 비즈니스 모델도 공유하겠습니다. 여러분들은 저마다 각기 다른 배경과 지식, 전문성을 가지고 계실 텐데요. 제 이야기를 통해 힌트를 얻어 자신의 능력과 시너지를 발휘하시기를 바랍니다.

한국 커피 시장의 현 상황은 이렇습니다

최근 15년, 한국 커피 시장은 전세계 유례없는 성장을 보였습니다. 다시 말해 한국처럼 급한 성장세를 보인 사례는 없습니다. 약간 기형적으로 느껴지는 부분도 있죠. 제가 아직 학생이었던 90년대만 해도 한국에서 커피라고 하면 당연히 믹스커피였습니다. 믹스커피는 한국전쟁 시기 미군을 통해 들어온 커피인데요. 전쟁 중에는 에스프레소나 핸드드립 커피를 마실 수 없기 때문에 개발된 커피입니다. 하지만 한국에서는 믹스커피가 먼저 대중화된 뒤에 원두커피가 알려졌죠. 1999년 이화여대 앞에 스타벅스 1호점이 생긴 이래로 현재까지 1,800개가 넘는 매장이 생겼다고 합니다.[*] 현재는 가게 하나 건너면 카페가 하나씩 있다는 말이 있을 정도로 카페가 아주 많습니다.

---

[*] 중부매일 '스타벅스, 매장 수 늘었지만 영업익 줄었다'
jbnews.com/news/articleView.html?idxno=1404246

2021년 기준으로 국내에는 8만 4천여 개의 카페가 있다고 하는데요.* 한국 커피 시장의 규모는 14조 원 이상이며(2021년 기준), 매년 5% 이상의 성장률을 유지하고 있습니다.** 카페를 비롯하여 원두시장, 생두시장, 카페용 기계, 가공커피 시장 등 모두 급격한 성장을 이루었습니다. 양적인 성장은 말할 것도 없고, 질적인 성장도 엄청났는데요. 스페셜티 커피와 같은 고급 커피 시장도 발달하여, 커피를 오래 전부터 소비하기 시작한 웬만한 나라들에 뒤지지 않습니다.

　최근 저는 일본 여행을 다녀왔는데요. 커피쟁이다 보니 당연히 일본 커피 시장은 어떨까 탐색하는 마음으로 여행을 했습니다. 살펴보니 확실히 한국 커피 시장이 일본을 여러모로 추월했다는 것이 느껴지더라고요. 특히 에스프레소 기반 카페의 숫자와 퀄리티는 한국이 압도적이었습니다. 일본 커피 시장의 경우 특유의 장인정신을 기반으로, 로스팅이나 핸드드립 같이 기능적으로 오랜 시간을 들여 연구하며 경지에 이른 사람들이 많다는 것이 특징인데요. 이도 시간이 지나면 한국이 곧 앞서지 않을까 생각합니다. 이처럼 양질의 성장을 이룬 한국의 커피 시장은, 한국의 주요산업 중 하나로 자리매김하게 되었습니다.

---

* 연합뉴스 '한국인의 커피사랑 작년 수입액 1조 원 첫 돌파'
　yna.co.kr/view/AKR20220320025800003
** 매일경제 '한국은 커피공화국...검고 뜨거운 커피에 중독된 한국인'
　mk.co.kr/economy/view.php?sc=50000001&year=2022&no=958509

한국 커피 시장은 카페를 중심으로 성장했습니다

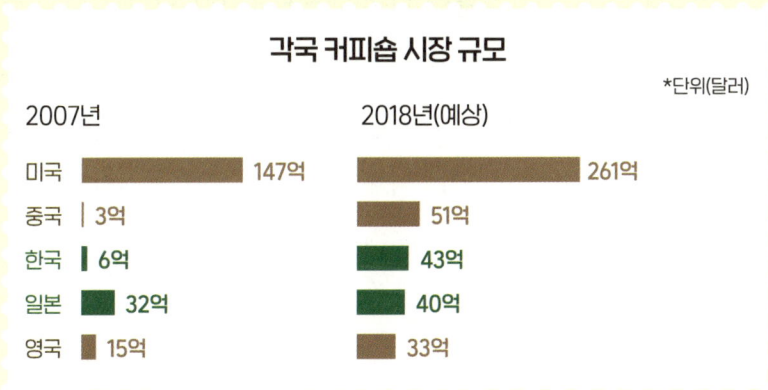

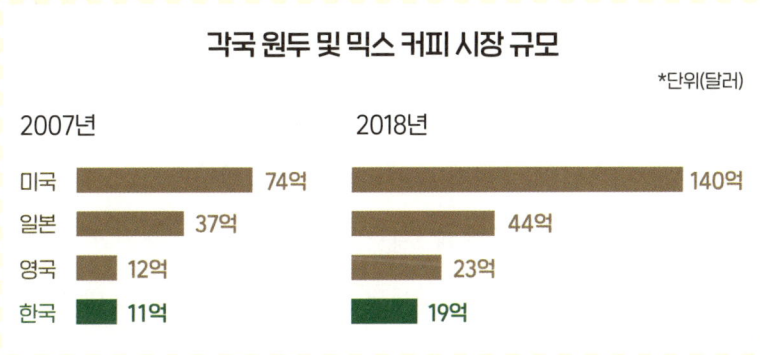

자료: 유로모니터

그래프***를 보시면 단번에 느낌이 오실 겁니다. 2007년 6억 달러였던 커피숍 시장규모가 2018년에는 무려 43억 달러가 되었습니다.

*** 중앙일보 '원두 전량 수입하는 한국은 세계 3위 '카페 공화국''
joongang.co.kr/article/23412668#home

10여 년 만에 7배 넘게 성장한 겁니다. 반면 두 번째 그래프의 소매 상품 시장 규모는 같은 기간 동안 11억 달러에서 19억 달러로 성장, 총 8억 달러 정도의 성장에 그쳤습니다. 이를 통해 한국 커피 시장은 명백히 카페 중심으로 성장했다는 것을 알 수 있습니다. 한국은 카페 시장 규모로 따지면 2018년 기준 전세계 3위이며, 일본보다도 그 규모가 큽니다. 일본이 남한 인구의 두 배가 넘는다는 점을 감안한다면 이는 엄청난 차이입니다. 일본에 있는 카페보다 한국에 있는 카페의 수가 적어도 2배는 많다는 이야기이니까요. 게다가 한국보다 훨씬 카페의 역사가 깊은 영국의 카페 시장규모를 10억 달러 이상 웃돌고 있는데요. 영국은 일찍이 제국주의를 통해 가장 먼저 커피를 접하고 카페를 대중화했던 나라인데도 불구하고 이런 결과를 보이는 것이 놀랍지 않으세요? 이런 통계는 여러 가지 사실을 시사합니다.

스타벅스가 현대인들에게 '제3의 공간'을 제공했다는 말이 있습니다. 카페 시장의 무서운 성장세는 집도 직장도 아닌 곳, 말 그대로 제3의 공간이 필요한 한국인들의 바쁘고 쉼 없는 삶을 있는 그대로 보여준다고 볼 수도 있겠습니다. 또한 트렌드를 받아들이고 자기화해서 다시 발전시키는 독특한 문화적 트랜스포머로서의 역량이 뛰어나다고도 말할 수 있겠네요. 이유야 어쨌건 확실한 것은 한국 카페 시장이 이미 레드오션이라는 것입니다. 물론 아직 꾸준히 성장하는 시장이고, 여전히 새로운 카페가 많이 생겨나고 있습니다. 하지만 굳이 박 터지는 시장에 비집고 들어갈 필요가 있을까요? 카페 시장의 성장은 카페를 대상으로 하는 비즈니스 모델 또한 성장 잠재력을 가지고 있다는 증거이기도 합니다. 커피로 무언가 하고 싶다면 카페를 하나 더 여는 것보다는 커피 산업 내 다른 시장을 노려볼 때가 된 것입니다.

커피 시장, 숫자로 알아볼까요?

아이템별 매출 규모

*단위(달러)

	구분	2018년	2019년	2020년
		2조 5,750억	2조 6,640억	2조 7,180억
원두	볶은 커피	5,460억	6,990억	7,300억
드립백, 티백류	인스턴트 커피	2,020억	1,530억	2,200억
믹스커피	조제커피	8,500억	7,980억	7,460억
캔커피류	액상커피	9,750억	1조 130억	1조 190억

자료: 식품산업통계정보시스템(2022)

'볶은 커피'는 원두를 말하며, '인스턴트 커피'는 드립백이나 티백류, '조제커피'는 맥심 같은 믹스커피, '액상커피'는 편의점에서 사서 바로 마실 수 있는 캔커피류를 말합니다. 위 그래프의 커피 시장은 카페가 아닌 소매 종류 커피상품 시장을 말합니다. 소매 종류 커피상품 시장도 꾸준히 증가하여 2020년 기준으로 약 2조, 7,180억 원 매출이 일어났습니다. 눈에 띄는 부분은 조제커피 부분입니다. 통계에 따르면 다른 모든 아이템의 시장 규모가 확장되고 있는 반면, 조제커피 시장은 오히려 줄어들고 있는데요. 이는 믹스커피에서 원두로 옮겨 가고 있는 현재의 상황을 확실하게 보여주는 현상입니다. 소매 시장에서 원두커피의 소비가 급성장하는 것이 보입니다. 액상커피의 매출이 조제커피보다 많아진 연도는 2018년입니다. 그 전까지는 조제커피의 소비가 더 많았습니다. 이러한 변화의 이유는 편의점 유통의 확장과 연결됩니다. 편의점에서는 주로 간편하게 바로 마실 수 있는 RTD Ready to drink 커피, 즉 액상커피를 마십니다. 따라서 액상커피의 매출이 증가할 수 있었던 것이죠.

생두 수입 규모

*단위(달러)

구분		2018년	2019년	2020년	2021년
수입액(합계)		447,572	434,929	467,784	563,650
주요 국가	콜롬비아	89,704	91,925	102,035	128,063
	브라질	85,097	80,381	85,961	115,517
	에티오피아	48,493	52,250	59,374	75,636
	베트남	57,127	51,425	49,060	55,601
	과테말라	27,856	27,321	37,583	44,342
	케냐	25,201	20,624	19,596	22,105
	페루	22,771	20,479	23,997	21,520

자료: 식품산업통계정보시스템(2022)

생두 수입량도 지속적으로 증가하여 2021년 기준으로 5억 6,365만 달러를 기록합니다. 이는 한화로 약 7,300억 원 정도 되는 금액입니다. 2022년 말 기준으로는 벌써 1조 원이 넘었다고 합니다.* 수입량이 늘어난 것도 있지만 2022년 하반기 발생한 급격한 커피 가격 상승도 큰 요인으로 작용했습니다.

통계로 살펴본 한국 커피 시장의 특징은 이렇습니다

커피 시장의 성장을 이끈 카페 시장

한국 커피 시장은 카페 시장이 이끌었다고 해도 과언이 아니며, 유례없이 빠르고 강력한 성장을 이루었습니다. 카페 시장의 이러한 성장세를 견인한 것은 프랜차이즈 브랜드입니다. 스타벅스를 필두로 하는 고가형 카페부터, 빽다방이나 컴포즈커피와 같은 저가형 카페까지 프랜차이즈 브랜드는 소비자들의 다양한 니즈를 충족하며 빈틈없이 카페 시장을 채워왔습니다. 사실 그동안 카페는 커피숍의 기능보다는 공간 임대의 기능이 더 컸다고 말할 수 있는데요. 하지만 지금은 프랜차이즈에 대한 선호도가 과거보다 덜한 편입니다. 소비자들이 더 이상 획일화된 서비스와 콘텐츠에 만족하지 않고 새로운 감성을 찾게 된 것이죠. 이제 소비자들은 좀 더 독창적이고 예술적인 카페를

---

* 중도일보 '매일 밥 먹고 '커피' 마셨더니…2022년 커피 수입 역대 최대'
joongdo.co.kr/web/view.php?key=20230131010007962

찾아갑니다. 요즘 SNS에는 보통 멋진 분위기의 사진이나 관광지에서 찍은 인증샷을 올리곤 하잖아요? 카페들은 이런 종류의 사진을 찍을 수 있는 공간, 그러니까 일종의 작은 관광 명소가 된 것입니다. 카페를 열 때 커피의 맛이 좋을지 어떨지 보다는 얼마나 더 멋지고 세련되고 편안한지가 카페 비즈니스의 성패를 결정짓는 가장 큰 요인이 됩니다. 카페 시장은 당연히 공간을 중심으로 경쟁이 일어나게 되었는데요. 공간이 얼마나 감각적이고 독창적인지, 혹은 얼마나 넓은가 하는 것들이 관건이 되었습니다. 커피는 뒤로 숨어버렸죠. 이는 인테리어에 거품이 들어가는 구조를 만들고 창업비용을 높였습니다. 성수동이나 망원동은 다양한 감성을 가진 카페가 모여들어 카페촌이 되었고, 그 지역 자체는 관광지가 되는 현상까지 생겼습니다.

간편함과 신속함을 좋아하는 한국인들

통계에서 또 하나 눈에 띄는 부분은 RTD 커피 시장의 성장입니다. 편의점이 RTD 커피의 성장을 이끌었습니다. 현대 사회는 점점 더 바쁘게 돌아가고, 현대인들은 많은 스트레스를 받게 되었습니다. 당도 좀 채우고 정신을 바짝 차려야 할 때, 캔이나 병에 들은 커피만큼 적절한 것이 없습니다. 공간이 아니라 정말 커피 그 자체가 필요한 시간인 것이죠. 편의점은 간편한 원두커피 음료를 내놓았습니다. 전자동 커피머신을 구비하여 원두를 바로바로 갈아서 아메리카노를 마실 수 있게 했습니다. 심지어 이마트 편의점은 한 쪽 귀퉁이를 카페처럼 꾸며 놓기도 했습니다.

공간 소비와 간편함, 그 이후에는 무엇이 있을까?

예술적인 공간에서 데이트하며 마시는 커피, 그리고 출근하기 전 편의점에 들러 사 마신 커피. 이 두 가지 커피의 원두는 동일할 수도 있습니다. 하지만 소비자는 각각 다른 상품을 산 것입니다. 예술적인 공간의 카페에서는 공간을 산 것이고, 편의점에서는 에너지 드링크를 산 것이죠. 사실 사람들은 커피의 맛에 생각보다 그리 큰 관심이 없습니다. 맛은 해당 상품의 효용성이 아니니까요. 저는 이렇게 양극화된 형태의 한국 커피 시장을 보며 항상 아쉬움을 느낍니다. 동시에 지금과 같은 형태는 아직 커피 시장에 블루오션이 존재한다는 증거가 될 수 있다고 생각합니다. 그래도 언젠가는 소비자들이 커피 그 자체를 보는 순간이 오기를 기대해봅니다.

코로나19 이후, 커피 시장은 달라졌습니다

코로나19는 한국 커피 시장의 흐름에 커다란 균열을 가져왔습니다. 카페 시장은 한동안 막대한 타격을 입었습니다. 소비자들이 자유롭게 카페를 갈 수 없던 시기, 그들은 밖에서 사 마시던 커피를 집에서 마시기 시작했습니다. 이는 자연스럽게 홈 카페 시장의 성장으로 이어졌습니다.

홈 카페 시장 성장

코로나19 시기에는 홈 카페용 머신, 핸드드립 도구 등의 매출이 급격하게 늘어났습니다. 여기서 더 나아가 집안의 한 공간을 카페처럼 꾸미기 위해 고가의 장비를 들여오거나, 간이 인테리어를 하는 사람들도 많이 생겨났죠.

구독 시장 성장

OTT 구독 시장은 코로나19와 함께 급격하게 성장한 대표적인 시장입니다. 물론 커피도 예외는 아니었죠. 어차피 매일매일 마시는 커피이니, 공급자에게 큐레이션을 맡겨 다양한 원두나 인스턴트 커피를 소비하고자 하는 커피 구독자들이 늘어났습니다.

급격한 인플레이션과 커피 가격 상승

코로나 19 시기 전세계적으로 풀린 유동성에 의해 모든 자산 가격이 상승했습니다. 한국에서도 부동산이나 주식 등이 급격하게 올라 투자 열풍이 불었죠. 커피도 선물 투자 상품 중 하나입니다. 커피의 경우 2022년 말에 정점을 찍었습니다. 커피 회사들은 일제히 커피 가격을 올릴 수밖에 없었죠.

웰빙 트렌드 가속화

코로나19는 위생에 대한 사람들의 인식을 강화하는 계기가 되었습니다. 사람들은 건강에 대해 이전보다 더 많이 신경을 쓰게 된 것입니다. 이는 지속적으로 커가고 있던 웰빙 관련 시장의 성장을 가속

화했습니다. 커피 시장 안에서도 웰빙 트렌드에 맞춘 상품과 서비스의 성장을 가져왔습니다.

위드 코로나 이후, 사람들은 과거의 소비 습관으로 돌아왔습니다. 그러나 저는 앞으로의 소비 시장은 다시금 코로나19 시기 보여주었던 좌표로 향할 것이라 생각합니다. 코로나19 때 가입했던 OTT 서비스, 배달 서비스를 경험했던 소비자가 그러한 편리함을 다시 찾게 될 것입니다. 점점 더 디지털화, 탈중앙화, 개인주의화 되어가는 거시적인 흐름은 이미 예정된 수순입니다.

전세계 커피 시장은 어떤 축으로 움직일까요?

그렇다면 한국을 넘어, 글로벌 커피 시장은 어떤 방향으로 나아갈까요? 조금 더 알기 쉬운 관점으로 생각해보겠습니다.

지속 가능한 생산과 소비

커피 산업에서는 지속 가능한 생산과 소비가 중요한 화두로 떠오르고 있습니다. 플라스틱 사용 규제와 같은 환경 문제가 부각될 것이며, 이를 타개하기 위한 움직임이 커질 것입니다. 아울러 커피 생산지에서 점차 감소하고 있는 커피 생산량 문제를 해결하기 위한 이슈가 중요해질 텐데요. 기후위기, 환경오염, 내전 등의 국가 문제로 어쩌면 지금이 맛있는 커피를 가장 싸게 마시는 세대가 될지도 모릅니다.

디지털 기술 적용

　디지털 기술의 발전으로 커피 시장에서는 인공지능, 빅데이터, IoT 등의 기술이 적용되고 있습니다. 커피 농장의 생산성을 높이는 스마트 팜Smart Farm 기술부터, 소비자의 취향에 따른 맞춤형 추천 서비스까지, 다양한 분야에서 디지털 기술 적용이 예상됩니다.

새로운 소비 문화 출현

　커피는 문화이자 라이프 스타일입니다. 예술의 영역이기도 하죠. 새로운 시대가 이끄는 새로운 감성과 맞물린 카페와 커피 콘텐츠가 지속적으로 등장할 것입니다.

　구체적인 커피 비즈니스 모델을 이야기하기 앞서 먼저 제 소개, 커피 시장 현황, 향후 커피 시장의 간략한 예측에 대해 살펴봤습니다. 지금부터는 커피 산업에서 여러분이 고려해 볼만한 비즈니스 모델을 이야기할 예정입니다. 어떤 모델은 조금만 노력하면 한번 시작해볼 수 있겠다는 생각이 드실 거고, 또 어떤 모델은 자본금이 많이 들고 높은 전문성을 요한다고 생각되어 어렵다고 느끼실 수도 있습니다. 아마 이 책을 읽는 여러분의 배경은 제각기 다르겠지요. 커피와 완전히 상관없는 산업군에 종사하는 분도 계실 것이고, 이미 커피 관련된 일을 하고 있는 분도 계실 줄 압니다. 제가 알려드릴 내용은 아마 자신이 속한 환경에 따라 다르게 읽힐 것입니다. 그래서 이 책을 쓰며 어떤 특정한 대상에 맞추어 수준을 정하지 않았다는 점을 미리 밝혀 두겠습니다. 다만 커피를 통해 무언가 해보고 싶다, 생각한 적이 있는 독자분들께 크고 작은 인사이트를 드릴 수 있길 바랍니다.

Contents

No.1	원두 B2B 비즈니스	26
No.2	홈 카페 시장	56
No.3	오피스 카페 시장	86
No.4	생두 비즈니스	110
No.5	카페 브랜딩 컨설팅	140
No.6	카페 오픈 컨설팅	168
No.7	커피 교육 시장	208

No.8	출장 카페 비즈니스	230
No.9	커피머신 AS	254
No.10	커피 인플루언서	276
No.11	로스터리 창업	304
No.12	식자재, 부자재 납품	326
No.13	미래 커피 산업의 지속가능성	348
No.14	AI 시대, 미래의 커피 산업 공략	378

NO.1
원두 B2B 비즈니스

원두 납품 · 원두 영업

카페에서는 어떤 원두를 사용할까요?

카페 운영에 있어 핵심 원료는 바로 원두입니다. 원두는 생두를 볶아(로스팅) 짙은 갈색을 띠는 콩을 말합니다. 카페에서는 보통 블렌딩 원두를 사용하는데요. 블렌딩Blending은 영어 의미 그대로 '섞었다'는 말입니다. 생산지 한 곳을 선택하여 볶은 경우는 싱글 원두라고 하고, 두 곳 이상의 생산지 생두를 섞어 볶은 원두를 블렌딩 원두라고 합니다. 블렌딩 원두를 사용하는 이유는 여러 가지가 있습니다.

블렌딩 원두 사용 이유

맛의 균형
생산지 한 곳의 생두만 사용하면 아무래도 맛과 아로마가 단일하거나, 한쪽으로 치우질 수 있습니다. 하지만 블렌딩을 사용하면 맛을 균형감을 만들 수 있습니다.

균일한 품질
만일 한 가지 종류의 생두로 원두를 생산하다 보면, 해당 생산지의 생두 변화가 곧바로 원두의 품질 변화로 이어집니다. 동일한 맛의 커피를 제공해야 하는 카페 입장에서는 난감한 상황이 되겠죠. 같은 생산지, 같은 협동조합에서 수입한 생두라고 해도 수확연도의 작황과 기후에 따라 맛이 달라지기 마련입니다. 기존과 크게 달라진 맛의 원두를 카페에 공급한다면 거래처를 잃게 될 것입니다. 그러한 위험을 줄이기 위해 다른 생산지의 생두를 섞습니다. 그 중 하나의 생두가 변하더라도 전체적인 맛 변화에 대한 리스크를 줄일 수 있습니다. 에스프레소로 유명한 일리(ILLY)는 카페 에스프레소용 블렌딩 원두를 만드는 데 10개 이상의 생산지 생두를 섞는다고 알려져 있습니다. 10년 전에 마신 커피와 똑같은 맛과 품질을 유지하는 것. 바로 이것이 일리 브랜드의 생명입니다.

원가 절감

에티오피아 커피는 아로마가 뛰어납니다. 다른 생산지 커피가 범접하기 어려운 퀄리티를 가지고 있습니다. 덕분에 세계적으로 수요가 높고 가격도 높게 형성되어 있습니다. 품질 높은 에스프레소를 제공하기 위해 100% 에티오피아 생두로 이루어진 원두를 사용한다면 원가가 높을 수밖에 없습니다. 그래서 아로마가 좋은 원두를 생산하기 위해 에티오피아의 특징을 죽이지 않으면서도 가격이 저렴한 생두를 섞는 것입니다. 대표적으로 브라질 생두가 있는데요. 브라질은 워낙 커피를 대량 생산하는 나라이기 때문에 가격이 상대적으로 저렴합니다. 또한 브라질 생두는 누가 마셔도 부담 없는 익숙한 맛에, 큰 특징이 없는 맛을 가지고 있어 흰 쌀밥과 비슷하다 말하기도 하죠. 브라질 생두 70%에 에티오피아 생두를 30% 섞으면 어떻게 될까요? 에티오피아의 훌륭한 아로마를 경험하면서, 가격은 그리 비싸지 않은 원두를 만들 수 있습니다.

카페에서 사용하는 원두는 핸드드립을 위한 원두와 로스팅 스타일이 다릅니다. 카페용 원두는 상대적으로 로스팅 배전도가 높은 편입니다. 좀더 다크하고 묵직한 원두를 사용하는 경향이 있습니다. 반면 핸드드립용 원두는 카페용 원두보다 배전도가 낮은 것이 많습니다.

배전도가 다른 이유는 추출 방법에 따라 차이를 두기 때문이기도 하고, 아직 카페에서 커피를 마시는 대부분의 소비자들이 산미에 대해 거부감을 느끼는 경우가 많기 때문이기도 합니다. 사실 커피의 장점인 아로마를 충분히 살리기 위해서는 어느 정도 산미가 있을 수밖에 없습니다. 집에서 핸드드립으로 커피를 마시는 소비자는 상대적으로 고급유저에 속하므로 산미에 익숙하지만, 보통 그렇지 않은 소비자들이 더 많다는 것이죠. 하지만 이는 일반적인 경향을 설명한 것뿐이니 불변의 법칙처럼 이해하지 않길 바랍니다. 완전히 강하게 배전한 원두를 드립해서 파는 카페도 있고, 산미가 정말 강한 원두를 아메리카노로 파는 카페도 많이 있으니까요.

카페용 원두는 어디서 생산할까요?

　카페용 원두는 로스팅 공장에서 생산합니다. 대부분의 카페 프랜차이즈는 자신만의 로스팅 시설을 가지고 있습니다.

　카페 프랜차이즈의 원두를 구입해 개인 카페에서 쓰는 경우도 있는데요. 스타벅스 원두를 사용하는 카페나 무인 카페를 꽤나 많이 봤습니다. 스타벅스 원두 같은 것들은 실상 매장이나 온라인에서도 쉽게 구입할 수 있으니까요. 하지만 별로 추천하고 싶지는 않습니다. 스타벅스 원두의 로스팅 레시피는 미국이 가지고 있는데요. 때문에 한국 내 모든 스타벅스에서 쓰이는 원두는 이미 미국에서 로스팅 된 상태로

로스팅 머신

들어오고 있습니다. 매장이나 온라인에서 팔리는 스타벅스 원두 상품 전부가 그렇습니다. 로스팅한지 오래되지 않은 신선한 원두를 고집하는 한국 소비자들에게는 맞지 않죠. 지금 당장 스타벅스 매장을 방문해서 커피를 주문한다고 해도, 로스팅한지 한 달 이내의 원두로 내린 커피를 마시기는 어렵다고 봅니다. 물론 '무조건 로스팅한지 한 달 이내에 사용해야 신선하고 맛있는 원두 커피다.' 라고 말하는 것도 옳지 않습니다.

   프랜차이즈가 아닌 개인이 운영하는 카페에 공급할 원두를 생산하는 로스팅 공장도 있습니다. 다양한 규모의 업체가 있는데요. 120kg 로스터로 대량생산하는 공장부터, 800g 로스터로 자신이 운영하는 카페 원두를 직접 볶는 작은 로스터리도 있습니다. 여기서 120kg, 800g은 한 배치*에 볶을 수 있는 생두의 최대 투입량을 의미합니다.

120kg 로스터로 대량 생산하는 공장

800g 로스터로 소량 생산하는 로스터리

* 로스팅 공정을 한 번 돌릴때의 단위

로스팅 배치를 한 번 돌리는 데 평균 20분 정도가 걸립니다. 만약 12kg 로스터기를 1시간 가동할 경우 얼마큼의 원두가 생산될까요? 3번 돌릴 수 있으니 약 30kg의 원두가 생산됩니다. 12kg을 3번 돌렸는데 왜 36kg(12kg×3)이 아닌 건지, 이유가 궁금하시다고요? 로스터 안에서 생두를 볶으면 생두가 머금고 있던 실버스킨 같은 각종 이물질은 타서 없어지고 강한 바람에 날아갑니다. 그리고 생두 안의 수분이 모두 증발하게 되죠. 그래서 보통 로스팅 시 생두 무게의 20% 정도가 소실된다고 보면 됩니다. 그렇기에 12kg 생두를 넣고 볶으면 약 10kg의 원두가 나오는 것입니다. 배전도가 높을수록 투입량 대비 소실 비율이 높아집니다.

카페는 한 달 동안 원두를 얼마나 사용할까요?

원두 사용량은 카페 규모에 따라 천차만별입니다. 저는 한 달에 10kg를 사용하지 않는 카페부터, 400kg를 사용하는 카페까지 모두 영업을 해봤는데요. 원두 무게로 들으니 감이 잘 안 오신다고요? 그럼 100kg의 원두를 사용하는 카페는 대략 몇 잔의 커피를 판매하고 있는 것인지, 한 달 매출은 어느 정도 나오는지 역산해보겠습니다.

먼저 한국 카페는 대부분 에스프레소 2샷으로 아메리카노를 만듭니다. 그리고 에스프레소 2샷을 내릴 때는 평균 18~19g의 원두를 사용합니다. 로스율을 고려해 한 잔에 20g의 원두를 사용한다고 가정해보겠습니다. 그러면 1kg의 원두로 50잔의 아메리카노, 더 정확히 이야기하면 에스프레소 2샷을 50번 뽑을 수 있습니다.

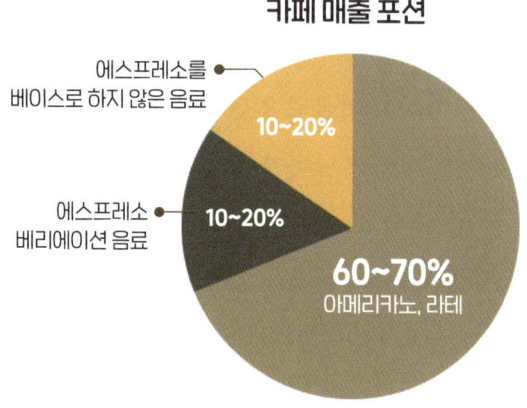

그래프에서 보시는 것처럼, 일반적인 카페 매출의 60~70%는 아메리카노와 라테가 차지하고 있습니다. 다음으로 10~20%가 바닐라라테나 카라멜마키아또 같은 에스프레소 베리에이션 음료이고요. 나머지 10~20%가 레몬에이드, 녹차라테, 청포도스무디 등 에스프레소를 베이스로 하지 않는 음료가 되겠습니다. 위에서 원두 1kg으로 에스프레소 2샷을 50번 뽑을 수 있다고 말씀드렸는데요. 원두가 100kg 있다면 5,000번의 에스프레소 2샷을 뽑을 수 있는 양이 되겠죠? 카페 A가 원두 100kg의 50%는 아메리카노, 20%는 라테, 30%는 에스프레소 베리에이션 음료로 만들어 매출을 낸다고 가정해보겠습니다.

> **사례. A카페의 음료별 에스프레소(2샷) 추출 횟수**
> 🫘 원두 100kg ➜ 5,000회
> - 50kg 아메리카노 ➜ 2,500회
> - 20kg 라떼 ➜ 1,000회
> - 30kg 에스프레소 베리에이션 음료 ➜ 1,500회

아메리카노 3,500원, 라떼 4,000원, 에스프레소 베리에이션 음료를 4,500원이라고 가정하고 매출을 계산해보겠습니다. 아메리카노 3,500원×2,500회(8,750,000원), 라떼 4,000원×1,000(4,000,000원), 에스프레소 베리에이션 음료 4,500원×1,500회(6,750,000원)으로 도합 19,500,000원이 됩니다. 여기에 에스프레소 베이스가 아닌 음료의 매출까지 추가하면 원두 100kg에 따른 A카페의 매출은 약 22,000,000원 정도인데요. 만약 A카페의 원두 공급 계약을 따내게 된다면 100kg당 원두 1kg의 가격을 곱한 만큼이 로스팅 사업자의 매출이 됩니다.

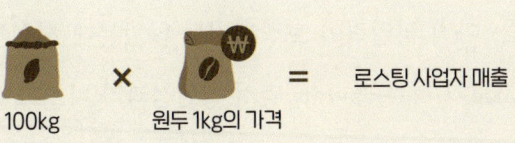

원두 1kg의 가격을 25,000원으로 가정한다면 A카페와의 계약으로 총 2,500,000원의 정기적인 매출이 생기는 비즈니스인 것이죠. 어떠신가요? 이런 카페 하나 잡으면 꽤 쏠쏠하겠다 생각이 들게 되었나요?

그럼 이제부터 카페에 어떤 식으로 원두를 팔 수 있을지 이야기해보겠습니다. 먼저 자신이 직접 로스터리를 차려 원두를 생산하고 영업할 수 있습니다. 이런 경우 자본비용(시설을 위한 투자비용)이 들어갑니다. 공간을 마련해야 하고, 로스팅 머신을 사야 합니다. 공간을 얻는 비용을 제외하고도 로스팅 머신 구입에만 수천만 원이 들어갈 수 있습니다. 용량이 1kg 이하인 머신은 몇 백만 원이면 살 수 있지만, 그 정도로는 고작해야 자신이 운영하는 카페 하나에 필요한 원두를 공급할 수 있을 뿐입니다. 향후 카페 거래처들을 위한 공장 시설로는 턱없이 부족합니다. 원두 영업을 고려한다면 5kg 이상의 로스터 시설이 있어야 가능합니다. 이 정도 규모를 갖추려면 머신 구입에 거의 자동차 한 대 값이 들어갑니다. 하지만 어떤 비즈니스이건 시설을 전부 다 갖추어 놓고 사업을 시작하는 것은 그다지 지혜로운 행동이 아닙니다. 아직 영업력이 보장되지도 않았는데 시설부터 구비하는 것은 리스크가 너무 큽니다. 먼저 영업성과가 나오고 충분한 규모가 되었을 때 자본을 투입하는 것이 순서상 옳습니다. 그럼 여기서 당연히 궁금한 점이 생기실 겁니다.

"로스팅 머신 없이도 원두 영업이 가능할까요?"

네! 가능합니다. 몇 가지 방법을 소개해드리겠습니다.

첫 번째, 로스팅 공장과 협의하여 계약을 맺는다

대부분의 로스팅 공장의 목적은 무엇일까요? 공장을 열심히 팽팽 돌려서 원두를 생산하고, 투자한 자본대비 수익률을 높이는 것입니다. 카페 내에 로스팅 머신을 두고 카페에서 사용하는 원두를 직접 볶는 카페를 '로스터리 카페'라고 합니다. 보통 이런 로스터리의 규모가 커지면 공장까지 짓게 되는 경우가 많은데요. 알음알음 옆 동네 카페, 뒷동네 카페에 원두를 납품하다 보니 더 큰 기계가 필요해지는 거죠. 수요가 충분히 많다고 느끼면 자본투자를 하겠죠? 로스팅을 전문으로 하는 로스터도 고용하기도 합니다. 자, 이렇게 되면 이제 공격적인 영업을 해야 합니다. 투자한 자본금을 빨리 회수해야 하니까요. 매달 들어가는 로스터 인건비 같은 것도 고정비용에 추가되니 부담도 더 커집니다. 최대한 많은 거래처를 얻어 로스팅 공장을 계속해서 돌려야겠죠? 이런 공장은 누군가 대신 원두를 팔아준다고 제안했을 때 마다할 이유가 없습니다. 어떤 공장은 로스터를 고용할 때 올라가는 고정비를 만회하고자 로스터에게 거래처 영업을 시키기도 합니다만, 당연히 실패할 확률이 높습니다. 생두를 볶는 데 전문성을 가진 로스터가 영업력을 같이 갖추기는 어렵겠지요. 로스팅 기계를 다루며 R&D로서 맛있는 커피를 만들어내는 재능은 있을지 몰라도, 만들어진 원두를 여기저기 팔아내는 능력은 그와는 사뭇 다른 쪽의 재능이 필요한 일이니까요. 만일 여러분이 원두 영업에 경험이 있고 카페 사장님을 대하는 것이 어렵지 않다면, 적당한 로스팅 공장을 찾아보시기 바랍니다. 로스팅 공장이 이미 가지고 있는 라인업 원두를 떼다가 마진을 붙여 파는 겁니다. 일종의 도도매 계약을 맺는 거죠. 실제로 공식 채용공고를 통해 '원두 영업을 잘 하는 사람을 찾습니다. 파는 만큼 커미션을 지급하는 방식으로 계약 가능합니다.' 이런 식으로 홍보하는 업체도 본 적이 있습니다.

원두 영업이 잘 되면 내가 만든 브랜드 원두 상품을 팔고 싶다는 생각이 들 텐데요. 그렇게 해야 시장을 지킬 수 있고, 추후 소싱 물량이 커져 로스팅 공장을 차리게 되었을 때도 흐름을 이어 영업할 수 있게 됩니다. 여기까지 오게 되면 로스팅 공장과 OEM 계약을 맺는 것이 좋습니다. 그 동안의 비즈니스로 로스팅 공장도 충분히 이득을 봤고 서로 간 신뢰관계가 잘 구축이 되었다면, OEM 계약을 제안해도 공장 쪽에서 흔쾌히 허락할 거라고 생각합니다. OEM 계약을 맺으면 나의 브랜드를 상품 패키지화해서 납품할 수 있게 됩니다. 이미 해당 로스팅 공장이 가지고 있는 원두 블렌딩 라인업 패키지를 바꾸어 상품화하는 것도 가능해집니다.

두 번째, 공유 로스터리 시설을 이용한다

공유 로스터리는 호주나 미국에서 먼저 시작된 서비스입니다. 한국은 아직 보편화되지는 않았지만, 로스터리 시설을 공유하는 몇몇 업체가 있습니다. 로스팅 교육과 로스팅 시설 임대 사용을 비즈니스 모델로 하는 곳입니다. 원두를 볶아 팔고자 하는 사람, 로스팅 경험이 없어서 직접 볶아보고 경험을 쌓고 싶은 사람 등에게 로스터리 시설을 시간 단위로 임대합니다. 시간 단위로 과금하여 이익을 올립니다.

체리빈커피

서울 종로구 혜화로 2길 10 1층
자료: 체리빈 커피

서울 혜화에 위치한 업체로, 주로 로스팅 교육과 시설 공유를 하고 있습니다. 로스팅 머신은 20kg 불러, 1.2kg 이지스터 등을 구비하고 있습니다. 생두는 페루, 르완다, 인도네시아, 콜롬비아 등 다양하게 소유하고 있습니다. 업체가 가지고 있는 생두를 사용하는 것을 원칙으로 합니다. 체계적인 로스팅 교육을 받을 수 있으며, OEM 계약을 통한 원두 사업이 가능합니다.

원두 비즈니스 실전 가이드 알아보기

판매 원두 라인업

직접 로스팅을 할 경우 생두를 구입하여 블렌딩 원두를 만들어야 합니다. 적어도 2가지 종류의 블렌딩 원두를 준비합니다. 영업이 잘 되면 3가지 종류도 좋습니다.

너티(Nutty 고소함)하고 부드러운 맛이 나는 계열

묵직하고 산미가 없고 스모키(Smoky, 탄 향)한 맛이 나는 계열

아로마(향)가 강조된 산미(Acid 신맛)도 적절하게 있는 계열

보통은 이런 식으로 크게 3가지 종류의 라인업을 가지고 카페 도매시장에 영업을 합니다. 너티하고 무난한 원두는 주로 브라질 원두를 베이스로 하고요. 로스팅 배전도를 높여 묵직하고 스모키한 계열의 원두를 만듭니다. 상황에 따라 로부스타$_{Robusta}$ 생두를 적절히 섞어 맛을 만들어 내기도 합니다. 아로마가 좋은 원두는 주로 에티오피아 같은 스페셜티 생두를 섞습니다. R&D를 통해 생두의 배합비율, 로스팅 프로파일 등을 정합니다. 그리고 상품에 이름을 붙입니다. B2B 상

품이라고 해도 디자인 요소에 신경을 많이 써야 합니다.* 이해하기 쉽게 가상으로 상품을 만들어 예를 들어보겠습니다.

	이름	배합 비율	로스팅 배전도
블렌딩 1	오리진	브라질 50%, 콜롬비아 30%, 인도네시아 20%	시티 로스팅 (City Roasting)
블렌딩 2	타이탄	브라질 40%, 인도네시아 로부스타 40%, 콜롬비아 20%	풀시티 로스팅 (Full City Roasting)
블렌딩 3	릴리	에티오피아 40%, 콜롬비아 30%, 코스타리카 20%, 인도네시아 10%	미디엄 로스팅 (Medium Roasing)

가격 설정

원두 상품의 납품가 설정도 매우 중요한 부분입니다. B2B 비즈니스의 특징 중 하나가 가격이 공개되어 있지 않다는 점입니다. 2023년 기준 카페 B2B 시장에서 원두 납품가는 대부분 1만 원 중반~3만 원 초반대로 형성되어 있습니다. 저렴한 브라질 생두나 로부스타 생두를 적절히 섞어 kg당 1만 원대 원두를 만들어 저가형 카페 시장을 노리거나, 스페셜티 생두를 중심으로 블렌딩하여 kg당 3만 원대의 고가형 시장을 타켓팅 할 수도 있습니다. 이런 상황을 염두에 두고 원두 가격을 설정해보겠습니다.

---

* B2C는 일반 소비자 개개인에게 파는 비즈니스를 의미합니다. B2B는 개개인이 아니라 사업자에게 파는 비즈니스를 의미합니다. 개인에게 파는 한 잔의 커피는 B2C 입니다. 카페에 파는 원두는 B2B 입니다.

원두	중량	가격
블렌딩 오리진	1kg	19,000원(vat포함)
블렌딩 타이탄	1kg	25,000원(vat포함)
블렌딩 릴리	1kg	31,000원(vat포함)

　B2B 거래 특성상 상황에 따라 가격이 달라질 수 있습니다. 고객이 수용할 수 있는 가격이 낮다면 설정한 가격보다 낮춰서 계약을 맺기도 하고, 원두 납품 외 다른 서비스가 더 필요한 곳이라면 가격을 높여 계약을 맺기도 합니다. 원가를 잘 계산하여 손해보지 않는 계약을 맺는 것이 중요합니다.

납품 상담

　잠재적인 고객을 만나 납품을 상담할 경우, 가급적 현장을 방문하는 것이 계약 성사율을 높입니다. 직접 만나 대화를 나눌 때 신뢰도를 높일 수 있고, 현장에 가봐야 해당 카페의 가려운 곳이 어디인지 파악할 수 있습니다. 가려운 곳을 시원하게 긁어주는, 즉 고객의 문제를 해결해주는 영업을 해야 계약을 성사시킬 수 있습니다. 그리고 현장을 가든 가지 않든 납품을 고려하는 잠재고객에게 원두 샘플링을 할 수 있어야 합니다. 1kg 단위는 너무 크기 때문에, 200g 이하로 작은 단위 샘플 봉투를 만들어 잠재고객이 원두를 맛볼 수 있도록 하는 것이 좋습니다.

에스프레소 추출 레시피

같은 원두라고 해도 추출 컨디션에 따라 다른 맛을 냅니다. 따라서 납품원두는 각각 에스프레소 추출 레시피가 있어야 합니다. 원두 블렌딩이 의도한 맛이 나오는 컨디션을 레시피라고 합니다. 예를 들면 [18g 도징, 45ml 추출, 20~30초 내 추출]과 같이 정확한 레시피를 전달해야 합니다. 직접 현장에 가게 되면 이를 정확히 구현하여 함께 맛을 보면서 평가하고, 현장에 나갈 여건이 안 된다면 카페 사장님이 레시피에 따라 직접 추출할 수 있도록 안내합니다. 각 카페가 가지고 있는 커피머신, 그라인더 등 추출하는 환경이 달라지면 동일한 원두임에도 다른 맛이 나올 수 있습니다. 카페마다 상황에 맞게 레시피를 조정하여 의도한 맛이 나올 수 있도록 세팅 값을 찾아 알려줄 필요가 있습니다.

납품 시스템

　주문을 받은 뒤 로스팅할 것인지, 미리 로스팅 해 놓은 원두의 재고를 적절하게 관리하며 주문이 들어오면 선입선출 할 것인지 시스템을 정해야 합니다. 사업 초기 주문량이 적을 때는 주문이 들어오면 들어온 만큼만 로스팅하여 출고하는 시스템이 가능하지만, 점점 주문량이 많아지면 들어올 주문을 감안하여 재고를 일정량 가지고 있다가 출고하게 됩니다. 한국은 유난히 로스팅한지 얼마 안 된 원두를 신선하다고 여기고 이런 원두를 사용하는 것을 카페의 경쟁력으로 여기는 분위기가 있습니다. 따라서 공장과 납품 시스템을 어떻게 정할지도 매우 중요합니다.

납품 계약과 결제 시스템

　가장 좋은 방법은 카페 고객이 온라인을 통해 주문하는 시스템을 갖춰두고, 결제가 되면 정보가 공장에 자동으로 공유되어 출고하는 시스템입니다. 고객에 따라 상품가격을 다르게 설정할 수 있는 폐쇄몰 솔루션이 잘 되어있어 B2B 거래를 위한 온라인 시스템 구축이 생각보다 쉬운 편입니다. 하지만 초기에 도매몰까지 갖추기는 어렵겠죠. 결국 전화나 문자로 주문을 받고, 이를 공장에 알려 출고하고, 한 달 내 발생한 거래내역을 총괄하여 월말에 세금계산서를 발행하고 정산합니다. 이런 경우 1개월 단위이기는 하지만 외상거래가 이루어지는 것이므로 계약서가 꼭 필요합니다. 외상거래 시 추후 채권관리를 하며 복잡해질 수 있습니다. 가능하면 선 결제 후 택배발송이 이루어지도록 온라인에 솔루션을 구축하는 것이 좋습니다.

사후관리, CRM(고객관계관리) 서비스

B2B 비즈니스는 지속적인 관리가 중요합니다. 계약할 때 한번 와서 거래를 트고 다시 방문하지 않는다면, 해당 업체는 쥐도 새도 모르게 원두 공급처를 바꿀지도 모릅니다. 거래처 카페 현장에 늘 관심을 가져야 합니다. 카페 사장님이 먼저 요청하지 않더라도 카페 운영에 필요한 조언을 하고, 때로는 실질적인 도움을 주기도 합니다. 오래도록 신뢰관계를 유지할 수 있는 방법이 됩니다.

원두 B2B 비즈니스, 이런 전문성이 필요합니다

에스프레소 추출, 센서리(Sensory) 역량

앞서 말했듯이 자신이 파는 원두가 가장 맛있게 추출되는 레시피를 알고 있어야 하고, 그것을 카페에서 구현할 수 있어야 합니다. 커피머신 조건이 달라지면 레시피 그대로 추출해도 구현이 잘 안 될 때가 있습니다. 이런 상황에서도 레시피를 구현해낼 줄 알아야 합니다.

더불어 추출된 에스프레소가 맛있는지, 균형이 좋은지 아닌지 구분하는 센서리 역량이 필요합니다. 센서리 역량이란 맛을 보고 구분하거나, 고객의 좋은 반응을 얻을 수 있는 맛, 대중적인 맛으로 조절할 수 있는 역량입니다. 다양한 에스프레소를 마시고 좋은 원두에서는 어떤 맛이 나는지, 디펙트(결점두)가 섞인 안 좋은 원두에서는 어떤 맛이 나는지에 대한 감각적 경험이 많아야 이를 구분할 수 있습니다.

커피머신 전반의 지식

커피머신에 대한 기본적인 지식이 있어야, 카페마다 각기 다른 스펙의 머신으로 같은 맛을 낼 수 있습니다. 원두 영업을 하다 보면 가장 많이 듣는 클레임이 '맛이 변했어요~ 한번 와서 봐주세요.' 입니다. 현장에서 자유자재로 커피머신 세팅 값의 변화를 주고, 이에 따라 맛이 변하는 것을 사장님이 직접 경험한다면 자연스럽게 나에 대한 존중이 생깁니다.

카페 컨설팅 역량

　김치찌개를 파는 식당에서는 김치가 핵심 원료이며, 어떤 김치를 정하는지가 가장 중요하겠죠? 카페에서 핵심 원료는 원두입니다. 원두를 고를 때도 김치를 정하는 것과 같은 무게감으로 의사결정을 하게 됩니다. 물론 가격도 중요하지만 가격을 뛰어넘는 가치를 가져올 수 있다면, 다소 비싼 가격에 계약이 형성되기도 합니다. 카페 영업을 단순히 원두를 파는 것으로 생각하면 너무 어려워질 수 있습니다. 이건 마치 길거리를 돌아다니는 사람 중 아무나 붙잡고 신용카드 영업을 하라는 말과 같죠. 하지만 니즈가 있는 사람을 만나 문제를 해결해주고 조언을 건넬 수 있다면 이야기는 달라집니다. 카페 전반에 이런저런 부분을 짚어주고 도움을 줄 수 있어야 합니다. 한 마디로, 커피에 관해서는 카페 사장님과 나 사이에 마치 스승과 제자 같은 관계를 만들 수 있어야 합니다. 판매하는 원두 상품의 경쟁력을 갖추는 것은 기본이고, 카페에 지속적으로 줄 수 있는 '무언가'가 있어야 관계가 유지됩니다. 사실 영업 활동의 본질은 고객의 문제를 해결해주는 컨설팅입니다. 영업 담당자는 응당 컨설턴트로서의 역량이 필요합니다.

잠재고객은 어떻게 만날 수 있을까요?

SNS 광고 활용하기

　가장 저렴하게 홍보할 수 있는 방법은 SNS입니다. 꾸준히 콘텐츠를 올려야 하고, 비용을 좀 쓰더라도 광고비를 들여 계정을 알릴 필요가 있습니다. SNS 광고비는 상대적으로 저렴한 편입니다. 꼭 돈 내고 광고를 하지 않더라도 비즈니스 계정을 만들어 커피에 관한 소소한 일상을 공유하고 중간중간 상품을 홍보한다면 조금씩 고객의 반응이 있을 것입니다.

카페 오픈을 준비하는 사장님 만나기

　이미 운영을 시작한지 오래된 카페에 원두를 영업하는 것은 정말 어려운 일입니다. 오래된 카페 고객들은 이미 해당 카페 원두의 커피맛에 적응하여 단골이 되었겠죠. 원두를 바꾸는 의사결정을 한다면 단골을 잃을 각오를 해야 합니다. 그래서 원래 쓰던 원두에 문제가 있는 것이 아니라면 원두를 바꿀 생각을 잘 하지 않습니다. 원두를 바꿀까 고민하는 사장님을 만나야 하는데, 어떤 사장님이 그런 생각을 하는지 알아내기는 정말 어렵습니다. 결국 카페 오픈 준비를 하는 예비 사장님을 만나는 것이 가장 수월한 영업 방법입니다. 인테리어 공사 중이거나, 이제 막 커피머신을 들여왔다든가, 대부분 이 정도 단계에서 자신이 알아본 원두 샘플을 테스트하고 결정할 준비를 합니다. 적당한 시기를 잘 맞추어 예비 사장님을 만날 수 있다면 문전박대는 면할 수 있겠죠? SNS를 활용하여 카페 오픈을 준비하는 사람들에게 메시지를 보내는 것도 좋은 방법이 될 수 있습니다.

카페 사장님 문제 해결해주기

다시 한번 강조하지만, 영업은 단순히 물건을 파는 행위가 아닙니다. 영업은 고객이 겪고 있는 문제를 해결하는 과정이며, 사업자는 그런 과정 안에서 물건을 파는 것이죠. 이런저런 문제로 골머리를 앓고 있는 사장님들을 찾아내어, 그들의 문제를 해결해주세요. 문제가 해결되는 순간 여러분은 스승님 자리를 차지하게 됩니다. 그때부터는 내가 하는 말을 잘 믿어주고 신뢰해주죠. 당연히 원두 영업도 정말 수월하게 할 수 있고요. 그렇다면 카페 사장님들이 주로 겪는 문제는 무엇이 있을까요? 가장 흔하게는 이런 것들이 있습니다.

"커피 맛 좀 잡아주세요."
"커피머신의 OO가 문제인데 어떻게 해야 할까요?"
"바로 길 건너편에 프랜차이즈가 들어와서 매출이 떨어졌어요. 무슨 좋은 수가 없을까요?"
"샤워스크린이랑, 고무가스켓 좀 갈아주세요."

영업을 해보시면 아시겠지만 의외로 카페 사장님들이 커피를 잘 모릅니다. 에스프레소 추출에 대한 기본이 없이 운영하는 경우도 꽤나 많습니다. 여러분이 조금만 더 깊게 공부하고, 카페 사정에 밝다면 얼마든지 문제 해결사가 될 수 있습니다. 원두 영업은 덤으로 딸려오고요. 카페 사장님들이 많이 모여 있는 온라인 플랫폼을 잘 활용하면 이런 니즈가 있는 사장님들을 쉽게 만날 수 있습니다.

도소매 유통을 하기 위한 행정 절차는 이렇습니다

사업자 등록하기

커피 사업을 하려면 우선 사업자 등록증이 필요합니다. 사업자 등록은 법인사업자, 개인사업자 이렇게 2가지로 나뉩니다. 주식회사, 재단법인, 사단법인 등이 법인사업자에 해당되며 이사회를 구성해야 하고 초기 출연자산 등을 요구합니다. 대부분 영리 목적으로 커피 사업을 시작하기 때문에 주식회사를 설립하는 경우가 많을 겁니다. 하지만 이제 막 사업을 시작하는 초보 사업자나 출연할 자산이 별로 없다면 주식회사는 그리 적합한 선택이 아닙니다. 추후 사업이 커지면서 수익이 높아진다면 절세 혜택이 필요한 시점에 전환하는 것이 좋습니다. 재단법인이나 사단법인은 비영리 법인인데요. 수익활동은 가능하지만 설립 절차가 더 까다롭고 개인 사업으로 접근하기에 적절하지 않으니, 논외로 하겠습니다.

개인사업자 등록

개인사업자 등록은 간단합니다. 인터넷으로도 가능하죠. 다만 사업지 주소가 필요한데요. 온라인 쇼핑몰을 운영하는 경우 자택 주소로 기입해도 무방합니다. 사업을 하다 보면 추후 창고가 필요할 수 있습니다. 이때 가능하다면 OEM 계약 등을 통해 제조업체에 창고 기능을 의뢰하는 형태로 사업을 진행하는 편이 비용을 아낄 수 있겠죠? 개인사업자도 2가지 종류의 사업자가 있습니다. 간이과세자와 일반과세자입니다. 간이과세자는 연매출 8,000만 원 미만까지는 부가세 납부 면제 혜택을 받지만, 사업자 매입에 대한 부가세 환급을 받지 못합니다. 영수증 발급은 가능하지만 세금계산서 발급은 안 됩니다. 온라인몰은 간이과세로도 충분히 운영할 수 있습니다. 그러나 연매출이 8,000만 원이 넘어가는 시점부터는 일반과세로 전환하는 것이 좋습니다. 컨설팅 같은 서비스를 제공하는 경우 종종 세금계산서 발행이 필요한 커피 비즈니스도 있습니다. 이때는 처음부터 일반과세로 시작하는 것이 좋겠죠. 국세청 홈페이지 홈텍스*에 자세한 내용이 있으니 참고하시길 바랍니다.

---

* hometax.go.kr

유통전문판매원 등록

온라인으로 상품을 위탁판매하거나, 나의 브랜드가 아닌 타사 브랜드를 파는 경우 굳이 유통전문판매원을 신고할 필요는 없습니다. 하지만 자신만의 브랜드를 갖고자 한다면 유통전문판매원 등록이 필요합니다. 로스팅 공장에 원두 생산을 의뢰하고 나의 브랜드로 패키징하여 판매한다면 제조원은 공장이 되고 판매원은 나의 사업자가 됩니다. 아래 식품표기사항을 참고하시면 이해가 빠를 겁니다.

상품명	블렌딩 버드
내용량	1kg
종류	홀빈
원재료명	커피원두 (르완다, 멕시코, 인도네시아)
유통기한	제조일로부터 1년까지
제조일자	별도표시일
제조원	○○○○ 커피 서울시 종로구 종로로 111
유통전문판매원	서스테인 커피 경기도 김포시 경의로 1114, ○○○호(○○타워)
반품 및 교환	구입처 및 판매원 (010-7182-2319)
품목보고번호	2022002753827

부정, 불량식품 신고 - 국번없이 1399
본제품은 공정거래위원회 고시 소비자 분쟁해결 기준에 의해서 교환 또는 보상받을 수 있습니다.

잘 보면 제조원은 '○○○ 커피'이고 서울에 위치하고 있습니다. 유통전문판매원은 '서스테인 커피'이고 김포시에 있다고 표기되어 있네요. 제조공장과 OEM 계약을 하면 이와 같은 형태의 식품표기사항이 됩니다. 만일 작은 로스터리를 운영하며 동시에 원두 영업을 한다면 제조원과 판매원이 동일하게 표기되겠죠? 유통전문판매원 신고 요건과 절차는 간단합니다. 다만 지자체마다 기준이 조금씩 다를 수 있기 때문에 해당 관청 식품위생과에 연락하여 안내를 받아야 합니다.

로스터리 카페를 운영하며
원두 영업을 하기 위한 행정 절차는 이렇습니다

로스터리 카페

작은 로스터리 시설을 갖추고 카페에서 사용하는 원두를 직접 볶는 카페들이 있습니다. 이를 '로스터리 카페'라고 합니다. 볶은 원두는 카페 내에 진열하여 판매하기도 하는데요. 그러다 보면 주변 카페 사장님들이 자신의 카페에 원두를 납품해줄 수 없는지 문의가 올 수 있습니다. 그렇게 알음알음 원두를 판매하기도 하는데요. 사실 휴게음식점으로만 등록된 카페가 원두를 볶아 다른 카페에 납품하거나 카페 방문 고객에게 판매하는 것은 불법입니다. 여기에는 다른 신고 절차가 필요합니다.

즉석판매제조가공업 신고

　보통 2종 근린생활시설에서만 즉석판매업이 가능하지만, 지자체에 따라 1종에서도 허가를 내주는 경우가 있으니 해당 지자체에 확인해야 합니다. 로스팅 공간과 카페 공간은 분리가 되어 있어야 합니다. 기존에는 식품제조가공업 신고가 있어야 원두 영업이 가능했지만, 2020년 식약처의 새로운 지침을 통해 즉석판매제조가공업만 가지고도 영업할 수 있게 되었습니다.* 식품제조가공업은 절차가 더 복잡하고 요건도 까다로우니, 즉석판매업 허가만 받아도 무방합니다. 판매하는 원두는 9개월마다 1회 이상 검사를 받아야 합니다. 검사항목은 [납]과 [허용 외 타르색소]입니다. 즉석판매제조가공업이 없다면, 해당 카페에서 로스팅한 원두를 다른 카페로 유통할 수 없습니다. 직접 로스팅하는 카페를 고려하신다면, 애초에 공간을 분리하여 추후 즉석판매제조가공업 허가를 염두에 두는 것이 좋습니다.

　이렇게 원두 B2B 비즈니스 모델에 대해 살펴봤는데요. 사업에 필요한 노하우와 필요사항을 단 몇 페이지에 전부 담기는 어렵습니다. 커다란 틀을 먼저 알고, 나머지는 직접 영업을 하며 부딪쳐보고 주변

---

* 식품의약품안전처, 2020년 자주하는 질문집

에 물어보며 찾아 나가도 무리가 없으리라 생각합니다. B2B 사업이 매력적인 이유는 한 번의 계약으로 한동안 매출이 보장된다는 부분입니다. 그리고 상대적으로 상품정보나 가격정보가 덜 공개되어 있죠. 숨어있는 시장이라는 뜻입니다. B2C로 소비자에게 원두를 파는 건 여간 어려운 일이 아닙니다. 이미 온라인 쇼핑몰에서 너무나도 다양한 원두가 팔리고 있으니까요. 가격경쟁도 심하고, 공급자도 넘쳐나는 치열한 시장입니다. 이에 비해 B2B는 상대적으로 경쟁이 덜합니다.

물론 커피 일을 접한 적이 없는 분들께는 맨땅에 헤딩하라는 말로 들릴 줄 압니다. 카페를 관리할 수 있는 역량을 가지기 위해서는 공부하고 경험해야 합니다. 그리 복잡한 지식을 요하지도 않고, 비싼 수강료를 내지 않아도 됩니다. 전문가를 만나 전수받으면 좋겠지만, 다양한 채널을 통해 스스로 익히고 배울 수 있습니다. 자격증 과정부터 시작해 커피 관련 다양한 서적, 유튜브 콘텐츠 등 꿀 같은 정보가 이미 공유되어 있습니다. 여러분도 충분히 카페 컨설턴트로서의 역량을 가진 훌륭한 도매 원두 사업자가 될 수 있습니다.

NO.2
홈 카페 시장

온라인 쇼핑몰·커피 상품 판매

홈 카페 시장은
급속도로 성장하고 있습니다

　현재 한국 커피 시장은 지속적으로, 그리고 아주 빠르게 성장하고 있습니다. 이러한 성장세는 인구가 줄기 전까지는 지속될 것으로 예상합니다. 카페 시장은 일찍이 먼저 성장하여 이미 포화기에 접어들었습니다. 이에 발맞춰 원두, 생두, 교육 시장도 함께 성장했습니다. 하지만 아직까지도 블루오션인 커피 시장이 있습니다. 바로 홈 카페 시장입니다. 커피에 대한 관심과 관련 지식 수준이 높아지면서, 자연스럽게 집에서 커피를 직접 내려 마시는 홈 카페족이 들었습니다. 집에 고가의 에스프레소 머신과 그라인더를 두고 매일 커피를 내려 마시는 럭셔리한 소비자도 생겼고요. 집 안에 작은 로스팅 머신을 설치하여 직접 로스팅을 하는 열정적인 R&D 연구자도 봤습니다. 로스팅 머신이 비싸니 가족들에게 구박을 받으며 프라이팬에 생두를 볶아서 커피를 마시는 분도 있습니다. 꼭 커피머신이 아니더라도 간단한 핸드드립 기구를 이용해 직접 커피를 내려 마시는 사람들도 아주 많아 졌습니다. 홈 카페 시장의 급격한 성장에 코로나19가 큰 기여를 했죠. 집에 머무르는 시간이 많아지며 밖에서 사 마시던 커피를 집 안으로 들여오는 소비자들이 늘어났습니다. 반면 전통적인 홈 카페 아이템이었던 믹스커피 수요는 점차 줄어들고 있습니다. 믹스커피에서 원두커피로 갈아타는 소비자가 점점 더 많아져서 그렇습니다. 자연스럽게 원두를 잔 커피로 만드는 도구 시장도 함께 성장했겠죠? 이베이코리아에 따르면 코로나19 시기 사회적 거리두기 강화 전후로 (2020년 8월 기준) G마켓에서 에스프레소 머신과 전동 그라인더 판매량이 각각 62%, 124%로 크게 늘어났다고 합니다. 캡슐 커피머신은 10%, 드리퍼는 21% 늘었습니다. 마켓컬리 분석결과에 따르면 캡슐커피와 파우치 형태로 섭취가 편리한 커피, 콜드브루 종류도 30% 늘었습니다.* 코로나19를 기점으로 홈 카페 시장이 급성장했다는 것을 보여주는 단적인 통계자료입니다. 지금은 코로나19가 종식되어 홈 카페 시장 수요가 다시 주춤하고 있는 건 사실입니다. 하지만 앞으로 길게 봤을 때 꾸준히 성장할 수 있는 저력을 가진 시장이라는 것은 분명합니다.

---

* 월간커피 2020년 11월호, 한국커피 산업보고서 중

홈 카페 시장에서
무엇을 팔아야 할까요?

먼저 용어부터 정리하고 시작하겠습니다. 이제부터 유통구조에 대한 이야기를 종종 꺼낼 텐데요. 온라인 마켓, 오프라인 마켓을 간단하게 온라인, 오프라인으로 표현하겠습니다. 여기서 온라인은 인터넷 쇼핑몰을 의미합니다. 그리고 오프라인은 백화점이나 마트처럼 직접 방문해서 결제하고 사오는 종류의 마켓을 의미합니다.

홈 카페 시장에서 팔 수 있는 아이템은 크게 두 가지로 분류할 수 있습니다. 첫 번째는 커피를 추출하는 머신 및 도구, 두 번째는 커피 원두와 믹스커피 같은 상품입니다.

홈 카페에서 쓰이는 물품들

    그리고 편의상 판매 방법도 크게 두 가지로 나누어 설명하겠습니다. 먼저 소매상으로 위탁판매를 하는 방식입니다. 판매자가 재고를 가지고 있지 않은 상태에서 도매/제조업자로부터 상품 정보를 받아 온라인 페이지에 올려놓습니다. 판매가 이루어지면 도매업자나 제조업자에게 주문을 넣어 고객에게 직배송하는 형태입니다. 마진율은 떨어지지만 대신 재고에 대한 리스크가 없습니다. 사입판매는 판매자가 도매가로 상품을 대량 구입합니다. 위탁판매보다 마진율 높지만 해당 상품이 팔리지 않을 경우 재고 부담은 고스란히 판매자가 지게 됩니다.

마지막으로 원두커피, 믹스커피, 드립백 커피 같은 상품을 자신의 브랜드로 직접 제조할 수 있는지, 자신의 브랜드로 제조하려면 어떻게 해야 하고 비용은 어느 정도 들어가는지 구체적인 정보를 드리도록 하겠습니다.

커피머신 위탁판매

먼저 커피머신에 대해 알아볼까요? 에스프레소 반자동 머신부터 버튼만 누르면 바로 원두를 갈아서 에스프레소를 추출해주는 전자동 머신도 있습니다. 반자동머신은 말 그대로 반만 자동으로 해준다는 뜻인데요. 원두는 그라인더에서 갈고, 에스프레소 추출은 머신으로 합니다. 우유 스팀 기능도 따로 있고요. 여러분이 카페에서 보시는 커피머신이 보통 여기에 해당합니다. 에스프레소를 추출하는 머신과 그라인더가 분리되어 있습니다.

업소용
에스프레소 머신

커피머신은 기능과 브랜드에 따라 가격이 상이합니다. 200~300만 원부터 몇 천만 원까지 다양한 가격대를 형성하고 있는데요. 보급형, 고급유저형 시장이 있습니다. 실제로 카페에서 쓰는 커피머신을 집에 두고 커피를 마시는 분들도 계십니다. 하지만 홈 카페 시장에서는 이런 종류의 머신이 그리 잘 팔리지 않겠죠. 그래서 가정에서 사용하는 커피머신은 이를 축소하여 구현한 경우가 많습니다.

가정용
에스프레소 머신

가전제품 코너에서 이런 종류의 커피머신을 많이 보셨을 겁니다. 좀 더 작고 간편하며, 가볍습니다. 사실 기능은 카페에서 사용되는 커피머신보다 좀 떨어지지만, 집에서 하루에 수십 잔의 에스프레소를 추출하지는 않으니까요. 집에서 커피를 즐기기에는 충분한 기능을 갖추고 있습니다. 보통 가정에서 카페 같은 분위기를 낼 수 있도록 반자동 방식에 예쁜 디자인을 강조하고 있습니다. 드롱기, 브레빌, 플랜잇 같은 브랜드가 가정용 커피머신 시장의 강자입니다. 외관이 예쁘고 귀여워서 커피 애호가들을 혹하게 만듭니다. 카페처럼 원두는 그라인더에서 갈고 에스프레소는 소형 머신에서 추출할 수 있도록 구현한 종류도 있고요. 그라인더와 에스프레소 추출을 한 대의 머신에서 가능하도록 만든 것도 있습니다. 그리고 가장 흔하게 볼 수 있는 커피메이커 형태의 간단한 머신, 캡슐만 있으면 바로 에스프레소를 추출할 수 있는 캡슐머신도 있습니다.

그럼 이런 커피머신을 온라인에서 판매하려면 어떻게 해야 할까요? 결론부터 미리 말씀드리자면, 초보 판매자가 커피머신을 팔기는 어렵습니다. 온라인 시장 특성상 가격경쟁이 심하기 때문인데요. 같은 브랜드, 같은 제품이라면 소비자는 검색을 통해 최저가 상품을 선택합니다. 이런 시장에서 가격경쟁력을 가지려면 브랜드사로부터 도매가로 물건을 받을 수 있는 일종의 총판 혹은 대리점 계약을 맺어야 합니다. 하지만 유명한 브랜드사는 이미 한국 시장에서 공급자가 정해져 있고, 브랜드가 강력할수록 공급자들은 공급독점계약을 맺으려 합니다. 그래서 대부분 오프라인 유통은 백화점이나 전자상가 코너를 통해 이루어지고, 온라인 유통은 해당 브랜드 운영 업체가 오픈한 판매처에서만 유통되는 경우가 많습니다.

온라인 위탁판매 가능성

요즘 스마트스토어 열풍이 불면서 온라인 판매자들이 B2B, 즉 사업자 대 사업자로 물품을 소싱할 수 있는 도매 전문 사이트가 많이 생겼습니다. 예를 들면 '도매꾹' 같은 사이트입니다. 한번 들어가서 홈 카페용 커피머신 브랜드를 검색해보세요. 일반 소비자들이 네이버에 검색해서 나오는 상품 가격과 도매 공급 사이트에 올라오는 가격에 거의 차이가 없습니다. 심지어 도매 사이트에서 공급하는 가격이 더 높은 경우도 허다하죠. 이런 상황에서 온라인 위탁 판매는 사실상 어렵다고 봐야 합니다. 하지만 보여드린 커피머신 중 카페에서 사용하는 고가의 머신은 상대적으로 쉽게 위탁판매 할 수 있습니다. 하지만 이것이 홈 카페 시장에 적합한 아이템은 아니죠. 카페를 대상으로 하는 비즈니스일 경우 가능합니다. 이에 대해서는 카페 오픈 컨설팅 파트에서 자세히 다루도록 하겠습니다.

해외 직구 위탁판매 가능성

그렇다면 해외 직구 서비스를 통해 커피머신을 한국 유통 가격보다 저렴하게 구해 공급하면 어떨까요? 이런 경우라면 가능성이 있어 보입니다. 물건을 조금 늦게 받더라도 더 저렴하게 구입하려는 고객은 분명 있거든요. 그리고 아직 한국에 유통되지 않는 해외 브랜드 홈 카페용 머신을 판매할 수도 있을 겁니다. 이미 유통되고 있는 커피머신을 판매할 때보다 가격경쟁의 치열함은 덜하겠죠. 대신 브랜드가 생소해 검색하는 사람도 더 적을 것입니다. 그리고 커피머신을 유통할 때 감안해야 하는 중요한 요소가 하나 있는데요. 바로 A/S 문제입니다. A/S는 머신이 고가일수록 더더욱 중요합니다. 의도하지 않게 머신이 고장 난 상태로 배송되는 경우가 생길 수 있는데요. 해외 직구 상품 특성상 환불이나 A/S가 어렵습니다. 해외 직구 커피머신 상품 페이지에 'A/S는 한국 내 A/S센터에서 고객이 직접 유상으로 받아야 한다.'와 같은 문구를 아무리 써 놓아도 고객은 판매자에게 클레임을 걸기 마련입니다. 그나마 브랜드 머신의 경우 한국에 A/S망이 있기도 하지만, 브랜드가 알려지지 않는 중국산 저가 상품이라면? 고장 난 머신을 받았다는 고객이 나와도 사실상 처리하기 난감합니다. 아무리 판매자 책임이 없다고 해도 서비스를 중요하게 여기는 한국 시장에서는 결코 간과할 수 없는 부분이죠. 하지만 모든 비즈니스에는 노력이 따라야 하는 법! 약간이라도 비집고 들어갈 틈이 있다면 조금 더 집요하게 알아볼 필요가 있습니다. 먼저 한국에 A/S망 구축이 잘 되어있고, 해외 소싱 시 가격 단가가 내려가는 머신을 잘 찾아보시기 바랍니다. 아직 많이 유명하지 않은 브랜드라면 의외의 저가 공급처를 만나게 될 수 있습니다.

커피 추출 도구 위탁판매

커피 추출 도구는 전기를 사용하지 않고 좀 더 느린 방식으로 커피를 내려 마시는 소비자를 위한 도구를 의미합니다. 핸드드립 혹은 브루잉이라고 하는 추출 방식에 필요한 도구가 여기에 해당합니다.

추가로 에어로프레소, 모카포트 같은 추출 도구도 있습니다.

에어로프레소   모카포트

커피 추출 도구 역시 유명한 브랜드 상품일수록 유통하기 쉽지 않습니다. '하리오'나 '칼리타'같이 알려진 브랜드 상품의 위탁판매로 수익을 내기는 정말 어렵습니다. 재고를 사입해 팔아야 마진 구조가 나옵니다. 대량으로 매입해야 가격 혜택을 받을 수 있기 때문에, 초기 자본이 들어갈 수밖에 없는 구조인 것이죠. 초보 판매자가 처음부터 재고 부담을 안고 시작하기에는 리스크가 크니 사업 초기에는 지양하는 것이 좋습니다.

커피머신과 커피도구의 온라인 판매가 어려운 이유

커피머신과 커피도구는 초보 판매자에게 결코 쉬운 아이템은 아니지만, 이것도 틈새시장이 있습니다. 오픈마켓 특성상 고객들은 최저가 검색을 통해 가장 싼 것을 선택할 텐데요. 이유는 잘 모르겠지만, 최저가보다 비싸더라도 그냥 구입하는 고객이 있습니다. 추측해보자면 해당 오픈마켓에 쌓인 포인트나 쿠폰을 써야 해서… 검색하기 귀찮아서… 가격보다는 판매자를 신뢰해서… 이런저런 이유가 있을 겁니다. 위탁판매로 가격경쟁을 가져갈 순 없지만, 그렇다고 해서 완전히 안 팔리는 건 아니라는 거죠. 돈이 드는 것도 아니니, 일단 상품을 올려보는 건 어떨까요?

그리고 굉장히 다양한 커피도구 브랜드가 생겼습니다. 유명한 브랜드 도구를 위탁판매하기는 어려우나, 이제 막 생긴 신생 브랜드라면 가격경쟁도 그리 심하지 않으니 충분히 시도해볼 수 있습니다. 런칭한지 얼마 되지 않은 브랜드는 역으로 판매자를 모집하기도 합니다. '셀러오션'과 같은 도매업자와 온라인 소매업자가 모이는 커뮤니티 사이트를 들어가 살펴보면, 꽤 유용한 정보를 얻을 수 있습니다.

꼭 커피를 추출하는 기계와 도구만 홈 카페용 상품이 되는 건 아닙니다. 커피잔, 유리잔, 티포트, 접시, 스푼 등도 홈 카페 용품이라고 할 수 있습니다. 워낙 상품 종류가 다양하고 브랜드도 많습니다. 커피머신이나 커피도구 시장과 달리 킬러 브랜드가 없다고 할 수 있는데요. 이는 상대적으로 가격경쟁이 덜 치열하다는 뜻입니다. 소싱업체가 안정적이고 배송 상태가 양호하다면 위탁으로도 얼마든지 진행 가능한 아이템입니다. 참! 리빙 용품도 홈 카페 용품에 속한다고 볼 수 있겠죠?

소매용 원두 판매 방법에 대해 알아볼까요?

위탁판매

원두는 상대적으로 위탁판매 여지가 많습니다. 소매용 원두 시장은 그야말로 춘추전국시대라 할 수 있는데요. 굉장히 많은 공급처가 있습니다. 이런 상황에서는 같은 상품 내 가격경쟁이 아니라, 수없이 많은 상품들 중 어떻게 나의 상품을 고객에게 노출하느냐의 경쟁입니다. 공급처는 로스터리 카페가 될 수도 있고, 로스팅 공장이 될 수도 있습니다. 도매꾹 같은 도매 전문 사이트에서 공급처 정보를 쉽게 얻을 수 있습니다. 한 번은 꼭 직접 연락해서 원활한 공급이 가능한지, 가격 혜택을 더 받을 수 있는지 확인해 보시기 바랍니다. 위탁판매든 제조판매든 원두를 팔기 위해서는 SNS를 활용하여 고객을 유치해야 합니다. 한때 스마트스토어 열풍이 분 이래로, 상품을 올려놓고 마냥 기다리기만 해도 구매가 이루어지는 그런 시기는 일찌감치 지나갔습니다.

제조판매

   판매하는 상품을 직접 만들 수 있다면 이는 자신의 브랜드를 구축할 수 있는 기회가 될 수 있습니다. 브랜드는 온라인 마켓에서 다른 판매자와 나의 차별성을 가르는 포인트가 됩니다. 로스팅 기계가 없는데 어떻게 원두를 생산하는가에 대해서는 앞서 원두 비즈니스를 다루며 말씀드렸죠? 우선 로스팅 공장과 OEM 계약을 맺어야 하고, 유통전문판매원 등록도 필요합니다. 예를 들어 에티오피아 원두를 팔고 싶다면, 에티오피아 생두를 구입해 로스팅한 뒤 패키징하여 판매하면 됩니다. 온라인에서 에티오피아 원두를 파는 쇼핑몰은 정말 많을 겁니다. 쇼핑몰에 단순히 '에티오피아 200g 원두 홀빈' 이렇게 올려두면 판매가 쉽지 않겠죠. 소비자가 에티오피아 원두 상품을 검색했을 때 나의 상품이 나올 확률이 얼마나 될까요? 다른 공급자와 비교했을 때 가격경쟁도 좋고, 세련된 상품 설명 페이지를 가졌다고 해도 그것이 판매로 이어지기까지 허들이 너무 많습니다. 아직 브랜드가 형성되지 전이라면 다른 관점으로 접근해야 합니다. 정직하게 '에티오피아 원두'라고 상품명을 등록했을 경우, 신규 시장 진입자가 고객의 선택을 받기는 정말 어려운 일이거든요. 실제로는 같은 원두라고 해도, 각기 다른 키워드에 걸리게 해야 합니다. 커피 종류를 지정해서 상품을 찾는 고객도 있지만, 자신의 상황에 맞추어 상품을 검색하는 고객도 있습니다. 이를테면 여자친구에게 선물하기 좋은 커피, 꽃 향기 나는 커피 등으로 검색할 수 있겠죠. 상대적으로 경쟁이 덜한 키워드를 잘 뽑아내어 고객의 눈에 띄도록 해야 합니다. 더 좋은 방법으로는 오프라인에서 고객을 먼저 만나는 것도 있는데요. 사람이 많이 모이는 행사에 부스를 얻어 시음 이벤트를 열어 브랜드와 온라인 스토어의 존재를 알릴 수 있겠죠. 커피 교육을 하며 알음알음 자신의 고객을 모을 수도 있을 겁니다. 이처럼 오프라인 고객을 온라인 고객으로 전환하는 전략이 필요합니다.

어쩌다 검색에 걸려 지나가는 100명의 고객보다는 자신의 브랜드에 '찐 팬'이 될 수 있는 고객 1명이 더 중요합니다. 당연히 해당 브랜드 SNS계정은 필수입니다. SNS 온라인 마케팅에 대한 구체적인 내용은 이후 '커피 인플루언서 되기'편에서 다루었으니 참고하시길 바랍니다.

가공커피 판매 방법에 대해 알아볼까요?

위탁/사입 판매

　이미 만들어진 기성품, 예를 들면 동서식품의 맥심이나 카누 같은 상품을 온라인으로 판매 가능할까요? 쉽지 않습니다. 앞서 언급했듯 브랜드가 강력하고 시장에 많이 풀려 있는 상품일수록 가격경쟁이 심하거든요. 오프라인 마트는 이미 유통체계가 잘 짜여 있습니다. 그래서 해당 브랜드 대리점을 직접 운영하지 않는 이상, 온라인 쇼핑몰에서 가격 경쟁력을 가져가기 매우 어렵습니다. 기껏해야 마트에서 1+1 행사 같은 세일 상품을 구입해 온라인 쇼핑몰에 올려 판매하는 정도가 경쟁력 있는 가격으로 판매하는 방법이겠죠. 자신의 스마트스토어에 이런 잡다한 상품이 많이 올라와 있을수록, 일종의 잡동사니 슈퍼마켓이 되어버리기 쉽습니다. 커피 관련 상품이 이것저것 즐비해 있다면, 저렴한 가격 외 다른 가치를 찾기 어렵겠죠. 어디에서나 살 수 있는 물건으로 가격경쟁을 하는 것은 무의미한 출혈경쟁에 지나지 않습니다. 상품을 대량으로 사입하면 좀 더 좋은 가격을 받을 수는 있겠지만, 재고 부담이나 초기투자 비용을 생각한다면 사업 초기에 적합한 비즈니스 모델은 아닙니다. 추후 고정고객이 많아지고 자본금이 생겨 판매 시 재고 확보가 필요할 정도의 규모로 성장한다면, 그 시점에서 고려해 보시기 바랍니다.

인스턴트 커피 제조(믹스커피)

　이미 유명한 브랜드 상품을 위탁판매하는 것은 어렵다고 여러 번 강조했는데요. 그럼 나만의 이름으로 브랜드를 갖춘 믹스커피를 생산하는 건 어떨까요? 원두의 경우 로스팅 공장과 OEM을 맺어 상대적으로 쉽게 진행이 가능하다고 말씀드린 바 있습니다. 하지만 믹스커피는 그리 쉽지 않습니다. 맥심 같은 종류의 인스턴트 커피에 들어가는 핵심원료는 FD Frozen Dry 입니다. 동결건조 커피라고도 하죠. 대한민국에서 FD를 만들 수 있는 시설은 동서식품과 롯데 정도입니다. 그만큼 큰 자본이 들어가는 시설입니다.

FD커피　　　　　　　　　생산시설

　FD는 추출된 커피 원액을 질소 냉각하여 건조한 것입니다. 그래서 물에 녹여도 분말가루가 남지 않는데요. 원래는 1, 2차 대전을 거치면서 군수물자를 위해 개발된 커피 음용 방법입니다. 몹시 바쁜 전장에서 커피를 마실 수 있도록 개발한 방식이죠. 미국이 가지고 있던 기술을 동서식품에 전수했고, 상품을 수출하지 않는다는 조건으로 기술을 받아들여 한국 내에서 제조와 유통을 시작했던 것입니다. 그래서 한국은 원두보다 믹스로 커피를 먼저 접하게 되었으며, 그 이후로도 오랫동안 커피의 대명사는 믹스커피가 되었던 것입니다. 어찌되었건 FD커피를 개인 사업자가 직접 제조하는 것은 불가능합니다. 그렇다고 해서 자신만의 브랜드 믹스커피를 만드는 것이 불가능한 일은 아닙니다. 무슨 말이냐고요? 바로 FD상태의 커피를 수입할 수 있다는 점에 주목해야 합니다. 거창하게 수입이라고 할 것도 없이, 해외 직구를 통해 FD 상태의 커피를 구할 수 있습니다. FD Coffee Powder라고 검색하면 금방 찾을 수 있습니다. 핵심원료가 준비되면 여기에 설탕과 크리머$_{Cremer}$*를 적절한 비율로 섞어주면 됩니다. 교반기에 넣고 잘 섞어 패킹하면 믹스커피 생산 완료입니다. 패킹 과정에서는 믹스커피에 적합한 길쭉한 스틱 필름을 만들고, 필름에 브랜드를 인쇄해 자동으로 찍어내는 과정이 필요합니다. 이 과정만 전문으로 OEM 의뢰를 받는 공장이 있습니다. 대기업이 아닌 믹스커피 상품의 제조원이 어디인지 살펴보면, 어떤 업체가 있는지 바로 알 수 있습니다. OEM과 ODM을 전문으로 하는 식품제조회사가 보통 제조원으로

---

* 흔히 프림으로 불리는 우유 대용으로 쓰는 분말

되어 있습니다. 커피믹스부터 코코아, 건강식품 등을 다양하게 생산합니다.*

가공커피 제조 비용

가공커피 제조 비용의 구조를 대략 파악할 수 있도록 견적서를 만들어보겠습니다. 가칭 A커피라 하겠습니다. A커피 100T 상품을 만들어 본다고 가정해볼까요? 여기서 '100T'는 한 박스에 100개의 스틱 믹스커피가 들어간 상품을 말합니다. 스틱커피 기준으로 100,000T가 MOQ(최소발주량)라고 합니다. 그럼 A커피 100T를 1,000개 생산할 수 있는 생산량입니다.

	구분	함량(%)	1T 중량 (12g)	1T당 단가(원)	100T 단가(원)	비고
원재료	설탕(비정제)	43	5.16	4	400	
	크리머	42	5.04	3.6	360	OEM 업체구입
	FD커피	15	1.80	40.0	4,000	직수입
부재료	스틱필름			10.0	1,000	
	단상자			10.0	1,000	100T 상자
	카톤박스			1.5	150	100T 8개입
	Loss(2%)			1.5	150	
	가공비			50.0	5,000	
	TOTAL	100%	12g	120.6원	12,060원	

---

* 제가 다니던 회사에서는 ㈜희망그린식품과 협력했습니다.

이제 구조가 눈에 들어오시나요? 방금 보여드린 표는 이해를 돕기 위한 가상의 자료이므로 참고만 해주시고요. 실제 견적은 업체와 소통하셔야 합니다. 순수하게 가공비만 따지면 1스틱을 만드는 데 50원이 들어갑니다. 100T 한 상자를 만드는 데는 5,000원이 듭니다. 사업자가 원재료인 설탕, 크리머, FD를 구입하여 공장에 맡기는 경우도 있고, 이중 크리머와 설탕 정도는 OEM 업체가 구입한 것으로 제조하는 방법도 있습니다. 하지만 위에서 보여드린 예시의 경우는 일부러 비정제설탕을 쓴다는 부분을 강조하여 마케팅해야 하므로 설탕을 따로 구입했습니다. 크리머는 OEM 업체를 통해 구입하기로 했습니다. 100T 하나를 생산하는데 드는 비용, 즉 원가는 12,060원입니다. 그럼 1,000개를 생산하기 위해 12,060,000원이 들어갑니다. 만약 원재료와 부재료를 모두 직접 준비해 간다면 가공비 500만 원만 지출하면 됩니다. 물론 견적서에 나오는 비용은 보통 부가세 별도 비용입니다. 실제로 업체에 비용을 지불할 때는 부가세를 포함하여 지출하게 되므로 참고하세요.

●● 가공커피 1,000개의 생산 원가는?

12,060원 × 1,000개 = 12,060,000원

이처럼 믹스커피 생산에는 기본 자본금이 들어갑니다. 더군다나 식품은 유통기한이 있는 상품입니다. 막상 제작했는데 잘 팔리지 않는다면 폐기할 수밖에 없는 상황도 생깁니다. 만만하게 볼 사업이 아니라는 생각이 드시나요? 유통기한이 정해진 상품이 아니라면 조금 수월할지도 모릅니다. 그러나 1인 사업자나 작은 규모 카페가 소화할 만한 아이템은 아닙니다. 적어도 중소기업 규모는 되어야 하고, 물량을 확실하게 유통할 수 있는 경우에만 시작하시라 조언 드립니다.

드립백/커피백 상품 제조

드립백은 분쇄된 원두가 들어있는 필터백입니다. 윗부분을 간편하게 뜯고, 뜨거운 물을 부어 즉석으로 드립커피를 마시는 형태의 커피 상품입니다. 아래 이미지처럼 윗부분을 뜯어내고 물을 부어 드립하는 형태의 상품도 있고, 아예 티백형태의 커피백도 있습니다. 티백처럼 분쇄원두를 필터에 담고 물에 담가 우려 마시는 거죠. 커피백보다는 드립백이 좀 더 대중적인데요. 직접 드립하는 퍼포먼스가 소비자에게 어필되기 때문입니다. 뭔가 더 '진짜 커피' 같다고 해야 할까요? 드립백은 소량 제작이 가능합니다. 드립백 포장지 필름

티백   드립백

디자인 제작을 전문으로 하는 업체들이 꽤 많습니다. 수천 개를 한꺼번에 제작하기보다는, 팔리는 만큼만 생산하여 판매할 수가 있습니다. 필름 밀봉도 작은 사이즈 실링기로 할 수 있습니다. 로스팅한 원두를 분쇄하여 10g 단위로 드립백 필터 안에 넣고 실링한 뒤, 필름 봉투 안에 넣고 실링하면 드립백 한 포가 완성됩니다. 이를 모아 판매할 상품박스(단상자)를 제작하면 됩니다.

드립백을 관광지 기념품으로 활용한 상품을 종종 볼 수 있는데요. 뿐만 아니라 로스터리 카페도 카페에 방문한 고객이 집에서 간편하게 커피를 마실 수 있도록 카페 원두를 드립백으로 만들어 파는 경우도 많습니다.

아래 그림의 상품은 경기도 평택에 있는 자활센터의 로스터리 카페에서 생산한 드립백인데요. 평택 지역을 콘텐츠로 패키지를 만들었습니다. 평택시 OEM 의뢰로 제작했고, 기념품으로 팔리고 있는 상품입니다.

평택, 자활센터의 로스터리 카페에서 생산한 드립백

드립백/커피백 제조 비용

필름부터 단상자까지 자신의 브랜드 상품을 인쇄하고 제조하려면 믹스커피 사례와 마찬가지로 초기 자본비용이 많이 들어갑니다. 하지만 드립백이라면 소량 주문 제작할 수 있는 솔루션이 많이 있습니다. 그 중에 도움이 될만한 업체를 두 군데 소개하겠습니다.

파이디지털
커피 관련 상품 패키징 OEM 전문업체입니다. 소량 주문 제작도 가능합니다.
pai-digital.com

소프트팩
커피 포장지 생산을 주력으로 하는 회사입니다. 다양한 포장재를 생산합니다.
softpack.co.kr

위와 같이 소량으로 주문할 수 있는 업체를 이용하면 큰 비용을 들이지 않고도 자신의 브랜드를 단 드립백을 생산할 수 있습니다. 물론 소량 제작하면 상대적 원가가 높다는 단점이 있죠. 하지만 먼저 시장 수요를 테스트하고 이후 반응이 좋다면 그때 대량 생산을 시작해도 늦지 않다고 생각합니다.

RTD 커피는 어떨까요?

위탁판매 및 제조 가능성

　RTD는 Ready To Drink의 약자입니다. 바로 마실 수 있는 커피를 의미하죠. 주로 캔 커피, 플라스틱 병에 든 커피 상품들을 의미합니다. 편의점에서 흔하게 볼 수 있는 TOP, 스타벅스 병 커피 같은 것들이 여기에 해당합니다.

　편의점 유통의 성장과 함께 RTD 매출도 성장했습니다. 소매 커피 종류에서 가장 많이 팔리는 커피 상품은 바로 RTD입니다. 소매점 유통을 노리고 RTD 커피를 만들기 위해서는 브랜드가 많이 알려진 상태여야 합니다. 생산 시설이 복잡하고 MOQ(최소발주수량)가 높아서 사실 일반 사업자가 뛰어들기는 어렵습니다. 모모스커피나 리브레커피의 스페셜티 RTD가 소매점에서 유통되는 것을 본 일이 있는데요. 브랜드 인지도가 이 정도는 되어야 가능합니다. 이 마저도 대기업 생산 RTD와 가격 경쟁을 해야 하기 때문에, 그리 녹록치 않습니다. 작은 규모 사업자에게 재미있는 시장은 아닙니다. RTD는 제조도 위탁판매도 모두 어렵습니다. RTD 특성상 냉장 매대에서 판매되어야 하고, 작은 규모 사업에서 대형마트, 편의점에 납품 가능한 조건을 갖춘 브랜드들과 원가경쟁력을 하는 것은 사실상 어렵습니다. 온라인으로 해당 상품을 구입하는 소비자가 적기도 하고, 강력한 브랜드 위주로 이루어진 시장이라 위탁도 어렵습니다.

소소한 RTD 제조

하지만 소소하게 RTD 형태의 음료를 제조하는 것은 가능합니다. 작은 카페에서 자신의 브랜드로 RTD를 만들어 카페를 방문하는 손님 대상으로 판매하거나, 배달용으로 사용하는 경우도 있습니다. 바로 캔시머(캔 실링기)라는 도구를 사용하는 것인데요. 캔시머는 캔을 밀봉해주는 도구로, 알루미늄이나 투명 플라스틱으로 된 용기를 밀봉해주는 기계입니다.

카페에서 음료를 배달할 때 흘리지 않도록 고안된 머신입니다. 카페에서 판매되는 음료를 투명한 플라스틱 캔에 담아 쇼케이스에 넣고, 포장 고객에게 파는 것도 방법입니다. 최근 생긴 포트캔커피라는 프랜차이즈는 아예 커피를 캔에 밀봉하여 판매하는 콘셉트의 브랜드입니다.

메이저 유통에
들어갈 방법은 없는 걸까요?

　이야기를 하다 보니 제가 죄다 어렵다고, 안 된다고만 말씀드린 거 같은 기분이 드네요. 비법을 알려드리는 강의라고 해놓고 쉽지 않다는 이야기를 늘어 놓으니, 기대하고 있던 여러분의 힘이 좀 빠지실 수도 있을 거 같습니다. 작은 사업체나 1인 사업가를 염두하고 있어 부득이 사업 시 어려운 부분도 강조하여 설명하고 있다는 점 알아주시기 바랍니다. 어떤 것이 힘든 부분인지 먼저 알아야 사업을 시작하는 여러분들께 정확한 도움이 될 수 있을 겁니다. 그리고 작은 업체라고 할지라도, 메이저 유통 즉 대형마트나 편의점에 들어갈 수 있습니다! 제가 있던 작은 규모 회사에서도 메이저 유통에 진입했던 사례가 있거든요. 1회용 드립백 상품을 만들어 편의점 유통을 시작했죠. 처음에는 '이제 됐다! 매출이 많이 오르겠구나!' 하는 들뜬 마음으로 기다렸습니다. 그러나 첫 번째로 소비자의 선택에서 밀려나고, 편의점 점주의 선택에서도 밀려났습니다. 메이저 유통에서 잘 팔리는 상품은 결국 많이 알려진 브랜드였습니다. 대형마트에 원두와 인스턴트 커피를 유통한 경험도 있는데요. 소비자들이 손쉽게 고르는 상품이 아니다 보니, 상품 재고 회전이 원활하지 않아 결국 손해보고 상품을 뺀 기억이 있습니다. 그만큼 신생 브랜드, 작은 규모 브랜드가 메이저 유통에 들어가는 것이 참 쉽지 않습니다. 막상 들어가게 되더라도 판매가 잘 안 될 경우 리스크는 결국 업체 부담으로 돌아오죠. 판매가 되어도 원가구조상 별로 이득이 남지 않는 경우도 허다합니다. 하지만 시대가 점점 변하여 유통 구조에 큰 변혁이 일어났습니다. 쿠팡의 매출은 이미 이마트를 뛰어넘었으며, 시가총액은 벌써 10배 이상 차이가 납니다(2023년 12월 기준). 다양한 온라인 채널을 통해 유통되는 상품의 종류와 양이 훨씬 많아졌습니다. 온라인 세계에서 자신의 브랜드를 알릴 수만 있다면 얼마든지 상품 유통이 가능한 시대입니다. 중소기업이 자신의 상품을 유통하기 위해 대형 유통사만을 바라봐야 하는 시기 역시 분명히 지났습니다.

그럼에도 대형 유통의 힘은 무시할 수 없죠. 어떤 상품이든 대형 유통에 진입해 있다면 이는 상품의 품질과 브랜드를 인정받은 셈이 됩니다. 까다로운 심사를 통과하여 진열대에 올라왔다는 거죠. 일종의 스펙이 되기도 하고, 홍보에 유용하기도 합니다. 대형마트나 편의점에서 내 상품을 팔고 싶다면, 해당 유통의 특성에 맞는 상품이어야 합니다. 범용으로 상품을 만들어, 같은 상품 하나를 편의점에도 제안해보고, 대형마트에도 제안해보고 하는 식으로 접근하면 실패하게 됩니다. 편의점을 노리고 있다면 처음부터 편의점에 적합한 상품군으로 기획해야 합니다.

가격 구조, 경쟁상품군 분석, 틈새시장 노리기 등 편의점 점주들이 선택할 만한 동인, 고객의 눈에 띌 수 있는 프로모션, 가격설정 등의 준비가 상품기획 단계부터 이루어져야 합니다. 대형마트도 마찬가지로 처음부터 대형마트 내 판매를 염두에 두고 상품을 만들어야 한다는 것이죠. 그럼 성공 확률을 높일 수 있습니다.

온라인 판매자가 되기 위한 행정절차는 어떻게 되나요?

통신판매업 신고

불과 몇 년 전(2021년 7월 전)만 하더라도 온라인으로 상품을 유통하고자 하는 모든 사업자는 간이/일반과세자를 불문하고 모두 통신판매업 신고를 했어야 합니다. 하지만 2021년 7월 이후 간이과세자(연매출 8,000만 원 이하)의 경우 신고가 면제됩니다. 통신판매업 신고는 인터넷을 통해 간편하게 진행 가능한데요. 또는 사업자 주소가 소속된 관청에 방문하여 처리할 수 있습니다. 발급을 위해서는 구매안전서비스 이용 확인증이 필요한데, 이는 자신이 운영하려고 하는 오픈마켓(네이버 스마트 스토어, 지마켓 등)에서 발급 가능합니다.

식품제조가공업/즉석판매제조가공업 신고

로스터리 카페가 자신이 볶은 원두를 온라인으로 팔기 위해서는 즉석판매제조가공업만 가지고도 가능합니다. 하지만 RTD 음료의 경우 제조시설을 갖추고 이를 온라인으로 팔거나 납품하려면 가급적 식품제조가공업 신고가 필요합니다. 해당 관청에 문의해서 꼭 필요한 경우 행정 절차를 거치시기 바랍니다. 즉석판매제조가공업과 식품제조가공업의 가장 큰 차이는 무엇일까요?

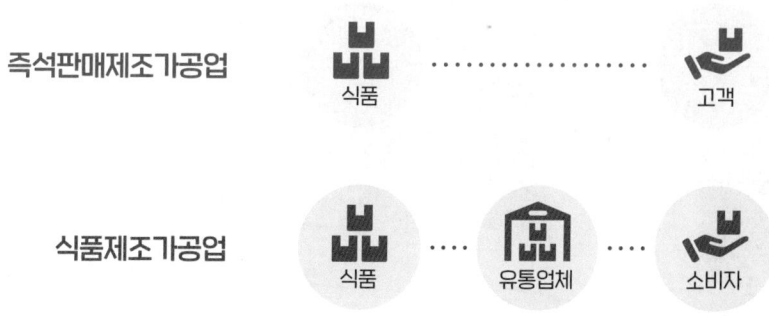

즉석판매제조가공업의 경우 제조한 식품을 직접 시식할 고객에게 팔아야 합니다. 다시 말해 중간 유통을 거쳐선 안 됩니다. 온라인 판매까지는 가능하고요. 이에 반해 식품제조가공업은 유통업체를 한 번 거쳐 고객에게 판매할 경우 필요한 허가입니다. 즉석판매제조가공업보다 요건이 까다롭고 유지하는 데에도 요청하는 서류작업이 많습니다. 사업의 성격에 따라 신청하시기 바랍니다.

NO.3
오피스 카페 시장

기업 사내 커피·커피머신 렌탈 비즈니스

오피스 안에도 무궁무진한 카페 시장이 숨어있습니다

    사무실에서 일하는 직원들에게 커피는 필수품이 되었습니다. 대부분의 오피스에 크고 작은 탕비실이 생겼죠. 믹스커피를 비치해두고 직원들이 알아서 타먹도록 하거나, 커피메이커를 가져다 두기도 하고요. 전자동 커피머신을 한 대 들여놓고 즉석에서 원두를 갈아 추출한 아메리카노를 마실 수 있도록 하기도 합니다. 기업 규모가 크다면 아예 오피스 안에 사내 카페를 만들어 저렴하게 커피를 제공합니다. 믹스커피부터 사내 카페까지, 회사가 근로자에게 제공하는 복지는 그 규모와 형태가 굉장히 다양한데요. 이렇게 회사가 근로자 대상으로 제공하는 공간이나 서비스를 대행 운영하는 비즈니스 기회를 포착하여 이야기를 나눠보려고 합니다.

오피스에서는 주로
어떤 커피머신을 사용할까요?

카페에서는 업소용 에스프레소 머신을, 가정에서는 콤팩트하고 귀여운 소형 에스프레소 머신을 사용하는 경우가 많은데요. 그럼 오피스에서 주로 사용하는 머신은 어떻게 생겼을까요? 업소용을 사용하기도 하고, 가정용을 사용하기도 합니다. 하지만 사내 카페가 있는 게 아니라면 카페용 에스프레소 머신을 두는 경우는 거의 없습니다. 모든 사람이 쉽게 다룰 수 없는 기계이기도 하고, 탕비실에 놓기에는 너무 비쌉니다. 그렇다고 가정용 머신을 비치한다면 금방 고장이 납니다. 적어도 10~20명 이상의 사람이 있는 사무실에서는 아래 이미지와 같은 머신을 많이 사용합니다.

오피스에서 주로
사용하는 전자동 머신

아마 어디선가 보신 적이 있을 겁니다. 사무실뿐만 아니라 식당이나 예식장 등 고객이 직접 커피를 내려야 하는 상황에서 사용되는 전자동 머신입니다. 카페에서 사용하는 머신은 바리스타가 그라인더에 원두를 넣고 분쇄하여 포터필터에 도징한 뒤, 머신에 끼워 추출합니다. 반만 자동이라고 해서 반자동 머신이라고 불리기도 하죠. 하지만 위 이미지는 전자동 머신 모델입니다. 버튼을 누르면 원두가 저절로 갈리고 추출까지 알아서 해줍니다. 이렇게 들으니 별로 달라 보이지 않는다고요? 하지만 두 가지 종류의 머신은 에스프레소 퀄리티에 있습니다. 카페용 반자동 머신은 고온의 물을 9기압 압력으로 뽑아 진액을 뽑아내지만, 전자동 머신은 그 정도 압력이 나오지 않습니다. 에스프레소의 퀄리티가 다른 것이죠. 반자동 머신의 경우 저렴한 보급형은 대략 300만 원 선에서 2,000만 원이 넘는 하이엔드 모델까지 가격이 형성이 되어 있습니다. 전자동 머신은 대략 50만 원 이하부터 1,000만 원까지 가격이 형성되어 있습니다. 작은 규모 사무실에서 사용할 머신은 50만 원 내외에서 구입 가능하니 상대적으로 저렴합니다. 여기에 라떼 기능을 추가하고 싶거나, 좀 더 예쁘고 견고한 모델을 원할 경우 몇백만 원 선까지 갈 수 있는 거고요.

커피머신 렌탈 비즈니스를 소개합니다

방금 소개한 전자동 커피머신을 유통하는 것도 물론 가능합니다. 하지만 더 쏠쏠한 비즈니스 모델이 있죠. 바로 '렌탈'입니다. 커피머신 위탁판매는 마진도 적고 초기에 고장이 나거나 불량이 생길 수 있는데요. 머신을 잘 모르는 상태에서 사업을 시작하면 이런 상황에 직면했을 때 퍽 난감하겠죠.

사업 구조

렌탈 사업의 구조는 이렇습니다. 사업자는 커피머신을 구입하여 고객사 탕비실에 설치합니다. 그리고 정기적으로 계약한 커피 원두를 발송합니다. 즉, 기계 임대료와 커피 원두 가격이 매출이 됩니다. 정기적으로 고객사를 방문해 커피머신 청소도 해주고, 디스케일링 Descaling* 작업도 해주어야 합니다.

30명 직원이 있는 사무실에서 커피머신 렌탈 견적을 요청했다고 가정해볼까요? 사무실에서 근무하는 근로자들은 보통 출근해서 오전에 한 잔, 점심식사 후 한 잔, 이렇게 하루 2~3잔 정도 커피를 마십니다. 아예 마시지 않는 사람도 있으니, 30명이 하루 한 잔의 커피를 마신다고 가정하겠습니다. 전자동 머신은 커피 한 잔을 내릴 때 10g 내

---

* 물 때인 석회질을 제거하는 작업을 말합니다.

외의 원두를 분쇄하여 커피를 추출합니다. 이렇게 되면 원두 1kg당 100~130잔 정도의 커피가 나옵니다. 보수적으로 잡아 100잔이라고 하겠습니다. 견적을 요청한 사무실은 1kg의 원두로 3일 정도 커피를 마실 수 있습니다. 한 달 근무일을 20일로 잡으면 한 달에 약 6~7kg의 원두를 소모할 것으로 예상됩니다.

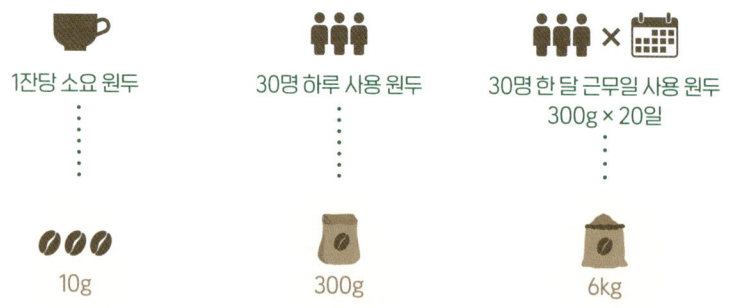

일단은 커피머신을 한 대 사야겠죠? 국내 D전자의 전자동 커피머신 전문 제조업체가 생산한 모델이 있습니다. 보급형으로 70만 원을 들여 머신을 한 대 샀다고 해봅시다. 아래 예시 데이터를 기초로 견적서를 만들어 볼 수 있습니다.

견적서

계약내용	조건	비고
계약기간	2년	
1kg 원두 원가(매입가)	20,000원	
1kg 원두 판매가	30,000원	마진 10,000원
월 의무 원두사용량 설정	6kg	
별도 임대료 책정 여부	50,000원	임대료 책정 대신에 원두가격에 임대료를 포함하는 방법도 있음
정기 방문 주기	월 1회	원두 사용량이 적을 경우 방문 주기를 조절할 수 있음

*원두의 매입가(원가)와 마진 정보는 거래처에 보내는 실제 견적서에 넣지는 않습니다. 독자에게 이해하기 쉽도록 넣었습니다.

손익분기점 예측

위 데이터에 따르면 커피머신 렌탈 사업자에게 떨어지는 월매출은 180,000원입니다. 여기서 영업이익, 즉 순이익은 얼마인가요? 원두 마진에서 60,000원(10,000원×6kg)에 월임대료 50,000원을 더하여 110,000원입니다. 사실 여기에 월 1회 고객사를 방문하는 비용을 빼야 합니다. 시간과 이동 시 드는 주유비를 따져보니 20,000원 정도 나옵니다. 그럼 이것을 제외한 순이익은 90,000원이 됩니다. 커피머신을 70만 원에 매입했으니, 8개월을 운영하면(90,000원×8개월=720,000원) 비로소 수익이 나기 시작합니다. 2년간 커피머신 교체

없이 잘 운영한다면 140여 만 원이 순이익으로 떨어집니다. 이런 식으로 오피스 렌탈 거래처를 30군데 운영하게 된다면 어떨까요? 머신 30개의 매입 비용은 2,100만 원이 되겠죠. 월매출은 540만 원(180,000원×30)이며, 이 중 순이익은 270만 원(90,000원×30)이 됩니다.

거래처가 많아질수록 운용 비용은 줄어듭니다. 예시로 드렸던 위 사례의 오피스는 상대적으로 사용량이 적은 편입니다. 사무실에 따라 한 달에 20~30kg의 원두를 소모하는 곳도 있습니다. 물론 이런 경우 조금 더 고가의 머신이 들어가기도 하고요. 한 대 이상의 머신 설치를 요청하기도 합니다. 어떠신가요, 이제 좀 괜찮은 사업이라는 생각이 드시나요?

커피머신 렌탈 비즈니스의 장·단점을 알아보겠습니다

장점

- 큰 자본 없이 시작할 수 있다는 장점이 있습니다. 2,100만 원의 자본을 투자해 월매출 540만 원을 올릴 수 있는 사업은 드뭅니다. 2,100만 원은 커피머신 30대 운용 기준이며, 이 정도면 커피머신을 보관할 창고가 필요할 겁니다. 그럼 창고 비용은 별도가 되긴 하겠지만, 그래도 초기 투자비용이 크게 들지 않는 사업입니다.

- 높은 전문성을 요하지 않습니다. 사실 커피에 대한 전문성 없이도 시작할 수 있는데요. 전자동 커피머신 고장 시 간단하게 A/S를 할

수 있는 것이 더 필요한 전문성이 될 수 있습니다.
- 꾸준히 계약을 성사하고 고객을 유지한다면 매출 규모 예상이 가능하고, 안정적인 사업 운영이 가능합니다.
- 복잡한 구조가 아니라 시간이 많이 들어가지 않습니다. 만일 카페를 하나 차린다면 초기에는 사장이 카페에 붙박이처럼 붙어 있어야겠죠. 하지만 커피머신 렌탈 비즈니스는 영업처가 곧 거래처입니다. 돌아다니며 고객을 만나는 관리업무 특성상 긴 시간을 요하지 않습니다.

단점

- 머신 고장이 잦은 상황에서 스트레스가 큽니다. 어쨌든 머신을 사용하는 당사자는 탕비실을 이용하는 근로자인데요. 사용하다가 고장나는 경우가 생깁니다. 탕비실을 운영하는 담당자가 인내심이 없다면 당장 와서 고치라고 다그칠 수 있겠죠. 24시간 운영되는 콜센터에 커피머신을 설치했다면 주말이고 밤이고 전화가 올 수도 있습니다.
- 소위 '폼 나는' 비즈니스는 아닙니다. 오피스 담당자들은 보통 커피머신 렌탈 사업자를 기계 관리 및 청소 담당자로 보지, 커피 전문가로 여기지는 않습니다. 만일 비치한 커피머신에 문제가 많이 생기는 경우, 총무 담당자도 회사 직원들로부터 컴플레인을 듣게 되기 때문에 자신이 받은 스트레스를 렌탈 사업자에게 풀며 하대할 수 있습니다.
- 안정적인 매출이 발생하는 사업인 반면, J커브를 일으키는 아이템은 아닙니다. 거래처가 늘어날수록 관리에 품이 많이 들어가고, 큰 매출을 기대할 수 있는 잠재 거래처는 결국 비싼 머신과 잦은 관리를 요구하게 됩니다. 자본과 함께 관리비용이 많이 들어간다는 것이죠.

커피머신 렌탈 사업을 전문 업체도 이제는 꽤 많아졌습니다. 다행히 커피머신 생산 업체의 수준도 많이 올라 고장의 빈도도 적어졌습니다. B2B 영업에 경험이 있거나, 다양한 회사 네트워크를 가지고 있다면 시작해 볼 만한 사업입니다. 많은 커피 회사들이 커피머신 렌탈 사업을 시작했다가 다른 업체에게 위탁 운영을 맡기게 되거나, 결국 실패로 끝나 접게 되기도 합니다. 앞서 말했듯 관리 요소가 점점 많아지고 불시에 출동해야 하는 상황이 빈번하게 발생하는 것이 가장 큰 이유인데요. 부업으로 사업을 시작했다가 어느 순간 주객이 전도되어 본업에 소홀하게 되는 경우도 많이 봤습니다. 어떤 사업이든 시작하기 전에 이러한 장단점을 충분히 고려한 뒤 결정하기 바랍니다.

탕비실을 간이 카페 공간으로
디자인할 수 있습니다

커피머신 렌탈 사업을 할 때 '커피머신을 설치하고 원두를 제공한다.'는 단순한 접근보다는 '회사원에게 새로운 공간을 제공한다.'는 관점을 가지고 사업을 운영해보는 건 어떨까요? 다른 업체들과 견적으로 가격경쟁을 하는 것보다 차별성을 가지고 승부할 수 있게 될 겁니다. 커피머신 설치 시 커피 생산지를 소개하는 POP를 가져다 둘 수도 있겠고, 아예 커피머신이 들어가는 설치대를 주문 제작하여 커피머신 이상의 느낌을 줄 수 있죠. 이렇게 약간의 공간 디자인 요소가 들어간다면 더욱 경쟁력을 가질 수 있을 겁니다.

커피/간식 구독 서비스

탕비실에 들어가는 커피 아이템은 다양합니다. 커피 외에도 티, 스낵, 주스, 과일 등이 있습니다. 직원 복지를 중요하게 여기는 회사일수록 탕비실이 빵빵합니다. 회사 탕비실 커피와 스낵류가 떨어지지 않도록 전문 위탁 관리해주는 업체도 생겼습니다. 아침을 많이 거르는 현대인들을 위해 출근하자마자 간단하게 끼니를 해결할 수 있는 조식을 서비스하기도 합니다. 커피로 탕비실 영업을 시작하더라도, 사업의 영역을 얼마든지 넓혀갈 수 있다는 것이죠. 탕비실 커피의 역할은 단순한 커피에서 끝나지 않습니다. 결국 사무실에서 치열하게 고민하고 스트레스를 받은 회사원들이 잠시나마 해방감을 느낄 수 있는 공간이기도 하죠. 일의 본질을 잘 파악하여 더 다양한 서비스를 시작할 수 있습니다.

오피스의 사내 카페나 탕비실 분위기로 임직원의 만족도 상승

커피머신 렌탈 비즈니스,
어떻게 시작하면 좋을까요?

영업

어떤 성격의 사람들, 혹은 어떤 비즈니스를 해보았던 사람들이 커피머신 렌탈 비즈니스를 시작하기 좋을까요? 이미 다양한 회사 총무팀과 관계망을 형성한 사람, 회사의 다양한 관리 업무의 외주를 맡아본 경험이 있는 사람들입니다. 예를 들어 정수기 관리, 회사 청소 용역, 컴퓨터나 네트워크 A/S, 복사기 관리, 사무용품 소싱 등 회사 총무팀이 처리할 만한 일들을 경험해 본 적 있는 사람이나 회사가 접근하기 쉬운 비즈니스 모델입니다. 전문용어로 MRO Maintenance, Repair and Operation 라고 합니다. 기업의 제품 생산과 직접적인 관련이 없는 소모성 물품을 말합니다. MRO 비즈니스를 했던 사람은 풍부한 기업 네트워크를 가지고 있을 겁니다. 여기에 탕비실을 관리하는 서비스를 하나 더 얹는 거죠. 머신 렌탈의 경우 원두 생산까지 직접 관여할 필요가 없습니다. 뛰어난 커피 전문성이 필요한 것도 아니니 어렵지 않게 시작할 수 있다고 봅니다.

꼭 이런 분야에서 일했던 사람이 아니더라도 당연히 머신 렌탈 비즈니스를 시작할 수 있습니다. 이미 커피 관련 일을 하고 계시다면 더 좋고요, 꼭 그렇지 않아도 괜찮습니다. 먼저 지인이 다니는 회사부터 제안해 보시기 바랍니다. 10명 이상 상주하는 사무실은 커피머신 한 대 정도, 충분히 둘 수 있습니다. 그 이하 규모라면 저렴한 머신으로 시작해도 좋습니다. 거래처가 한 곳 두 곳 늘어가며 요령이 생길 겁니다. 자신의 사업을 알릴 수 있는 블로그도 하나 있어야겠죠? 커피머신 렌탈 사례를 사진으로 찍어 업로드하고, 다른 업체와 구분되는 장점이 무엇인지 잘 어필해야 합니다. 검색에 걸릴만한 키워드를 설정하여 온/오프라인 고객을 모을 수 있습니다.

렌탈 커피머신 종류

전자동 커피머신 종류는 매우 다양합니다. 조금 비싸지만 견고한 스위스나 이탈리아 머신, 저렴한 중국산 머신, 그리고 열심히 기술개발 중인 국산 모델도 있습니다. 가장 고가에 유통되며 견고한 모델로 유명한 대표적 브랜드는 스위사 '유라Jura'입니다. GS25 편의점에서 커피를 뽑을 때 볼 수 있는 전자동 머신이 유라입니다. 보기와는 다르게 상당한 고가인데요. 소매로 구입하면 1,000만 원대를 호가합니다. 명품 시계로 이름을 날리는 나라답게 고장률이 매우 낮습니다.

국산 업체 중 가장 대표적인 브랜드는 '동구전자'입니다. 베누스타 혹은 티타임이라는 이름으로 커피머신을 만들고 있습니다. 식당에서 흔하게 사용하고 있고, 여러분이 일하는 사무실에서도 흔하게 볼 수 있을 겁니다. 보급형부터 고가형까지 머신 라인업이 다양합니다. 일반적으로 사무실 렌탈 사업에 쓸 수 있는 머신은 7~80만 원대에 구입할 수 있습니다. 하루 30~40잔 마시는 사무실에서 2년에서 3년 정도 사용 가능합니다. 고가의 머신과 비교하면 상대적으로 고장이 잦을 수 있습니다. 하지만 동구전자의 가장 큰 장점은 전국에 A/S 망이 있다는 부분입니다. 대부분의 사안은 대리점을 통해 하루 이틀 안에 해결할 수 있습니다. 렌탈 사업자가 직접 가서 A/S까지 할 수 있다면 좋겠지만, 사업 초기에는 머신을 잘 모르니 그건 어렵습니다. 그리고 자신이 직접 갈 수 없는 상황도 생기기 마련인데, 그럴 때 A/S 업체가 있으면 비용이 좀 들더라도 큰 도움이 됩니다. 동구전자는 구입한지 1년 이내 제품에 대해서는 무상 A/S를 제공하고 있습니다.

    그리고 중국에서 생산한 다양한 보급형 머신이 있는데요. 저렴하다는 이유 하나만 보고 머신을 구입하면 낭패를 볼 수 있습니다. A/S가 전혀 안 되고 고장률이 너무 잦아 사업 내내 컴플레인을 받다가 결국 다시 사야 하는 상황이 생길 수도 있습니다. 중국산 머신을 고를 때는 렌탈에 잘 사용되는 모델인지, 사용자 후기는 어떤지 잘 알아봐야 합니다. 물론 중국산이라고 다 싸고 고장이 잘 나는 제품만 있는 건 아닙니다. 최근에는 꽤 좋은 커피머신 모델을 만들고 있죠. 그 중 대표적인 브랜드가 바로 딜리코Delico입니다.

다만 딜리코의 경우 A/S는 머신을 택배로 입고하거나 직접 서비스 센터로 가져가야 한다는 것이 단점인데요. 고장이 났을 경우를 대비하여 일주일 정도 리드타임에 대처할 수 있는 머신을 따로 운용할 수 있다면, 괜찮은 대안이라고 생각합니다.

A/S 대응

국내산 머신은 전국에 대리점이 있어 기사가 직접 출동할 수 있겠지만, 국내산 머신을 제외하고는 이런 A/S 서비스를 받기 어렵습니다. 외국산 고가 머신의 경우 기사가 온다고 하더라도 내가 원하는 타이밍을 맞추기 힘들겠죠. 그래서 간단한 A/S 사항은 익혀두는 것이 좋습니다. 일단 머신을 고르면 A/S에 대한 많은 내용을 온라인을 통해 배울 수 있습니다. 조금만 시간을 들여 노력하면 가능하죠. 업체와 계약 시 명기하겠지만, 사내 커피머신이 반나절만 고장 난 상태로 있어도 총무팀 담당자는 하루에 수십 번의 메일과 메시지를 받게 되어 있습니다. 그럼 당연히 총무팀 담당자는 커피머신 렌탈 업체에 계속 연락할 수밖에 없겠죠. 이런 긴급한 상황에 능수능란하게 대처한다면 계약 기간을 연장할 수 있겠지만, 무책임하고 무능하게 대응한다면 중간에 계약이 해지될 수도 있습니다. 저는 자동차 보험회사 24시간 콜센터에 커피머신을 렌탈한 적이 있는데요. 24시간 쉬지 않고 돌아가는 사무실이니 직원들이 커피를 얼마나 많이 마시겠습니까? 이곳은 낮이고 밤이고, 평일이고 주말이고 할 것 없이 커피머신이 고장

나면 바로 전화가 오곤 했습니다. 이때 제가 선택한 해결책은 머신을 2대 설치하는 것이었는데요. 한 대가 고장 나도 나머지 한 대가 돌아가면 불만이 적습니다. 근무자들도 조금 더 기다려주고, 총무팀 담당자도 스트레스를 덜 받습니다. 물론 2대를 설치할 만큼 원두 사용량이 충분하다는 전제가 있어야 하고요. 또 다른 해결책으로 고장 시 현장 총무팀 담당자가 급하게 설치할 수 있는 여분의 중고 머신을 창고에 두는 것도 좋은 방법이 되겠죠?

원두 종류 선택

　카페에서 사용하는 반자동 머신과 사무실용 전자동 머신은 확실하게 차이가 납니다. 전자동 머신 버튼에 에스프레소라고 써 있지만, 사실상 에스프레소라고 보기는 어렵습니다. 에스프레소보다는 약하고 드립보다는 강한 정도의 압력으로 추출한 원액이라고 보시면 됩니다. 그래서 같은 원두로 추출해도 오피용 머신에서는 산미가 더 도드라지기 마련입니다. 카페에서는 맛있게 마신 원두인데 이상하게 우리 사무실 머신으로 커피를 내리면 맛이 없던 경험이 있으신가요? 이런 차이점 때문이죠. 오피스용 머신에서는 좀 더 다크하게, 강하게 배전한 블렌딩이 맛있습니다. 그러나 너무 강배전한 원두를 사용하면 고장의 원인이 될 수도 있습니다. 원두가 다크할수록 표면에 기름이 묻어 나오거든요. 이 기름이 그라인더를 무디게 만들고, 머신 내 각종 관에 쌓이게 되면 고장이 날 수 있습니다. 조금 다크하지만 기름기가 줄줄 흐를 정도의 배전도가 아니라면 전자동 머신에 적합한 원두라고 할 수 있겠습니다.

기업 사내 카페를 운영할 수 있습니다

만약 현재 카페를 운영하고 있고, 나름대로 고객의 사랑을 많이 받아 인지도도 있고 주변에서 확장해보라는 제안을 받으신다면, 기업 사내 카페 시장을 노려보라고 권해드립니다. 운영하고 있는 카페를 프랜차이즈 사업으로 확장하려면 복잡하고 신경 써야 하는 부분도 많습니다. 사실 지금처럼 프랜차이즈가 많은 한국 시장에서 하나의 브랜드를 새로 만들어 가맹점주를 유치하고 브랜드를 구축해 나가는 건 정말이지 어려운 일이겠죠. 그렇다고 해서 본인이 직접 운영하는 카페를 하나 더 오픈하자니 권리금, 보증금, 인테리어까지 참 만만치 않습니다. 하지만 기업 사내 카페는 적은 투자비를 가지고도 운영할 수 있습니다. 자사 오피스에 사내 카페를 운영하고자 하는 기업은 규모가 큰 편입니다. 건물 하나를 전부 사무실로 사용하는 중견기업 정도 되어야 사내에 카페를 두죠. 보통 직원 복지 차원에서 밖에서 사 먹는 커피 가격의 50% 수준, 아니 그보다 더 저렴하게 팔기도 합니다. 제가 직접 경험한 정보를 바탕으로 대기업 사내 카페 사례를 소개해드리겠습니다.

> SK는 계열사 내 수많은 사내 카페가 있는데요. ESG 경영 일환으로 장애인 바리스타를 고용하고 있습니다. 대부분의 카페는 SK 계열사 내 식당과 카페 등을 전문 위탁하는 특정 업체가 담당하고 있었는데요. 최근에 몇 개의 카페를 사회적기업 입찰을 통해 위탁 운영하도록 했습니다.
>
> LG계열사의 경우 직원 복지를 담당하는 자회사를 설립하여 카페 운영까지 담당하도록 하고 있습니다. 설립된 자회사는 사회적기업으로 장애인 일자리 창출을 목적으로 합니다.
>
> 대형 홈쇼핑 업체 중 하나는 일반 커피 업체에 카페 위탁 운영을 맡겼습니다. 이 경우 사회공헌 요소보다는 커피 퀄리티를 중요하게 생각하여, 스페셜티 브랜드에 위탁했습니다.

기업 외에도 관공서, 공공기관, 공원 등에서도 카페를 위탁합니다. 구청이나 시청 로비에 카페 하나 정도는 흔하게 있잖아요? 대부분 지역사회 내 마을 기업, 사회적 기업, 혹은 일반 업체 안에서 위탁 업체를 선정합니다. 사업을 하는 지역의 공적 공간에서 운영되는 카페 자리를 유심히 보시기 바랍니다. 기업이 위탁 카페를 구할 때는 공개 입찰보다는 후보 업체를 따로 선정하여 비공개 입찰로 진행하는 경우가 많습니다. 반면 공공기관이 위탁을 맡길 경우 공개 입찰을 하는 경우가 많습니다.

사내 카페 전경

위탁하는 조건도 다양합니다. 장소, 인테리어, 바 구성, 머신, 집기까지 전부 구비한 뒤 매니저만 보내라고 하는 경우도 있고요. 장소만 제공하고 인테리어 공사부터 머신과 집기 전부 위탁 업체에서 가져오라 하는 경우도 있습니다. 위탁을 맡기는 기업이나 기관이 처음부터 많은 부분을 지원한 경우 커피 판매 가격부터 메뉴까지 간섭이 심합니다. 하지만 위탁사업자가 자본을 많이 투자해서 들어왔다면 영업의 자율성이 높아집니다. 위탁을 하게 되었을 때 자본금이 거의 들지 않아 꿀이라고 생각하면 오산입니다. 커피 가격의 마진을 낮춰 싸게 팔아야 한다는 조건이나 운영시간, 방식까지 전부 간섭을 받아야 합니다. 어쩔 수 없는 갑과 을의 관계가 되는 거죠. 하지만 당당하게 월세도 내고, 머신과 기자재를 사업자가 구해서 들어왔다면 일종의 공간임대형 위탁이 되겠죠. 판매 가격이나 여러 가지 면에서 상대적으로 자율성을 보장하는 편입니다.

사내 카페 운영은 내 자본을 크게 들이지 않고 직영 카페를 하나 더 늘릴 수 있는 기회가 됩니다. 처음이 어렵지, 하나를 잘 운영하게 되면 비즈니스 모델의 좋은 포트폴리오가 되어 다른 기업/기관에 제안하기 유리해집니다. 하지만 이는 단순히 카페 운영에 관한 것이기보다 다양한 이해관계자와 이해와 갈등을 조정해야 하는 상황에 직면하게 되는 일이기도 합니다. 카페를 운영할 때는 카페에 찾아오는 고객만 생각하면 되는데, 이제 위탁한 기업 실무 담당자, 해당 기업에서 힘 있는 임원진 등의 요구도 들어야 하거든요. 그들이 커피 전문가가 아니기에 종종 이치에 맞지 않는 요구를 할 수도 있는데, 그렇다 해도 들을 수밖에 없을 때가 있습니다. 재계약 시점이 다가오면 긴장이 됩니다. 운영하면서 저지른 작은 실수 몇 가지로 위탁 자체가 날아가는 거 아닌가? 그럼 이미 고용한 매니저는 어떡하지? 하는 고민이 깊어지는 순간도 옵니다. 역시 비즈니스에는 공짜가 없습니다. 자본을 많이 투자하면 그만큼 돌아오는 이익도 많고 자율성이 높습니다. 그러나 자본을 누군가 대신 투자하면 그만큼 간섭이 많아지는 건 어찌 보면 당연한 일입니다.

사내 카페 위탁,
어떻게 따낼 수 있을까요?

　　기업/기관 사내 카페 운영 획득을 위해서는 어느 정도의 규모가 있는 회사이거나 카페 운영 경험이 있어야 가능합니다. 지역사회에서 이름이 알려져 있는 카페이거나, 카페 비즈니스 모델로 사회공헌을 잘하고 있는 업체일수록 기업 담당자의 콜을 받을 가능성이 높아지겠죠? 기업 사내 카페 위탁을 따내기 위해 정해진 영업방식이라는 건 사실 없습니다. 기업 총무팀 혹은 사회공헌팀과 다양한 네트워크를 하고 있는 커피 업체라면 정보를 먼저 얻을 수 있기 때문에 좀 더 유리합니다. 그렇지 않다면 사실상 그런 기회가 있다는 것조차 모르는 경우가 대부분입니다. 하지만 간혹 공공 입찰을 통해서 업체를 선정하는 경우도 있습니다. 그렇기에 평상시 지원해볼 만한 입찰 건이 없는지 촉각을 곤두세우고 있어야 합니다.

공개된 입찰 정보를 알아보기

케이비드

입찰 관련 정보를 모아놓은 플랫폼입니다. 공적으로 오픈하여 진행하는 모든 입찰 관련 정보가 여기에 모인다고 봐도 됩니다. 구매입찰, 공사입찰, 용역입찰, 매각입찰로 카테고리를 나누어 검색 가능하고, 자신이 입력한 키워드로 열려 있는 맞춤형 입찰 정보 열람이 가능합니다. 과거에 진행된 입찰정보도 볼 수 있습니다. 유료 서비스입니다.

kbid.co.kr

기업을 상태로 렌탈 머신 서비스, 사내 카페 위탁 운영을 주요 비즈니스 모델로 성장한 회사를 소개하겠습니다. 이러한 비즈니스 모델로 사업을 꿈꾸는 분들이 벤치마킹하기 좋은 사례라고 생각합니다.

넥스트C&C

한국 오피스 카페 시장에 적합한 서비스와 상품 제공에만 10여 년 정도 노력해온 기업입니다. 한국 커피 시장이 한참 성장하던 시기, 다들 거리에서 카페를 여는 데 열을 올렸습니다. 하지만 그 와중에 오피스 카페 솔루션 시장의 잠재력을 알아본 진영호 대표가 혈혈단신으로 창업을 했습니다. 2024년 기준 전국 1,000여 개가 넘는 법인을 고객사로 두고 있는 회사이며 업계 내에서 꽤나 규모 있는 회사로 성장했습니다. 커피 전문성을 중요시하여 임직원 교육과 전문성을 기르는 데에도 많은 힘을 쏟고 있습니다. 국가소비자중심 브랜드 대상을 5년 연속 수상하기도 했습니다. 현재까지 크고 작은 기업 및 기관 오피스에서 카페를 운영하고 있습니다.

officecafe.co.kr

저는 B2C시장보다 B2B시장이 더 매력적이라고 생각하는데요. 매출의 규모도 다르고 한 번의 계약으로 몇 년의 매출이 보장되기 때문입니다. B2C시장에서 브랜드 구축이 중요하다면 B2B시장에서는 솔루션 구축이 중요합니다.

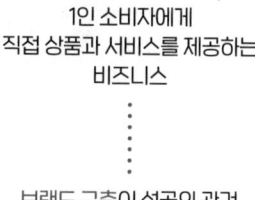

B2C	B2B
1인 소비자에게 직접 상품과 서비스를 제공하는 비즈니스	또 다른 사업자나 회사에 상품과 서비스를 제공하는 비즈니스
브랜드 구축이 성공의 관건	솔루션 구축이 성공의 관건

각기 다른 조건의 기업 및 기관의 니즈에 맞는 솔루션을 제공하여 고객만족을 이끌어 내야 합니다. 이 매력적인 시장에 한번 관심을 가져보는 건 어떨까요?

NO.4

생두 비즈니스

그린 빈 바이어 · 커피 생두 무역

생두(Green Bean)는 무엇일까요?

커피가 아직 생소한 분들은 생두가 정확히 어떤 것인지 헷갈릴 수 있으니, 먼저 생두가 무엇인지 간단히 설명하겠습니다. 생두는 커피 씨앗이면서 열매입니다. 로스팅하기 전, 즉 불에 볶기 전의 커피라고 생각하면 됩니다.

커피 생두

커피 체리

커피는 원래 우측 이미지처럼 커피 체리 상태로 열매를 맺고, 그 안에 두 개의 생두가 들어있습니다. 원두는 불에 그을려 갈색을 띠고 이는 반면, 생두는 푸르스름한 빛깔을 띠고 있죠. 상대적으로 딱딱하고 매캐한 향이 나는 것이 특징입니다. 보통 우리가 생산지에서 커피를 수입한다고 하면 이런 생두의 형태로 수입하는 것이 대부분입니다. 생두로 들여와서 한국에서 로스팅해서 원두로 만들어 유통하는 것입니다. 한국에서 커피가 자라지 않는다는 사실은 알고 계시죠? 실험삼아 키우는 사람도 종종 있긴 하지만, 사실 한국은 커피를 재배하기에 그리 적합한 환경이 아닙니다. 생두는 크게 두 가지 종류로 나뉘는데요. 바로 아라비카와 로부스타입니다. 간단히 이야기하자면 여러분이 카페에서 마시는 커피는 주로 아라비카이고요, 믹스커피에 들어가는 커피는 로부스타라고 생각하시면 됩니다. 상대적으로 아라비카가 가격이 높고 맛과 아로마가 뛰어납니다. 아라비카는 브라질, 콜롬비아, 에티오피아 등의 나라에서 주로 생산되고요. 로부스타는 베트남, 인도네시아 등지에서 생산됩니다.

생두 비즈니스의 특징은 이렇습니다

생두 비즈니스는 보통 큰 자본이 들어가는 사업입니다. 일반적인 커머셜 아라비카의 경우 코로나19 이후 인플레이션으로 가격이 급격하게 오르기 전에는 현지 계약 가격이 kg당 5달러 내외였습니다.

5달러 가격의 생두를 한 개의 컨테이너, 즉 20톤을 수입한다면 계약가만 1억 2,000만 원이 들어갑니다. 이를 들여와 창고에 쟁여놓고 팔아야 합니다. 그래서 공급자가 많지 않다는 것이 특징입니다.

다이렉트 트레이드

직역하자면 직거래라 할 수 있는데요. 생두 직거래 이상의 의미를 가지고 있습니다. 유통되는 생두 중 품질이 상위 10% 안에 들어가는 커피를 스페셜티 커피라고 합니다. 스페셜티 등급 커피를 생산하는 생산지 농장과 직거래하는 것을 다이렉트 트레이드라고 합니다.

다이렉트 트레이드 개념을 처음 시장에 소개한 업체는 미국의 '스텀프타운'과 '인텔리젠시아' 입니다. 스텀프타운 웹사이트를 보면 다이렉트 트레이드에 대해서 이렇게 설명하고 있습니다.

> "우리는 커피를 조달하는 방식을 다이렉트 트레이드를 지향한다.
> 이 말은 커피를 생산하는 파트너와 가까운 관계를 맺으며
> 그들의 훌륭한 결과물에 높은 가격을 지불하겠다는 뜻이다.
> 농장에서 생산해서 음료가 되기까지의 모든 공급망이
> 투명할 수 있도록 우리는 최대한 노력한다.
> 정기적으로 생산지를 방문하고 가능하면
> 새로운 기법과 도구를 사용해 장기 파트너십을 맺는다."[*]

---

[*] 라이언브라운(2018). 커피바이어. 커피리브레.

장기 파트너십, 직거래, 높은 가격이라는 단어를 살펴보면 커피 업계에서 흔하게 듣는 공정무역Fair trade과 같은 의미로 보이기도 합니다. 하지만 이 두 가지는 조금 다른 개념입니다.

	다이렉트 트레이드	페어 트레이드
중점	고급 커피 수집	윤리적 측면
특징	고급 생두로 고급 커피 유저들을 타기팅함	커피 농부들의 윤리적 운동에 집중함
생산지의 특징	프로세싱 시설 등을 소유할 만한 자본력을 갖춘 농부와 거래함	가난하고 어려운 커피 농부들과 거래함
비판	자본력이 높은 농부와 거래를 한다는 비판	공정무역 마케팅을 이용하여 맛없는 커피를 비싸게 판다는 오해

두 거래 방식이 각각 장단점이 있지만, 서로의 노하우가 공유되어 부족한 점을 보완한다면 시너지가 일어나지 않을까 생각합니다.

생산지에서 정성스럽게 재배한 커피는 퀄리티가 높겠죠? 그럼 당연히 맛과 아로마(향)가 뛰어난 원두가 될 것이고, 소비지에서도 높은 가격을 받을 수 있습니다. 이를 위해서는 장기적인 파트너십 가치가 중요합니다. 농장과 한두 해 거래를 하고 말면 커피 퀄리티에 대해 요구하기도 힘들고, 신뢰 관계를 쌓기도 어렵습니다. 하지만 소비지에서 잘 팔리는 커피에 대한 감각있는 다이렉트 트레이드 거래 담당자가, 커피 농장이 필요로 하는 프로세싱 시설을 지원하거나, 물류 이동에 필요한 트럭을 지원하는 등 생산지에서 좋은 질의 커피를 생산할 수 있도록 독려한다면 커피 퀄리티는 당연히 올라갑니다. 그럼 커피 농장과 한국의 커피 회사는 함께 성장하게 되죠. 생산지를 여러 번 방문하면 회사에는 생산지 관련 콘텐츠가 쌓이고, 커피 농업에 대한 노하우도 얻을 수 있습니다. 커피의 맛만 즐겼던 기존의 소비자들이 생산지 스토리와 배경도 자세하게 들을 수 있게 됩니다.

COE(Cup of Excellence) 커피

고품질의 커피 생두를 구하는데 있어 'COE'는 꼭 알아야 하는 개념입니다. COE는 최고 품질 커피에 주어지는 아주 영예로운 칭호입니다. COE 칭호는 생산 국가별로 매우 엄격한 심사를 거쳐 그 해에 생산된 최고의 커피에 대해서만 주어집니다. 먼저 해당 나라의 국내 심사관을 통해서 출품된 생두를 심사합니다. 그리고 선별된 생두는 국제 심사원들이 모여 커핑Cupping합니다.

여기서 커핑이 무엇인지 생소한 분들도 계실 텐데요. 간단하게 설명하면 커피 생두가 얼마나 높은 퀄리티를 가지고 있는지 평가하는, 소위 점수를 매기는 과정이라 할 수 있습니다. 커핑을 통해 출품된 생두에 순서를 매깁니다. 아마 이런 문구 보신적 있으실 겁니다.

이 커피는 코스타리카 COE에서 #5위에 입상한 커피입니다.

　이는 코스타리카에서 열린 COE 대회에서 5등을 기록한 커피라는 이야기입니다. 심사를 통해 점수가 매겨진 커피는 온라인 옥션을 통해 판매하는데요. 사실 이것이 COE를 전세계적으로 유명하게 만든 계기라 할 수 있습니다. 생두를 경매에 부치게 되면 바이어들에게는 고품질의 커피를 살 수 있는 기회가 주어집니다. 그래서 비싸게 팔리는 생두는 1kg당 100만 원이 넘는 가격에 낙찰되기도 합니다. 현지에서 거래되는 생두 가격이 한화로 4,000~7,000원 정도임을 감안한다면 어마머마한 가격이죠. 현지 농부들에게는 커피 농사 한번 잘 짓는 것이 마치 로또 1등 당첨과도 같은 커다란 기회가 되는 것입니다. COE를 개최하는 나라는 현재 15개국입니다.

A BRIEF HISTORY OF THE FIRST COMPETITIONS OF
CUP OF EXCELLENCE

2021
Indonesia and Ecuador

2020
Ethiopia

2017
Peru

2012
Burundi and Mexico

2008
Rwanda

2007
Costa Rica

2005
Colombia

2004
Honduras and Bolivia

2003
El Salvador

2002
Nicaragua

2001
Guatemala

1999
First "Best of Brazil" competition and auction

CUP OF EXCELLENCE

COE 연혁
자료: cupofexcellence.org

생두 비즈니스

참가국은 볼리비아, 브라질, 부룬디, 콜롬비아, 코스타리카, 에콰도르, 엘살바도르, 에티오피아, 과테말라, 온두라스, 인도네시아, 멕시코, 니카라과, 르완다, 페루입니다. 주로 아프리카와 중남미 생산지들이 참여해왔는데, 최근에는 인도네시아에서도 개최하고 있습니다. 앞으로는 태국에서도 열릴 것으로 보입니다. 자세한 정보는 아래 사이트에서 확인 가능합니다.

cupofexcellence.org
allianceforcoffeeexcellence.org

대회에서 높은 점수를 받은 생두를 들여와 판매하는 것은 그 자체로 마케팅 효과가 있습니다. 한국 내 스페셜티 생두를 취급하는 곳들은 다른 카페와 차별성을 갖기 위해 고품질 생두를 찾고 있습니다. 물론 1kg당 몇십만 원이 넘는 생두는 조금 과하지만요. 농장과 지속적인 관계를 맺기 위해 옥션 참가를 하는 것은 좋은 방법이 아닐 수 있습니다. 옥션은 농가가 이미 구축되어 있는 바이어에게 진짜 좋은 생두를 팔고 다른 생두를 출품할 가능성도 있습니다. 옥션으로 구입한 생두 대금이 농부 손에 들어가기까지 여러 달 소요되는 부분도 단점입니다. COE 대회가 다양한 농장의 정보를 제공한다는 장점이 있지만 당장 농장과의 관계를 보증하지는 않습니다.

그린 빈 바이어(Green Bean Buyer)

앞서 언급한 다이렉트 트레이드 혹은 공정무역을 위해 좋은 커피 생산지를 찾아 전세계를 누비는 사람들이 있습니다. 이들을 '커피 헌터' 혹은 '그린 빈 바이어'라고 부릅니다. 커피 헌터가 되기 위해 알아야 할 팁과 간단한 배경 지식에 대해 알려드리겠습니다.

초급자 Tip*

- 대규모의 커피 생산지 커피조합의 경우 대부분 온라인에 정보가 있습니다. 조합은 작은 농장들이 모여서 커피 수매와 수출을 위해서 결성한 조직입니다. 이런 커피 조합과 거래를 하는 방법이 있습니다. 여기에서 정보를 얻어 농장과 직접 거래를 하실 수도 있고요.
- 커뮤니케이션에서 영어는 필수입니다. 중남미의 경우 스페인어가 필요하긴 하지만 큰 조합과 거래하는 경우 간단한 영어로도 소통 가능합니다.

- 정보나 네트워크 없이 무작정 산지로 들어가는 것은 지양하시길 바랍니다. 커피 생산지는 치안이 취약한 나라들이 많습니다. 반드시 현지 대사관, 한인 커뮤니티의 도움을 받아 통역을 대동하는 것이 좋습니다.
- 생각보다 온라인에도 정보가 많습니다. 일단 이메일을 통해서 거래 가능한지 문의를 해볼 수 있습니다. 한국에 이미 들어와 있는 생두를 구입하고자 한다면 해당 생두를 유통하고 있는 회사가 생산지에 대한 정보를 홈페이지 등을 통해서 오픈한 경우가 대부분입니다. 그런 정보를 토대로 접촉을 시도하는 것도 좋습니다. 생두를 담은 백만 봐도 많은 정보가 있습니다.
- 한국에서 커피 생산자를 만나는 방법도 있습니다. 1년에 한 번씩 개최되는 '카페 쇼(Café Show)' 행사에는 생산지에서 사람들이 많이 옵니다. 이들과 바로 정보를 교환하는 방법도 있습니다. 한국에 있는 생산지 대사관을 활용하는 것도 좋습니다.

그린 빈 바이어가 생두를 구입하는 3가지 방법**

직접 방문 후 구매

그린 빈 바이어라면 당연히 직접 생산지를 방문해야 하는 거 아닌가? 이렇게 생각하실 수 있지만, 사실 그렇지는 않습니다. 새로운 생산지를 발굴하거나 관계를 맺는 단계에서는 직접 방문이 필요하지만 사실 직접 가는 것은 비용이 가장 많이 들기 때문에, 회사를 운영하는 입장에서는 이를 최소화하는 것이 좋습니다. 사실 직접 방문하여 계

---

*   라이언브라운(2018). 커피바이어. 커피리브레.
**   월간 커피(2021년 4월). 커피찾아삼만리. 91~92p.

약을 체결하는 프로세스는 어느 정도 규모가 있는 커피 회사여야 할 수 있는 일입니다. 커피 농장과 접촉할 때는 농부가 수출 허가증Export Permit을 가지고 있는지 확인해야 합니다. 사실 대부분 농부들이 커피를 키울 줄만 알지 직접 수출해 본 경험은 부족합니다. 그런데 사실 수출 허가증을 가지고 있는 농부라면 대농이거나 이미 판매 경험이 많은 노련한 농부일 확률이 높습니다. 바이어가 갑이 아니라 을이 되어버릴 수도 있는 거죠. 좋은 농장이나 농부를 만났는데 수출 허가증이 없는 경우는 그 농부가 속한 협동조합을 찾아가거나 해당 조합과 연결되어 있는 수출업자를 만나야 합니다. 이들을 통해 더 많은 농장을 만나게 될 수도 있다는 장점이 있는 반면, 거래가 투명하지 않게 될 가능성이 있으니 주의해야 합니다.

샘플 요청 후 구매

한번 거래하여 형성된 관계가 있다면, 이후 샘플을 주고받은 뒤 구매할 수 있습니다. 꼭 거래한 적이 없더라도 인터넷으로 얻은 정보를 통해 메일로 샘플을 요청한 뒤 구매를 진행할 수 있습니다. 다만 이 경우에는 샘플 퀄리티와 본 물량의 퀄리티가 다를 수 있다는 리스크가 있죠. 아직 신뢰관계가 없는 커피 농장에서 받은 샘플에 너무 큰 투자를 하는 것은 별로 좋은 생각이 아닙니다. 본 물량에서 생두 바꿔치기 등의 부정행위가 없도록 계약 조건을 상세하게 달아 둘 필요가 있습니다.

옥션 참가를 통한 구매

가장 안전하며 생두 퀄리티에 대한 보증을 받을 수 있는 방법은 옥션에 참가하여 출품된 생두를 구매하는 것입니다. 위에서 말한 COE와 BOP Best of Panama가 대표적인 옥션입니다. 그 외 지역적인 옥션도 있는데요. 인도의 아라쿠 Araku, 온두라스의 베스트 오브 온두라스 Best of Honduras 예멘의 퀴마 Qima가 있습니다. 정부의 지원으로 열리는 콜롬비아 나리뇨 옥션 Narino Auction도 있습니다. 옥션 구입은 퀄리티와 안전한 거래가 보장되지만, 가격이 높을 수밖에 없습니다. 이를 감안하고 스토리를 만들어 한국에서 잘 팔 수 있다면 좋은 방법이 될 겁니다.

옥션 커피는 어떻게 구매할까?

현지에 가지 않더라도 한국에서 온라인으로 옥션에 참여하고 옥션에 출품된 생두를 구입할 수 있습니다. 참여할 옥션 플랫폼을 선택하여 회원가입을 합니다. 각 플랫폼마다 정책이 다르지만 보통은 '옥션 참여권'을 구입해야 합니다. 이는 샘플 비용을 포함합니다. 옥션에 참여하지 않고 관전만 하는 것도 가능한데요. 옥션 참여권을 구입하게 되면 번호를 받을 수 있습니다. 그리고 30개 농장 품목이 동시에 옥션에서 열립니다. 모든 농장 입찰이 마무리되어야 옥션이 끝납니다. 3시간에서 12시간까지 진행됩니다. 물론 전자 입찰을 진행하기 전 샘플을 마셔보아야 합니다. 생두가 가진 가능성과 잠재력을 자신의 혀로 판단하여 시장 가치를 판단합니다. 최종 낙찰자로 결정되면 해당 금액만큼 지불하고 수입 절차를 밟으면 됩니다.

처음부터 무작정 옥션에 뛰어들기보다는 조금 비용을 내더라도 관전을 먼저 해보는 것이 좋습니다. 옥션 참여 전에 공동 구매자들을 모집하여 구입 비용을 아끼는 것도 좋은 방법입니다. 그리고 가장 리스크가 적은 방법으로는 옥션을 통해 한국에 들어온 생두를 구입하는 것인데요. 물론 이런 경우 생두를 직접 구하는 그린 빈 바이어라고 하기에는 무리가 있습니다. 하지만 한국에 옥션으로 들어온 생두가 얼마에 거래되고, 어떻게 브랜딩되어 판매되는지 공부할 겸 처음에는 리스크를 적게 하는 것을 추천드립니다.

그린 빈 단가 결정 과정은 어떻게 될까요?*

현지 계약 가격

소량으로 구입하는 것이 아니라면 계약을 체결하게 됩니다. 옥션을 통해 구입하면 현지에서 경쟁을 통해 가격을 결정하게 되고, 생산

---

* 월간 커피(2016년 10월).Green Bean Pricing.94~95p.

지 협동조합이나 플랜테이션 농장**과 거래할 경우 뉴욕 선물 시장 커피 가격이 기준가가 됩니다. 보통 수출 라이선스가 있는 수출업자를 통해 절차를 진행합니다. 결제 방법은 현지 은행과 국내 은행을 통해 신용장 개설 후 거래하는 방법이 있고, 직접 송금하는 방법이 있습니다. 신용장 개설 시 수수료가 발생합니다.

해상운임

커피 농장에서 출발하여 한국 항구까지 이르는 동안의 운성비를 말합니다. 해상운임을 어떻게 부담하는지에 따라 세 가지로 나뉩니다.

EXW
농장에서 국내 항구까지 수출자가 책임집니다. 수출자 부담이 높아져 그린 빈 실 거래 단가가 올라갑니다.

FOB
수출자와 수입자 운임을 절반씩 부담하는 방법입니다. 농장에서 생산지 항구까지는 수출자가 부담하고, 선적 이후 출항하여 국내 항구에 도착하기까지는 수입자가 책임집니다. 수입자가 선적할 배를 선택하고 수출자는 항구까지 실어줍니다. 가장 많이 사용하는 방법입니다.

CIF
농장에서 국내 항구까지 운임되는 과정을 수입자가 책임집니다. 현지 물류유통까지 컨트롤할 만큼 경험이 많다면 오히려 운임을 절약할 수 있지만, 잘 모른다면 위험부담이 커지는 방법입니다.

** 환금 작물(Cash Crop)을 전문으로 하는 대규모 상업적 농업농장

보험

컨테이너 단위로 화물을 운송할 때는 의무적으로 '적재보험'과 '화재보험'에 가입하도록 되어 있습니다.

관세

무역 시 거래 상품에 부과되는 세금입니다. 생두의 경우 2%가 부과됩니다. 콜롬비아, 인도, 베트남 등 FTA를 체결한 국가에서 수입할 경우 면제됩니다.

환율

계약은 달러로 진행하기 때문에 매입 가격에 환율을 곱해야 실 비용이 산정됩니다. 달러가 한참 오르고 내릴 때는 송금 시점을 언제로 하는지도 중요한 사안이 됩니다.

부가세

환율을 적용한 금액에 부가세 10%가 더해집니다. 2023년 초 생두 가격 상승으로 농식품부가 부가세 면제 조치를 했는데요. 이는 수입 시기에 따라 변동될 수 있습니다.

검역비

일반 검역과 정밀 검역으로 나뉩니다. 통관 과정에서 결정하는 대로 받아야 하며, 무작위로 진행합니다. 일반 검역의 경우 5~7일 정도 소요되고 약 15만 원의 비용이 듭니다. 정밀 검역의 경우 농약이 잔류하지 않았는지 등을 알 수 있는 성분검사를 합니다. 10~15일 소요되며 약 100만 원의 비용이 듭니다. 처음으로 들여오는 산지, 농장, 품종 등 수입 이력이 없는 커피는 반드시 정밀 검역을 받습니다.

국내 운송비

항구 창고에서 생두 보관 창고로 옮기는 운송 비용입니다.

소분비

생두는 대부분 60~69kg 포대로 포장되어 들어옵니다. 보통 이를 유통하기 쉬운 형태의 20kg단위 지대로 포장합니다. 소분하는 과정에서 석발기를 거쳐 돌 같은 이물질을 제거합니다. 업체 자체적인 시설이 없다면 이를 생두 전문 보관창고 시설에 보관하고 소분까지 맡길 수 있습니다.

최종가격 결정

　모든 비용을 전부 더하여 생두 무게로 나누어 1kg당 생두 원가를 구할 수 있겠죠? 시장에서 판매되는 다른 생두와 판매하려는 생두를 비교하여 가격을 잘 설정합니다. 수입하는 생두 양이 많으면 원가는 싸집니다. 하지만 한 번에 들어가는 자본 비용은 올라갈 겁니다. 자신이 운용하는 사업체 자금사정, 활로를 잘 고려하여 수입량을 결정해야 합니다.

그린 빈 바이어는 어떤 역량을 갖춰야 할까요?

커피 농업/생두 종에 대한 지식

　그린 빈 바이어는 커피 업계에서 누구보다도 생산지와 친한 사람들입니다. 커피 농업에 대한 간단한 지식이 있는 것이 좋습니다. 좋은 커피를 골라내기 위한 기초입니다. 농부들은 다양한 커피 종을 심습니다. 키피카, 버번, 요즘 유행하는 게이샤까지 다양한 종에 대한 지식도 필요합니다.

프로세싱 관련 지식

　커피 맛을 좌우하는 결정적 이유 중 하나는 프로세싱 방법입니다. 크게 위시드, 내추럴, 세미위시드, 펄프드 내추럴로 불리는 4가지 방법이 있습니다. 이를 응용한 또 다른 다양한 방법이 있는데, 생산 현

펄핑기를 통해서
체리가 벗겨지는 과정

장에서 이루어지는 가공 방법에 대한 지식이 필요합니다.

센서리 역량

수입을 고려하는 생두가 한국의 로스터리에게 좋은 반응을 받을만한 훌륭한 커피인지 자신의 혀로 평가할 줄 알아야 합니다.

외국어 소통 능력

외국인과 소통하기 위해 기본적인 영어는 가능해야 합니다.

관계/커뮤니케이션 역량

커피 생산지 농부들을 만나 그들과 관계를 맺고 비즈니스를 이끌어내 한국 로스터리에 그들의 커피를 소개하고 판매해야 합니다. 당연히 원활한 커뮤니케이션 역량이 필요하겠죠?

현실은 이렇습니다

사실 그린 빈 바이어는 커피업에서도 역량이 뛰어난 사람이 도전해볼 만한 일입니다. 현재는 스페셜티 커피 업체의 대표나 국제 심사관 정도가 생산지를 오가며 옥션에 참가하고 계약을 맺는 업무를 하고 있습니다. 그 일 자체가 어렵다기 보다는 아직 한국 커피 시장에서 이런 포지션이 보편적이지 않아서 그렇습니다. 이유야 여러 가지가 있겠지만, 한국 카페 시장이 기형적으로 규모가 큰 것에 비하여 스페셜티 커피 시장은 작습니다. '테라로사'나 '블루보틀' 같은 업체를 통해 조금씩 대중에게 가까이 다가가고 있지만, 대중은 아직 복잡한 향이 나고 산미가 강한 커피에 거부감을 가지고 있습니다. 혹자는 한국 사람들이 산미 강한 커피를 싫어하는 이유가 김치의 신맛을 연상하기 때문이라고 하는데, 어떤 이유가 되었든 커피 자체의 맛을 탐구하고 즐기는 문화가 아직 자리 잡히지 않았습니다. 그러다 보니 어지간한 커피 회사라도 그린 빈 바이어는 보통 한 명입니다. 하지만 커피 업계도 점차 고도의 분업 시스템으로 진화할 것으로 예상합니다. 생산지의 경험이 필요한 사람들이 다양한 업체와 협업하며 비즈니스 할 수 있는 환경이 시작될 것입니다.

생두 직수입, 무엇을 고려해야 할까요?

현금유동성

한국 로스터리 대부분은 한국 생두 도매상에서 생두를 구입합니다. 보통 한 달 정도 쓸 수 있는 양을 순환하여 구입합니다. 생두 구입 대금에 드는 현금이 묶여봐야 1~2개월 정도 묶이는 것이죠. 하지만 생두를 직수입할 경우 한 번 수입으로 1년 치 사용량을 감안하여 들여옵니다. 한국에 들여와 오래지 않아 전부 팔 수 있을 만큼의 영업력을 가진 업체가 아니라면, 일단 들여온 뒤에 열심히 팔아야 하는 것이 현실입니다. 그렇게 되면 큰 돈이 생두에 묶이게 됩니다. 작은 업체가 진행하기에는 부담이 되는 요소입니다. 따라서 생두를 수입할 때는 적절한 양인지, 마케팅 계획 실현이 가능한지를 잘 고려해야 합니다.

다양한 생두

직수입할 경우, 한 번의 물류에 많은 양을 실어야 상대적으로 비용을 아낄 수 있습니다. 하지만 다양한 생두를 수입한다고 여러 나라에서 조금씩 생두를 수입한다면 물류비용이 그만큼 많이 듭니다. 배보다 배꼽이 커지는 상황이 생길 수 있습니다. 보통 다이렉트 트레이드를 할 경우 한두 종류의 생두가 아니라 다양한 종류의 생두를 고객에게 선보이는 것이 유리한데, 여기에 드는 비용을 아낄 수 있는 전략이 필요합니다.

무역 리스크

산지에서 국내로 운송되는 도중 문제가 발생할 수 있습니다. 소송까지 가서 국제법을 적용하여 승소한들 배상에 대해 강제력을 행사하기 어려운 구조입니다. 물론 그런 경우가 많지는 않습니다. 그리고 샘플로 받은 생두와 한국에서 받아 본 생두의 퀄리티 차이가 나서 문제제기를 하는 일도 생길 수 있겠죠. 이는 선적하여 항해하는 과정에서 발생하는 필연적인 생두 퀄리티 저하일 수도 있고, 생산지에서 샘플로는 좋은 생두를 보냈다가 실제 물건은 조금 질이 떨어지는 물건을 보낸 것일 수도 있습니다. 하지만 이런 부분을 증명하기는 어렵습니다. 첫 거래는 한국에서 이미 거래를 많이 했던, 그러니까 레퍼런스가 좋은 생산지를 만나는 것을 추천 드립니다.

지나친 걱정과 기대 지양

생두 수입도 결국 물건을 사오는 일입니다. 한국에 이미 전문 포워딩 업체도 있고, 수입 경험이 많은 커피 업체가 다수 있습니다. 리스크를 관리하되 너무 지나치게 걱정할 필요는 없습니다. 그리고 그린 빈 바이어가 되려면 엄청난 현지 네트워크와 친분이 있어야 가능하다고 생각하는 경향이 있는데, 이도 과장되어 있습니다. 친분이야 비즈니스 관계를 지속하면서 생기는 것이고, 생산자들도 활로를 찾고자 하는 농부일 뿐입니다. 마치 오지를 탐험하는 모험담처럼 이야기를 푸시는 분들도 있지만, 이는 사실상 실무와 거리가 있습니다.

생두 소싱 연결 비즈니스 기회를 포착할 수 있습니다

　어느 커피 회사나 생두를 직접 소싱하는 업체의 경우, 커피 생산지에 사람을 상주시키는 것은 비용이 많이 들고 정말 신뢰할 만한 사람이 아니라면 리스크가 큽니다. 그래서 좋은 파트너십을 가지고 아웃소싱하기를 원합니다. 만약 여러분이 커피 생산지에 거주할 생각이 있다면, 생두 소싱을 연결하는 것으로 비즈니스를 시작할 수 있습니다.

　저는 커피 회사에서 근무하며 종종 인도네시아 생산지에 나갈 일이 있었는데요. 현지에서는 한인 커뮤니티에서 이런 저런 도움을 받았습니다. 그 중 커피 센서리, 로스팅 등 전문적인 커피 공부를 하고 한국 프랜차이즈 브랜드 대상으로 인도네시아 커피 농장을 연결해주며, 생두 소싱을 돕는 사람이 있었습니다. 몇십 톤씩 거래가 일어날 경우 1kg당 10원 만 붙여도 꽤 큰 돈을 벌 수 있는 기회가 됩니다. 당연히 현지 네트워크가 있어야 하고, 현지 언어에도 능숙해야 합니다. 그리고 좋은 생두를 선별할 수 있는 수준의 커피 지식도 필요합니다. 커피 농장이 많은 곳에 갈 일이 잦거나, 커피 생산지에 살게 된다면 비즈니스 기회를 만들어 보시기 바랍니다.

커피 생산지 비즈니스 모델도 있습니다

경제적으로 낙후된 나라가 많이 위치해 있는데요. 국제개발프로젝트로 국제기관의 도움을 받는 나라도 많습니다. 대한민국은 원조를 받는 나라에서 원조를 주는 나라로 바뀌어, 국가 예산 일부를 배정하여 개발사업을 하고 있습니다. 병원을 짓기도 하고, 학교를 설립하기도 하죠. 협력하는 많은 나라들이 커피 생산지입니다. 에티오피아, 르완다, 우간다, 동티모르, 인도네시아, 탄자니아 등의 나라와 그들이 생산하는 커피를 가지고 국제개발(구호)사업을 하면 어떨까요? 그리고 커피에 관심이 많은 커피 업계 종사자나 애호가들을 대상으로 커피 생산지 여행 상품을 만들어 농장을 직접 볼 수 있게 하거나, 커피 체리를 수확하는 봉사활동 등을 기획해보는 건 어떨까요?

커피생산자 돕기 국제개발(구호) 프로젝트

그 동안 한국에서 공정무역을 하는 단체들은 국제개발기금을 활용하여 커피 생산자들을 도왔습니다. 제가 속한 아름다운커피를 비롯하여 카페티모르, 페어트레이드코리아 등의 단체가 있는데요. 이들은 생산자로부터 커피, 코코아, 수공예품을 수입하여 한국에 팔기도 하고 코이카 개발자금을 활용하여 현지 개발사업을 수행하기도 합니다. 공정무역이든 원조이든, 수혜자의 자립을 목표로 사업을 진행합니다. 자립은 지속가능한 일자리가 현지에 생기는 것을 핵심으로 보고 있습니다. 비즈니스 모델이 필요한 것이죠. 그런 의미에서 그들이 생산한 커피를 사오는 것은 큰 의미가 있습니다. 하지만 공정무역 만으로는 단시간에 큰 변화를 만들기 어려운 부분이 있습니다. 한국 공

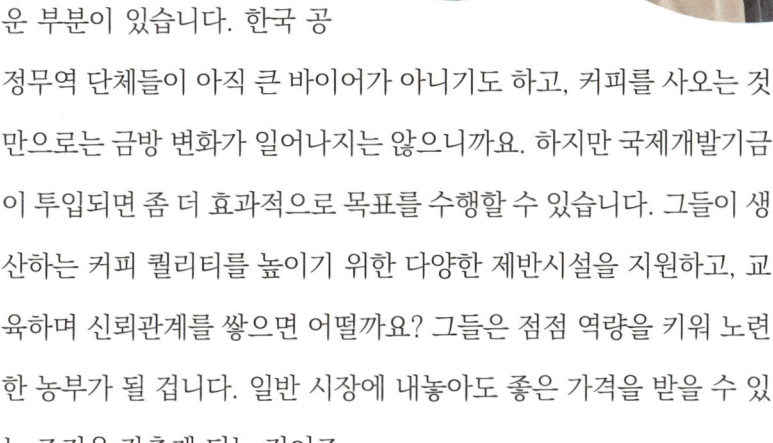

정무역 단체들이 아직 큰 바이어가 아니기도 하고, 커피를 사오는 것만으로는 금방 변화가 일어나지는 않으니까요. 하지만 국제개발기금이 투입되면 좀 더 효과적으로 목표를 수행할 수 있습니다. 그들이 생산하는 커피 퀄리티를 높이기 위한 다양한 제반시설을 지원하고, 교육하며 신뢰관계를 쌓으면 어떨까요? 그들은 점점 역량을 키워 노련한 농부가 될 겁니다. 일반 시장에 내놓아도 좋은 가격을 받을 수 있는 조건을 갖추게 되는 것이죠.

제가 국제개발단체에 재직하며 개인적으로 의아했던 점이 있는데요. 한국의 개발협력 분야에 제법 큰 단체들이 있는데, 그들의 비즈니스 모델 즉 거래기반을 세우는 프로젝트는 별로 보지 못했다는 거죠. 1차 산업에 종사하는 저개발국 농민의 생산물 활로를 열어주는 것만으로 비용대비 큰 효과를 볼 수 있을 텐데 말입니다. 아니면 농

사를 지을 수 있는 기반을 마련해주는 것도 좋고요. 개발사업 단체가 꼭 그들이 재배한 농산물을 사서 한국에 가져와 파는 일종의 공정무역을 하지 않고도 얼마든지 다른 방법이 많습니다. 해외 바이어를 연결해주거나 국내 유통을 도와주는 것도 큰 도움이 될 거고요. ESG 경영을 하는 한국 커피 회사들은 커피 생산지 한 지역을 골라 지속적인 거래를 하며 그들과 긴밀한 관계를 맺어보는 건 어떨까요? 국제개발 NGO는 현지에서 커피 농부들을 돕고, 한국 커피 회사는 그 농부들이 재배한 커피를 책임 매입하며 그들이 더 좋은 커피를 재배할 수 있도록 기술지원을 하는 거죠. 이렇게 소비자들에게 진정성을 알리면 이것이 곧 가장 좋은 ESG 경영 실천 사회공헌 모델이 될 수 있지 않을까요? 이미 커피 사업을 하고 있는 회사나, 개발사업을 진행하는 구호단체가 고려해볼 만한 부분이라고 생각합니다.

커피 생산지 투어 가이드

한국 커피 문화가 많이 발달했다고는 하지만, 커피 생산지에서 커피 체리를 직접 본 소비자는 별로 없을 겁니다. 그리고 바리스타 시험에 늘 나오는 프로세싱 방법들, 예를 들어 내추럴, 워시드, 세미워시드 등 공정을 문자로 공부했지만 현장에서 어떻게 이루어지는지 눈으로 본 사람도 거의 없겠죠. 커피 업계 종사자들, 커피를 좋아하는 애호가들은 커피 농장에 직접 가서 커피 체리를 직접 따보는 로망을 가지고 있을 거라고 생각해요. 여기에서 포착한 비즈니스 모델을 제

커피 생산지 투어 가이드

안합니다. 커피 생산지 투어 가이드 혹은 커피 농장 체험 여행상품입니다. 한국의 커피 종사자 및 애호가들은 커피에 대해 더 깊이 이해할 수 있는 기회를 갖고, 현지 커피 생산자들은 여행객을 받으면서 지역경제 활성화를 할 수 있습니다. 20시간 가까이 비행기를 타고 가야 하는 아프리카나 중남미가 아니더라도 인도네시아, 태국, 베트남 역시 주요한 커피 생산지입니다. 비교적 가까운 아시아에서 시작하면 그리 높지 않은 비용으로 프로모션 가능하리라 생각합니다.

위 두 가지 제안은 간헐적이긴 했지만 제가 직접 기획했던 일이기도 합니다. 개발NGO에서 커피 생산지에 커피 나무 심기 프로젝트를 진행하면서 한국의 한 커피 기업이 펀딩을 진행했습니다. 해당 기업은 한국에서 좋은 성과를 낸 직원들에게 포상으로 생산지 방문 여행을 제공했는데요. 로스팅이나 구매 파트에서 일하는 실무자들은 현지에서 커피 체리를 따면서 그동안 책으로만 봐온 머릿속 지식을 생생한 실제 경험으로 채울 수 있어 좋았다고 말하기도 했습니다. 현지 농민과 직접 대면하며 신뢰를 쌓고, 생산지에서 커피 생두를 수입한다는 것이 어떤 의미를 갖는지 피부로 느끼는 계기가 되었다고요. 하지만 아쉽게도 해당 프로젝트는 오래 지속되지는 못했습니다. 생산지 펀딩에는 도움을 주었지만, 정작 그 생산지에서 나오는 생두를 매입하지는 않았거든요. 당장의 퀄리티 문제가 있다고 하더라도 해당 기획을 진정성 있게 지속했더라면 한국 다른 커피 회사가 갖지 못하는 감성과 스토리를 가질 수 있었을 텐데…… 못내 아쉬웠습니다. 커피 생산지 국제개발 프로젝트이든, 커피 생산지 투어 프로그램이든, 각자 개별적인 비즈니스 기회가 될 수 있다고 생각합니다.

스페셜티 커피
그리고 생산지, 블루오션

한국 시장에서 스페셜티 커피 시장은 잠재력이 높습니다. 스페셜티 카페, 스페셜티 원두 소매 시장이 충분히 자라지 않았다는 뜻이기도 하죠. 한국 카페 시장의 급성장과 규모에 비해 고급 시장은 아직 미미한 상황입니다. 말하자면 스페셜티 커피 시장은 블루오션입니다. 그만큼 그린 빈 바이어 수요는 점차 더 늘어날 것이고, 진화할 것으로 보입니다. 그리고 커피 종사자나 소비자들에게 커피 생산지는 아직 책 속에서만 본 이야기, 미지의 세계입니다. 이들 사이 연결을 이루어 낸다면 한국 커피 문화는 좀 더 성숙하고 깊어질 것입니다. 제가 제안하는 비즈니스 모델 중 아마도 가장 어려운 영역이 될 텐데요. 아무래도 진입장벽이 높기도 하고, 사람들이 선뜻 나서는 일은 아니기에 그렇습니다. 하지만 그만큼 여러분을 기다리는 잠재적 기회도 무궁무진할 것입니다.

NO.5

카페 브랜딩 컨설팅

카페 브랜드 구축 · 마케팅 대행

카페 컨설팅 시장

　카페는 점점 음료와 장소를 단순히 제공하는 공간이 아닌 종합예술공간이 되어가고 있습니다. 카페를 들어가기 전에 보는 외부 익스테리어, 들어온 다음에 보이는 내부 인테리어, 커피를 마시면서 느끼는 맛과 향기, 그리고 앉아 있으면서 듣는 음악과 이를 통한 분위기까지 모든 요소를 신경써야 합니다. 인간의 시각, 촉각, 미각, 후각, 청각, 즉 오감에 긍정적인 자극을 주어야 하는데요. 카페는 그야말로 커피를 파는 것 이상의 활동이 이루어지는 곳입니다. 공간을 파는 비즈니스로 진화한 한국 카페 시장에서, 고객에게 어떤 경험을 주고 어떤 인상을 남길 것인지 기획하는 것이 정말 중요해졌습니다. 시장 상황이 이렇다 보니 오픈 전부터 카페의 전반을 기획하는 컨설팅 시장이 형성되어 있습니다. 주로 인테리어와 함께 공간 기획 그리고 브랜딩을 기획해주는 업체가 이 섹터에 적합합니다.

컨설팅의 범위는 천차만별입니다. 이미 운영을 하고 있는 카페가 매출을 신장하기 위해 컨설팅을 요청하는 경우도 있습니다. 개인사업자로 카페를 운영하는 경우 소상공인에 해당하기 때문에, 소상공인 진흥공단 지원사업 등을 통해 무료로 컨설턴트를 연결받기도 합니다. 또 창업을 시작하는 단계에서 상권을 분석하여 입지 선정부터, 인테리어, 커피머신 소싱, 메뉴 셋팅, 사후관리까지 토탈로 요청하는 경우, 그리고 필요한 단위별로 요청하는 경우까지 다양하죠. 작게는 몇 십만 원에서 크게는 몇 억까지 컨설팅 비용이 책정될 수 있습니다. 매장에 잠깐 가서 에스프레소 추출을 교육해주는 것도 컨설팅이라 하는 경우도 있는데, 사실 그렇게 이름 붙이기 민망하죠. 이런 활동은 편의상 '교육'이라고 이름 붙이겠습니다.

이 책에서는 카페 컨설팅 혹은 카페 브랜딩, 즉 카페를 오픈하기 전 기획 단계부터 하나의 카페를 창조해내기까지의 과정 그리고 그 과정 안에 어떤 내용들이 있는지 공유하는 방식으로 이야기를 풀겠습니다. 그래서 앞으로 이를 통해 '카페 오픈은 이런 과정을 거치는 구나' 그림을 그려 브랜딩의 관점으로 카페를 열 수 있도록 도움을 드리고자 합니다. 공간인테리어와 같이 이미 카페를 오픈하는 과정에서 비즈니스 기회를 접했던 분들에게는 토탈 서비스 과정을 보여드림으로써 사업의 영역을 넓히는 고민을 하실 수 있도록 도움을 드리고 싶습니다.

카페 토탈 컨설팅 분야 소개

상권 분석

상권 분석은 카페를 오픈하려고 하는 지역과 장소의 특성에 맞게 카페를 오픈하기 위한 기초 작업입니다. 오피스 상권인지, 주거 상권인지에 따라 언제 열고 언제 닫아야 하는지 그리고 해당 상권의 주요 고객층이 어떤 사람들인지 파악해야 합니다. 그리고 주변에 이미 운영되고 있는 카페들은 어떤 콘셉트이고 가격은 얼마인지 파악하여 카페 콘셉트를 잡기 위한 데이터를 수집하고요. 어떤 고객에 타기팅할 것인지 결정합니다.

소상공인시장진흥공단 홈페이지를 방문하면 상권정보 시스템을 이용할 수 있습니다. 오픈하려는 사업의 종류에 따라 지역의 평균 매출이 어느 정도이고 유동인구는 얼마나 되는지 등의 유용한 정보를 얻을 수 있습니다.

소상공인 상권정보 시스템
자료: sg.sbiz.or.kr

콘셉트 선정

고객은 카페의 디테일을 분석하기보다는 직관적으로 카페를 느낍니다. 어떤 콘셉트를 가지고 있는지 그리고 이는 나에게 편안함을 주는지 불편함을 주는지 금방 느낌이 오죠. 카페의 콘셉트는 일관성에서 옵니다. 카페 운영자가 고객에게 주고 싶은 메세지가 있고, 이는 곳곳에 디자인으로, 레터링으로, 메뉴로 표현되어 있습니다. 이것이 모여 하나의 큰 콘셉트를 이루죠.

초창기의 카페는 커피머신을 두고, 앉을 수 있는 의자만 있으면 장사가 되었습니다. 하지만 이제 수많은 카페 중에서 '그 카페에 가야만 하는 이유'를 만들어 줘야 합니다. 그것의 핵심이 콘셉트 선정입니다. 콘셉트은 카페다움이고 카페다움은 결국 카페를 운영하는 오너에게서 발굴되어야 합니다.

STP전략(Segmentation, Targeting, Positioning)

상권 분석과 콘셉트 선정은 STP 전략을 도출하기 위한 과정입니다. 마케팅 용어에 익숙하신 분들은 많이 들어보셨을 겁니다. 먼저 상권 분석을 통해 해당 상권의 고객층을 파악합니다. 그리고 내가 집중할 고객을 분류Segmentation합니다. 그 고객에게 타기팅Targeting하기 위해 필요한 메세지와 콘셉트이 무엇인지 고민하고 타기팅한 고객이 매장을 방문했을 때 고객의 머릿속에 어떤 카페로 기억Positioning될 것인지를 기획하는 것입니다. 어쩌다 한번 들르는 휴게소 카페가 아니라 한번 온 고객이 다시 한 번 찾아오도록 만들어야 하는 것이 바로 카페의 성공 요인입니다.

시장 세분화	목표 시장 선정	포지셔닝
Segmentation	Targeting	Positioning

인테리어 기획

　기획된 콘셉트를 바탕으로 인테리어를 진행합니다. 카페를 운영하려고 하는 오너가 자기다움이 확실하고 카페의 방향성이 뚜렷하다면 이를 잘 도출하여 표현하는 것이 수월합니다. 결과적으로 이는 카페 운영을 좀더 지속가능하게 하는 힘이 됩니다. 보통은 컨설팅을 진행하는 업체가 공사전반까지 인테리어를 책임집니다.

메뉴 및 가격 선정, 시그니처 메뉴 개발

　타기팅한 고객이 좋아할만한 메뉴들을 개발합니다. 원두는 무엇으로 할지, 가격은 얼마로 할지 정합니다. 그리고 주위 상권과 비교했을 때 상대적으로 저렴한 가격 전략을 취할 것인지 고가 전략을 취할 것인지 결정합니다. 근처 다른 카페에서는 찾아볼 수 없는 필살기(치트키) 또한 필요합니다. 그것이 시그니처입니다. 카페 콘셉트와도 잘 어울리면 좋겠죠?

카페의 시그니처 메뉴는 고객들에게 그 카페를 무엇으로 기억할지 전해주는 메세지입니다.

재무 계획

카페 오픈에 사용할 예산을 준비합니다. 투자한 예산은 언제쯤 회수할 수 있을지 계획을 세워 봅니다. 1년 안에 회수한다고 가정했을 때 하루 매출이 얼마여야 하는지, 이중에 고정비와 변동비의 구성은 어떻게 되는지 등 간략한 윤곽을 그릴 수 있도록 도와줍니다.

매장실무 운영, 관리

커피를 아직 접해보지 않은 클라이언트가 카페 오픈에 관심이 있을 경우, 바리스타 자격증 과정부터 교육을 합니다. 주로 실무 위주로 커리큘럼이 이어집니다. 이후 매장을 관리하는 데 필요한 실무 팁, 아르바이트를 운영하는 데 필요한 채용, 노무관리 업무 등의 교육을 상황에 맞춰 진행합니다.

그랜드오픈 그리고 프로모션 이후 사후관리

카페를 오픈하면서 고객들에게 어떻게 알릴 것인지, 고객을 모객하기 위한 프로모션을 어떻게 할 것인지 기획하여 실행합니다. 이후 카페가 잘 운영되는지 점검하고 사후관리를 합니다.

카페 오픈을 A부터 Z까지 책임지고 컨설팅 한다고 했을 때, 필수적으로 다루어야 하는 파트들입니다. 물론 고객의 니즈에 맞춰 더하거나 빼면서 진행을 하게 되는데요. 인테리어까지 통으로 맡아 진행하고 사후관리까지 다 하게 될 경우 예산이 억 단위까지 올라갈 수 있습니다. 몇 번의 미팅을 통해 간단히 리포트만 주고 고객이 알아서 할 수 있도록 보조하는 역할이라면 몇 십 만 원으로도 예산이 잡히기도 합니다. 컨설턴트가 어느 정도의 역량이 있고 카페 오픈 시장에서 어느 정도의 명성과 포트폴리오가 있는지에 따라 예산은 상이해집니다.

앞서 소개한 과정보다 좀더 심오하고 깊게 컨설팅을 하는 경우가 생깁니다. 브랜딩을 할 경우 그렇습니다.

카페 브랜딩

『모든 비즈니스는 브랜딩이다』라는 책이 있습니다. 제목처럼 실제로 그렇다 생각합니다. 아니 정확히 말하면 오래 살아남는 사업은 브랜딩을 해야만 가능합니다. 누구든 사업을 시작할 수 있지만, 브랜딩이 잘 되어 있는 사업과 그렇지 않은 사업은 시장에서 파워가 다릅니다.

브랜딩은 무엇인가?

브랜딩은 Brand와 ing가 혼합된 언어입니다. 사전적 의미는 다음과 같습니다.

> 브랜딩은 소비자들의 머리에서 시작해서 감정적으로 느끼는 것이다. 소비자들은 특정 브랜드에 신뢰감, 충성도, 편안함 등의 감정을 느끼며, 그런 감정들을 갖게 하는 긍정적인 경험들을 통해 그 브랜드에 가치와 이미지를 부여한다. 따라서 브랜딩이란 진정한 경험을 창조하고 소비자와 진실한 관계를 발전시켜 나가는 과

} 정과 관계의 구축을 통해 형성된다고 할 수 있다.*

　컨설팅이 하나의 카페를 런칭하는 과정이라고 한다면, 브랜딩은 하나의 비즈니스 인격을 만드는 과정이라고 할까요? 앞서 소개한 프로세스의 스텝을 밟되 좀더 영혼이 선명한 비즈니스 인격체를 만드는 과정이라 생각하면 됩니다. 카페만이 가지고 있는 철학, 아이덴티티, 자기다움을 카페 이름으로 표현하고, 이에 맞는 로고를 창조하여 카페의 전체적인 색감을 맞춥니다. 그리고 온라인 공간 안에서도 일관성 있게 카페다움이 표현되도록 하는 것이 바로 브랜딩입니다.

브랜딩의 요소**

브랜드 스토리, 메시지

　브랜드 구축의 첫 번째는 스토리를 만드는 것입니다. 카페를 오픈하려는 오너의 개인적인 인생사 혹은 경험, 부각하고 싶은 가치관, 고민, 세계관 같은 것이 이에 해당하죠. 즉 자기다움의 근본이 되는 '이야기'입니다. 이는 밖에 존재하는 다른 카페와 근본적인 차별점을 만들기 위한 기초 작업인데요. 카페에 들어온 고객에게 나의 이야기를 전달하여 깊은 인상을 남기는 것이 목적이죠. 짧은 문구를 슬로건으

---

* 김문기(2014). 디자인기획과전략. 커뮤니케이션북스.
** 월간 커피(2020년 10월).73~75p.

로 만들 수 있다면 더욱 효과적입니다.

모든 브랜딩 작업의 시초이자 가장 중요한 작업입니다. 여기가 명확하지 않으면 브랜드가 구축되기 어렵습니다. 이 작업이 명확하다면 다음 스텝은 쉬워집니다.

확실한 색깔, 콘셉트 정하기

스토리를 정했다면 키워드를 몇 가지 고르는 작업을 거칩니다. 자신이 가지고 있는 스토리를 간결하게 만들어 기억에 쉽게 남을 수 있도록 콘셉트화 합니다. 예를 들어 너무 모던한 카페들이 다소 차가운 느낌이 강해서 좀 레트로하고 클래식한 분위기의 느림의 미학을 중심으로 카페를 만들고 싶다고 가정해 봅시다. 카페 인테리어는 나무를 많이 활용한 재질을 사용하고 클래식한 그림을 카페에 걸어서 분위기를 만듭니다. 그리고 음악도 클래식한 느낌의 음악을 주로 틉니다. 에스프레소와 함께 핸드드립바를 운영합니다. 조금 느리더라도 정성이 들어간 음료의 가치를 고객이 알도록 유도합니다.

클래식하면서
느린 느낌의 카페 분위기

네이밍

　브랜드명을 결정하는 것입니다. 위의 과정을 거치면서 유력한 후보가 나오고 그중에서 결정을 합니다. 브랜드의 가치를 함축하는 이름이면 더욱 좋습니다. 독특해서 잊히지 않거나 듣기 좋고 기억하기 쉬운 것이 좋습니다. 발음하기도 좋은 것도 중요합니다. 캐서린 슬레이드브루킹의 〈브랜드 디자인〉에 소개된 네이밍 전략 8가지를 간략히 소개드립니다.*

설명형	제품/서비스의 주요 측면을 명시 혹은 강조하는 말 사용
머리글자형	이름을 다루는 단어의 첫 글자를 모아서 사용
엉뚱한 이름	브랜드 특징과는 관계가 없지만 매력적인 모양새와 소리를 사용
지어낸 이름	단어를 창작하여 브랜드의 독창성 강조
의성어 사용	브랜드와 관련된 소리를 흉내내거나 떠올리게 하는 단어 사용
외국어 사용	브랜드에 다른 차원의 매력을 더하는 외국어 사용
인명 사용	발명자와 창업자의 이름을 그대로 사용
지명 사용	브랜드의 유래와 역사와 연결된 지명을 사용

로고&심벌 디자인

　정체성을 함축해 가시화한 로고는 카페의 상징과도 같습니다. 콘셉트와 네이밍에 걸맞은 형태를 디자인합니다. 너무 추상적이지 않게 그리고 과한 디자인은 피하는 것이 좋습니다. 고려해야 할 것은 크게

＊　캐서린 슬레이드부루킹(2018). 브랜드 디자인. 홍디자인.

세 가지입니다. 콘셉트, 형태, 정보입니다. 사전에 논의한 콘셉트를 바탕으로 어떤 형태로 만들지 정합니다. 그리고 로고의 상징에 하고자 하는 비즈니스의 핵심가치 core value 를 담습니다. 최근에는 다양한 로고를 만들어주는 대행 서비스가 발달해 있습니다. 심지어 AI를 통해서 만들어 내기도 합니다. 처음부터 완벽한 로고를 만들기 보다는 비즈니스가 발전하면서 로고의 모양도 좀더 세련되게 시대에 어필하는 것으로 바꿀수 있습니다.

톤앤매너(Tone and Manner)와 일관성

본격적인 인테리어 작업에 앞서 톤앤매너를 설정합니다. 브랜드가 표현될 때 일관성을 가지도록 합니다. 색상, 서체의 사용 그리고 분위기 조성을 위해 필요한 요소들이 이에 해당합니다. 색상의 경우 아이덴티티를 나타내는 시그니처 컬러를 고른 후 서브로 2~3개 더 선정하여 사용합니다. 일산에 있는 유명한 에스프레소 바를 방문한적 있

습니다. 바를 방문하자 느껴지는 일관성이 인상적이었습니다. 약한 갈색을 중심으로 강한 갈색, 다홍색이 바의 분위기를 만들어내고 있었습니다. 이탈리아의 바를 콘셉트로 하되 너무 무겁거나 클래식한 느낌을 벗어나 가벼운 클래식함이 느껴졌습니다. 세밀한 기획을 통해서 바의 분위기가 만들어졌다는 것을 느낄 수 있었습니다.

공간

카페의 브랜딩에서 공간이 주는 느낌은 절대적입니다. 인테리어를 포함하여 조명, 향, 소리, 온도, 촉감 등을 미리 설정합니다. 이는 톤앤매너에 맞게 구상합니다. 콘셉트에 맞는 느낌의 장을 짜고, 바를 구성하고, 가구를 배치합니다. 너무 디자인적인 요소만 고민하다 보면 카페에서 일하는 바리스타의 실용성을 놓칠 수 있습니다. 카페 공간에서 먼저 바의 위치를 정하고 충분히 운영하기에 실용적인 공간구조와 동선을 마련하고 이후에 고객공간을 기획하는 것이 좋습니다.

'클래식한 카페의 노련한 점장 느낌'의 캐릭터를 AI에게 만들어달라 해보았습니다.

캐릭터

앞서 브랜딩이 비즈니스를 인격화하는 과정이라고 설명드렸습니다. 이것이 캐릭터로 표현된다고 생각하면 됩니다. 캐릭터는 로고와 심벌의 기능을 하기도 하지만, 다양한 이미지로 변화할 수도 있습니다. 캐릭터는 브랜드 충성도를 높이는 훌륭한 수단이 됩니다.

패키지

카페에서 음료가 주 상품이긴 하지만, 브랜드 경험의 확장을 위해 브랜드 MD 상품부터 드립백 같은 패키지 상품을 만들기도 합니다. 강력한 브랜드일수록 패키지 구매율이 높습니다. 스타벅스를 생각해 보시길 바랍니다. 사람들은 스타벅스 로고가 세겨진 다양한 상품을 구입합니다. 텀블러, 다이어리, 캐리어 등 강력한 브랜드일수록 다양한 베리에이션 상품이 팔립니다.

브랜딩에 대한 다양한 요소를 말씀드렸습니다. 카페를 하나의 인격체로 생각하고 철학을 담고 세계관을 형성해서 그 카페를 방문하는 고객들과 인격적인 관계를 맺기 위함입니다. 위의 요소들이 일관성 있게 고객들에게 어필되면 고객은 카페 브랜드를 대할 때 정서적 유대관계가 생길 것입니다. 그것이 브랜딩의 최종 목표입니다.

브랜딩은 왜(Why)를 찾는 과정

　인테리어를 어떤 색깔로 하고, 어떤 커피머신을 사고, 어떤 메뉴를 할지 결정하는 과정이 무엇What을 결정하는 과정이라면, 브랜딩(브랜드 기획)을 하는 과정은 왜Why를 찾는 과정입니다.

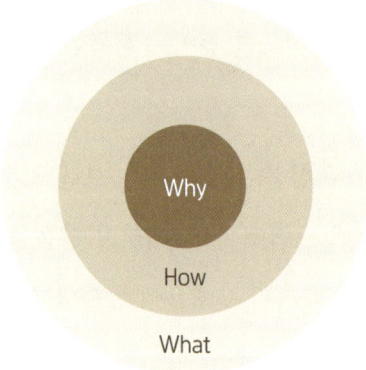

　카페의 자기다움이 고객과 소통하여 공감을 일으키고, 그 카페만이 가지고 있는 독특한 세계관 내지 감성에 매력을 느낀 고객은 그 카

페를 다시 찾게 됩니다. 브랜딩을 기획해서 만들어 낼 수도 있지만, 어떤 형태로든 카페에는 특유의 분위기가 생기기 마련입니다. 그 카페를 운영하는 사장님의 분위기라 해도 과언이 아니죠. 필자가 원두 영업을 하다 만난 한 카페는 브랜딩이란 개념을 생각도 안 하고 오픈한 카페였습니다. 다만 사장님이 음악과 미술을 좋아하다 보니 자신이 즐겨듣는 음악을 틀고 감명받은 음반들을 포스기 앞에 꽂아놓곤 했습니다. 카운터 근처에 좋아하는 작가의 미술작품을 가져다 놓기도 했죠. 종종 콘텐츠가 바뀌는 것을 보고 문득 궁금해졌습니다. 미술 작품의 작가가 누구인지, 지금 틀어놓은 음악은 누구의 음악인지 사장님에게 질문하며 자연스럽게 소통을 하게 되었습니다. 그리고 사장님은 결벽증이 있나 싶을 정도의 깔끔함으로 카페를 운영하는 분이었습니다. 항상 비닐장갑을 끼고 커피를 내리곤 했죠. 이것이 그 카페의 자기다움이 되어서 고객들에게 큰 호응을 얻게 됩니다. 깔끔한 사장님이 엄선한 재료로 대접을 받고, 거기에 음악과 미술의 큐레이션을 받는 기분을 느끼는 것이죠. 필자는 갈때마다 이번에는 어떤 콘텐츠가 있을까? 하고 기대와 설렘을 안곤 합니다. 이 카페는 처음부터 의도를 가지고 기획하지는 않았지만 자연스럽게 자기다움을 잘 표현하였습니다. 이런 분들은 특별히 컨설팅을 받지 않아도 브랜드 아이덴티티가 잘 표현되고 있었습니다. 반면에 독특한 자기다움과 풍성한 정신세계를 가지고 있는 분이 운영하는 카페임에도 그것이 정리되지 않은 톤과 매너로 표현되어 고객이 전혀 느낄 수 없게 되거나, 기획이 없다 보니 결국 그저 그런 카페가 되는 경우도 종종 보았습니다. 브랜드 컨설팅은 이런 분들에게 필요합니다.

이미 카페를 열었는데 다시 내부 공사를 해야 하나요?

카페를 오픈할 때부터 브랜딩 차원에서 좀더 깊게 고민하여 카페를 열었다면 얼마나 좋겠냐마는 그렇지 않은 경우가 대부분입니다. 지금부터라도 브랜딩을 해보려고 하는데 좋은 방법이 없냐고 묻는 카페 고객들을 종종 만납니다. 이런 분들을 위해 그리고 카페들을 컨설팅 하시는 분들을 위해 필요한 팁을 드리겠습니다.

지금 카페에 오는 고객들이 왜 카페에 올까요?

브랜딩은 What(무엇)이 아니라 Why(왜)의 영역이라 했습니다. 고객들이, 특히 단골 고객들이 카페에 자주 오는 이유가 있을 겁니다. 그 이유를 한번 물어보거나 분석해 보길 바랍니다. 고객이 오는 이유가 내가 의도한 Why라면 기획이 성공한 겁니다. 하지만 그렇지 않은 경우도 많습니다. 의도치는 않았지만 어떤 이유로 고객들이 카페에 지속적으로 오고 있다면 그것이 지금 형성되어 있는 카페의 자기다움입니다.

자기다움 잘 구축하기

현재 운영하고 있는 카페의 자기다움이 무엇인지 분석해보시길 바랍니다. 의도되었다면 마케팅 실력자입니다. 하지만 의도치 않았는데 우연치않게 형성된 카페의 자기다움이 있을 수 있습니다. 제가 직접 컨설팅했던 카페 사례들을 공유하며 설명드리겠습니다.

한 카페 주인이 건강과 생태를 중요하게 생각해서 카페 운영을 친환경적으로 했습니다. 직접 만든 재료, 건강한 재료들을 사용하였습니다. 카페 내에 다양한 식물들도 키워서 싱그러운 느낌이었습니다. 자연스럽게 건강을 중요하게 생각하는 동네 어머니들에게 호응을 얻을 수 있었습니다. 그래서 이미 베이스로 되어 있는 자기다움인 친환경을 좀더 강화하여 카페를 브랜딩 하라 했습니다. 다른 카페와의 확실한 차별성을 가질 수 있을 때까지 콘텐츠를 강화하는게 올바른 전략 입니다.

아이들과 함께 와도 넉넉한 마음씨로 대해준 사장님 덕분에 준 키즈카페가 된 카페도 있습니다. 요즘 노키즈존이라고 써져 있는 카페들을 심심치 않게 보는데 사장님은 그런 현상이 싫었답니다. 그래서 아이들과 함께 오는 부모님들을 환영하고 심지어 아이들의 놀거리들도 제공했습니다. 그러면서 고민이 깊어졌습니다. 카페가 소란스러우니 다른 고객 유치가 안되고 그렇다고 콘셉트를 바꿔서 아이를 오지 말라고 할 수도 없는 노릇이었습니다. 그래서 걱정이 많았던 사장님에게 아예 이것을 강점으로 가져가라 조언했습니다. 인테리어를 다시 해서 키즈카페로 만들 수는 없지만, 아이들이 좋아할만한 음료를 추가하고, 아이들과 엄마가 함께 액티비티 할만한 놀이들을 빌릴 수 있도록하고, 카페 마당에는 아이들이 흙장난할 수 있는 공간을 두라고 했습니다. 다만 너무 오랜 시간 머무르지 않도록 시간별 과금 요소와, 아이들도 음료를 마시게 하면서 액티비티에 과금 요소를 두어 공간이 시끄러워 놓칠 수 있는 고객들의 기회비용을 충분히 상쇄할 전략을 세우라 했습니다.

두 사례의 카페가 조언을 할 당시에는 고민이 많았습니다. 두 사장님 다 자신의 콘셉트 때문에 고객들을 놓치고 있는 느낌이 있어서 카페가 가지고 있는 자기다움을 완화하고 다른 콘셉트를 끼워 넣으려고 고민하고 있었습니다. 하지만 그랬다면 필시 이것도 저것도 안 되었을 겁니다. 이미 베이스가 되어있는 자기다움을 강화하고 그것을 통해서 고객을 유치해야 합니다.

브랜드 가이드 만들기

전문적인 브랜딩 업체들의 포트폴리오를 보면 자신들이 했던 브랜드 작업의 가이드가 공유된 경우가 많습니다. 이를 참고하여 전문가는 아니더라도 나름의 가이드를 만들어 보길 바랍니다. 이를 통해 프레임이 생기고 기획이 정교해져 좀더 지속가능한 브랜딩 작업이 될 것입니다.

간단한 내부 정비로 새로운 분위기 만들기

인테리어까지는 아니지만 카페 내부의 해진 벽 페인트를 다시 칠하거나 오래된 메뉴판을 새 디자인으로 바꾸는 사소한 작업으로도 새로운 분위기를 만들 수 있습니다. 또한 조명을 바꾸는 것은 비용을 적게 들이면서 분위기를 바꿀 수 있는 가장 효과적인 방법입니다.

인스타그램 활용하기

개인 카페를 홍보하고 브랜딩하기 가장 좋은 툴은 뭐니뭐니해도 인스타그램입니다. 카페를 운영한다면 반드시 인스타그램 계정을 만들어야 합니다. 카페 내부의 사진, 메뉴 사진, 카페에서 바라본 바깥 풍경 사진, 사장 이야기 등등 소소한 거리들을 꾸준하게 올립니다.

물론 톤앤매너의 일관성을 유지하는 것이 중요합니다. 이런저런 이야기가 잡다하게 올라간 인스타그램은 주목받지 못합니다. 브랜딩을 잘하고 있는 카페의 인스타그램을 들어가 보세요. 어떤 말인지 금방 느낌이 올 겁니다.

    열심히 기획하여 브랜딩했는데 시장에서 반응이 있을 수도 있고 없을 수도 있습니다. 브랜딩을 통해 고객의 감정을 건드리고 좀더 깊은 관계를 맺는 것은 쉬운 일이 아닙니다. 고객의 반응이 없다고 해서 너무 슬퍼하지 마세요. 사실 고객은 카페가 뭔가를 계속 시도하고 있고 지속적으로 변화를 시도한다는 것 자체만으로도 자극을 받습니다. 지속적으로 움직이는 카페는 큰 성공은 보장하지 못하지만 적어도 폐업은 막을 수 있습니다.

카페 마케팅 대행하기

    과거 사람들이 많이 찾아가는 카페는 어디였을까요? 지역사회에서 입소문이 난 카페였습니다. 하지만 지금은 온라인에서 존재감이 높은 카페로 많이 찾아갑니다. 혜화동에서 연극을 보고 카페를 가려는 데이트 코스를 계획하는 커플이 카페를 찾고 있다고 해볼까요? 검색 사이트에서 혜화동 카페를 검색했는데 플레이스 정보 상단에 노출되거나 블로그 리뷰 중 상위 몇 개 안에 들어가는 리뷰가 있다면 고객들은 해당 정보를 바탕으로 카페를 방문하게 됩니다. 인스타그램

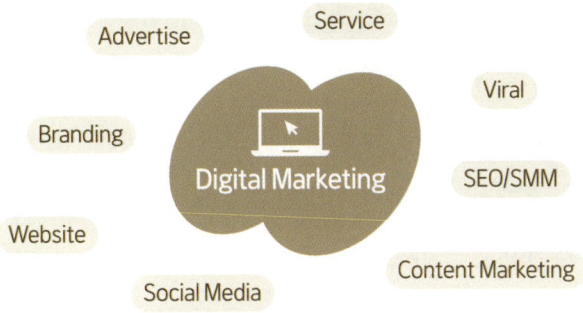

도 강력한 마케팅 도구입니다. 카페 메뉴와 인테리어가 이쁘다면 방문 고객들이 자발적으로 자신의 계정에 사진을 올리고 그 사진을 본 사람들이 카페로 찾아 가는 거죠. 앞서 강조했듯이 요즘 카페를 오픈하게 된다면 인스타 계정을 관리하는 것은 필수입니다. 만약 카페 사장님이 SNS와 친숙한 경우에는 강조하지 않아도 SNS 계정을 만들어 잘 관리합니다. 사진을 찍어 지역사회에 사는 고객들에게 존재감을 알립니다. 인스타에 정기적으로 꾸준히 올리는 것이 중요한데 이는 생각보다 간단치 않습니다. 알맞은 구도로 사진을 찍고 때로는 보정하여 감성적인 글과 함께 업로드해야 하죠. 매일매일 바쁘게 고객을 맞이해야 하는 카페에서 짬을 내어 하기란 쉽지 않습니다. 하더라도 처음부터 고객의 눈을 사로잡는 완성도 있는 콘텐츠를 만드는 것은 어렵고요. 이런 분들을 위해 '소상공인들을 위한 마케팅 대행사'란 이름으로 영업하는 업체들이 있습니다. 인플루언서를 연결하여 카페가 멋지게 소개되도록 하고, 인스타 계정을 대행 운영하며 계약기간

동안 정해진 양의 콘텐츠를 대신하여 올려줍니다. 카페에 방문할 만한 고객들을 골라 팔로잉을 유도하기도 합니다. 사실, 현재 카페를 운영하고 있다면 마케팅 대행사라고 칭하는 전화를 몇 번 받아보았을 겁니다. 혹해서 맡겼다가 실망한 경우도 있고요. 마케팅 대행사라 하면 다 사기꾼으로 인식하는 사장님들도 있습니다. 무리는 아닙니다. 어떤 대행사가 제대로 된 업체인지 알아보기 힘든 점을 이용하여 가뜩이나 절박하고 힘든 소상공인들을 감언이설로 속인 경우가 많습니다. 그래서 이 업계에는 '믿을만한 마케팅 대행 전문가'가 필요합니다.

소상공인 마케팅 대행

주로 온라인에서 기업 또는 가게의 존재를 효과적으로 알리는 작업을 도웁니다. 블로그, 인스타그램, 페이스북, 유튜브와 같이 보편화된 커뮤니케이션 툴을 활용하여 홍보를 돕죠. 지역 이름으로 카페를 검색했을 때 포털 사이트 플레이스 상단에 노출시켜 방문 확률을 높이거나, 인스타 좋아요가 많이 달리도록 하여 지역에 사는 주민들이 볼 확률을 높입니다. 페이스북 광고를 효과적으로 하여 상품 구매로 이어지도록 합니다.

믿을만한 마케팅 대행 업체 구분하기

사실 마케팅 대행사라고 하면 왠만한 카페 사장님들은 이를 갈만큼 전화를 많이 받았을 겁니다. 온라인에 올라온 전화번호를 보고 TM을 하는 마케팅 대행사는 정말 믿을 수 있을까요? 필자는 자신 있게 말할 수 있습니다. TM을 하는 마케팅 대행사는 일단 거르라고요. 그중 정말 실력 있고 진정성 있는 대행사가 있을 수도 있습니다. 하지만 이를 구분하는 것은 어렵죠. 온라인으로 조금만 찾아도 금방 찾을 수 있는 것이 마케팅 대행사입니다. 굳이 전화하는 업체 중 하나를 무작위로 선택할 이유는 하나도 없습니다. 특히 그럴듯한 이름, 마치 유명 포털 사이트 본사인 것처럼 행동하거나 공공기관인 것처럼 이름을 교묘하게 지었다면 십중팔구 꾼이라 보면 됩니다. 한번 생각해 보세요. 마케팅을 대행해주는 업체는 마케팅 전문가인데 TM으로 모객을 하고 있습니다. 이상하지 않나요?

반드시 미팅을 하여야 합니다. 사전에 충분히 알아보고 공부한 후에 미팅하여야 하고요. 카페에 적어도 한 번은 나타나서 현장을 보고 어떤 서비스를 할 것인지 구체적으로 제시하고 어디에 어떤 비용을 청구하는지 제시하는 업체를 선택하길 바랍니다.

계약기간이 길면 안 됩니다. 마케팅 효과가 한두 주 안에 나타나지는 않습니다. 하지만 온라인 마케팅은 2~3개월 안에 효과가 나타나야 합니다. 효과가 나타난다면 그때 다시 계약을 해도 늦지 않습니다.

몇 가지 팁만 잘 지켜도 꾼을 만날 확률을 확 줄일 수 있습니다.

마케팅 대행 비즈니스

마케팅 대행 비즈니스를 직접 해보고 싶은 분을 위한 이야기를 하겠습니다. 마케팅에 전문성이 있는 분들이 적합합니다. 마케팅 분야 중에서도 회사에서 블로그나 인스타그램 같은 마케팅 채널을 담당한 분들이 나와 창업하는 경우가 많습니다. 디자인 전문성이 있는 분들도 온라인 마케팅에 뛰어들기 좋습니다. 사진을 보정하고 이미지 콘텐츠를 창조할 능력이 있는 분들 또한 접근하기 좋죠. 이에 더해 영상 편집 능력이 있으면 금상첨화입니다.

마케팅 대행 비즈니스를 위한 포트폴리오

시장에 처음 진입하는 초보 사업자가 처음부터 포트폴리오가 있기는 어렵습니다. 그나마 마케팅 대행사에서 일했거나 한 회사의 온라인 마케터로 활동했다면 그것을 기반으로 고객에게 레퍼런스를 보여줄 수 있죠. 그렇지 않다면 사업하기 전에 먼저 포트폴리오 만드는 활동을 먼저 시작하라 말씀드립니다. 개인 블로그와 인스타그램을 잘 운영하여 인플루언서로서 경험을 갖거나 맛집 가게들의 리뷰들을 상위 노출로 만든 경험들을 잘 활용하여 작은 비즈니스 기회들을 만들어 보세요. 저렴한 견적으로 프로젝트를 시작하라 조언 드립니다.

포트폴리오들이 하나씩 쌓여가고 자신감도 생겼다면 잘 구성하여 전문가와 클라이언트를 연결해주는 플랫폼에 등록해 보길 바랍니다. 카페 사장님들이 들을만한 교육 프로그램을 기획하여 운영하면서 자신의 전문성을 어필하면 자연스럽게 영업으로 연결될 수 있습니다. 원두 영업 같이 컨설팅 외에 지속적 수익이 나오는 아이템과 함께 영업하면 수익이 극대화될 것입니다.

국가에서 지원하는 프로그램을 이용해보길 바랍니다. 소상공인진흥공단에서는 매년 전문가들을 모집하여 컨설팅을 연결해 줍니다. 보통 회차당 30만 원의 컨설팅 비용이 지급됩니다. 이 외에도 거주하는 지역의 지자체에서 소상공인 지원을 위한 컨설턴트 모집이 없는지 관심 갖고 보길 바랍니다.

카페만큼 다양한 모습으로 존재하는 단일 아이템은 없을 겁니다. 그만큼 카페라는 공간이 자기다움을 표현하기 좋은 매체라는 말입니다. 요식업 중에서 확실히 카페가 브랜딩과 마케팅적 전략이 가장 많이 필요하고 유효한 업종입니다. 브랜딩은 사실 카페가 오픈되기 전 기획 작업부터 함께 들어가는 것이 적절합니다. 이미 다 만들어진 카페는 브랜딩할 여지가 크지 않습니다. 좀더 멋지고 오래도록 지속가능한 카페를 원하시나요? 브랜딩의 관점으로 생각하는 방법을 고민하고 연구하길 바랍니다.

NO.6
카페 오픈 컨설팅

인테리어 및 메뉴 기획 · 카페 기기 소싱

카페를 오픈하려면
어떻게 해야 하나요?

　카페를 오픈할 때 필요한 인테리어, 커피머신 기기를 소싱하는 방법에 대한 실무적인 비즈니스를 이야기하려 합니다. 상권 분석이 끝나고 공간이 정해지면 인테리어부터 시작해 하나씩 채워 나가야 합니다. 여기서 많은 사장님들이 흔히 하는 실수가 있습니다. 대부분의 사장님들은 인테리어 업체 따로, 기자재 소싱 업체를 따로 계약합니다. 인테리어 업체가 카페 경험이 많은 곳이라면 카페 동선, 물 공급라인, 전기라인 등을 사전에 잘 고려하여 공사해 놓지만 그렇지 않은 경우가 많습니다. 이미 인테리어를 다 마치고 바Bar를 짜 놓은 상태에서 에스프레소 머신을 두려면 바를 다시 뜯어내거나, 전기공사를 다시 하는 등의 추가 비용이 들어가는 경우가 허다합니다. 따라서 가급적이면 카페 공간 인테리어와 커피머신 소싱까지 토탈로 하는 업체를 섭외하거나, 그렇지 않다면 인테리어를 시작하기 전에 카페 바 구성을 할 수 있도록 두 업체 간 소통을 충분히 조율해야 합니다. 여러분은 어떤 순서대로 카페 오픈을 준비해야 한다고 생각하나요? 혹시 인테리어 기획 ⇒ 커피머신 등 기자재 선택 ⇒ 메뉴 기획으로 생각하고 있나요? 그렇지 않습니다. 여러분이 생각한 반대로 진행해야 합니다.

이 순서로 가야 합니다. 주어진 상권에서 무엇을 팔아야 할지 먼저 기획해야 합니다. 메뉴를 무엇으로 선택하는지에 따라 기자재 종류와 숫자가 달라지기 때문입니다. 그 후 메뉴에 따라 적절한 머신 종류를 선택합니다. 그 다음으로는 머신을 어디에 비치할 것인지 정하고, 이에 따라 전기와 물 공급라인을 정해야 합니다. 마지막으로 카페의 전반적인 인테리어를 고민합니다. 실제로 카페 외부와 내부는 세련되고 멋있는데, 바 내부 동선이 효율적이지 않아 바리스타들이 힘들어하는 카페가 꽤나 많기 때문입니다. 자, 이제 카페의 메뉴 기획부터 인테리어까지 컨설팅 수주를 했다고 가정하고, 실무에 필요한 이야기들을 해 보도록 하겠습니다.

어떤 메뉴를 기획해야 하나요?

카페를 오픈하려는 상권이 어떤 종류의 상권인지 파악해야 합니다. 카페 상권은 크게 4가지로 나뉩니다.

주택가 카페

카페의 주된 손님은 지역사회에 거주하는 사람입니다. 카페에 찾아오는 지역주민들에게는 편하게 앉아서 떠들 수 있는 아늑한 공간이 중요합니다. 시각적으로 예쁜 음료는 주부들에게 어필할 수 있습니다. 주택가 카페 매출을 극대화하는 방법은 사이드 메뉴를 잘 개발하여 객단가를 높이고, 한 번 온 고객이 집에서도 다시 주문할 수 있도록 배달 어플을 적극 활용하는 것입니다.

주택가형 카페는 그곳만의 시그니처라 할 수 있을 만한 필살기 메뉴가 필요합니다. 비주얼이 예쁘고 이름도 재미있으면 더 좋겠지요.

오피스 카페

가성비가 중요한 카페입니다. 오피스 카페는 직장인들이 출근할 때, 점심시간 이후 등 러쉬 타임이 있습니다. 따라서 러쉬 타임에 고객이 기다리지 않도록 빠르게 서빙하는 것이 중요합니다. 그래서 바 동선이 효율적이어야 하죠. 또한 카페 인테리어만큼 익스테리어Exterior가 중요합니다. 직장인들이 삼삼오오 모여 편하게 이야기할 수 있는 편안한 공간은 물론, 한 번 온 고객이 다시 올 수 있도록 CRM(고객관계관리) 전략을 잘 구축해야 합니다.

오피스 카페의 메뉴는 기본에 충실하되, 가성비가 좋아야 합니다.

대학가 카페

대학가 카페는 카공족(카페에서 공부하는 사람)을 위한 곳입니다. 카페가 도서관을 대신한다고 보면 되는데요. 삼삼오오 모이기 좋은 공간보다는 한 사람씩 앉아 책을 펴고 앉아서 공부할 수 있도록 공간을 배려해야 합니다. 커피는 비싸지 않되 한 사람이 너무 오래 앉아 있지 않도록 적당히 알람을 줄 수 있으면 좋습니다.

대학가 카페의 메뉴는 식사 대용으로 먹을 수 있는 베이커리, 샌드위치류가 갖추어져 있으면 좋습니다.

관광지형 카페

카페 자체가 관광지가 되는 경우입니다. 자본력 있는 사업가들이 외곽의 한적한 시골 동네나 강가 혹은 경치가 좋은 곳에 카페를 오픈합니다. 이 같은 카페는 SNS를 활용한 바이럴 마케팅 수단을 사용합니다. 그래서 사진 찍기 좋은 분위기와 예쁘고 화려한 비주얼이 중요하며, 커피 가격은 다소 비싸도 괜찮습니다. SNS를 통해 확산되는 특징이 있다 보니 곳곳에 포토 스팟을 만들어두면 좋습니다.

관광지형 카페의 메뉴는 잔, 트레이 등등 보이는 요소에도 신경을 많이 써야 합니다. 음료는 달도록 크림이나 당류를 듬뿍 넣습니다. 보통은 음료보단 베이커리 중심의 카페들이 많습니다.

어떤 머신을 골라야 하나요?

여러분이 카페를 열기 위해 컨설팅을 요청했다고 가정하고 이야기를 이어가겠습니다. 여러분이 여의도 오피스촌 한 가운데 공간을 임대했습니다. 10평 남짓의 카페입니다. 기본적인 메뉴인 아메리카노, 라떼, 바닐라 라떼, 카페 모카 등의 에스프레소 기반의 메뉴들, 그리고 녹차라떼, 고구마라떼 등 파우더를 활용한 라떼류, 얼그레이, 페퍼민트 등 허브티 종류 등은 그대로 진행하기로 했습니다. 우리 카페만의 특색을 살리기 위해 여름 시즌용 스무디 음료에 진심을 다해보기로 결정했습니다. 스트레스가 많은 오피스에서 달달하고 향긋한 음료를 마시면서 조금이라도 위안이 되고자 합니다. 또한 아침에 식사를 하지 못하고 오는 직장인을 위해 건강한 착즙 주스를 런칭해보기로 했습니다.

카페 콘셉트 정리

상권: 오피스 상권

공간: 10평, 소테이블 3개, 벽붙이 의자, 테이블용 의자 최대 5개, 10명 좌석, 테이크 아웃 음료 중심의 카페

메뉴: 기본 메뉴 + 스무디 + 착즙 주스

에스프레소 머신

오피스형 카페이다 보니 러쉬가 있을 것을 예상하여 3그룹 에스프레소 머신을 구입하기로 합니다. 그룹gr은 포터필터를 꽂을 수 있는 그룹헤드를 말합니다. 2그룹은 2개의 그룹헤드가 있는 머신, 3그룹은 3개의 그룹헤드가 있는 머신을 말합니다.

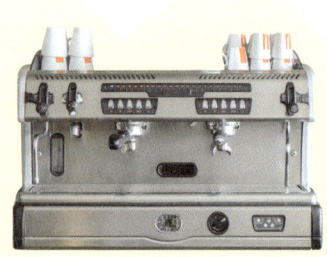 

2그룹 에스프레소 머신   3그룹 에스프레소 머신

2그룹보다는 3그룹 머신이 빠르게 에스프레소를 추출할 수 있습니다. 대부분의 카페는 2그룹 머신으로 충분히 서비스할 수 있습니다. 많이 바쁜 카페의 경우 3그룹 머신 한 대를 두는 것보다 2그룹 2대를 두는 것이 더 효과적일 수 있습니다.

그라인더

그라인더는 2대를 두기로 했습니다. 디카페인 원두 수요가 있을 수도 있고, 아메리카노용 원두와 라떼용 원두를 다른 걸 쓸 생각도 있습니다.

레버를 당겨서 도징하는 저렴한 수동 머신이 있고, 세팅 양만큼 자동으로 나오는 자동 머신이 있습니다. 가급적이면 자동 머신을 구입하는 것을 추천드립니다. 수동 머신은 포터필터에 담기는 원두의 양이 시시때때로 달라질 수 있으며 상대적으로 로스가 많아질 수밖에 없습니다. 일 년 동안 발생한 로스 양을 생각한다면, 좀 더 비싸지만 전자동 그라인더를 사는 것이 더 경제적입니다.

수동 그라인더

자동 그라인더

온수 디스펜서

버튼을 누르면 물량이 자동으로 설정되어 나오는 자동 온수 디스펜서를 두어야 1초라도 시간을 아낄 수 있습니다.

크게 레버형, 버튼형이 있습니다. 레버형은 물이 담길 때 사람이

온수 디스펜서
자료: wise-kitchen

계속 잡고 있어야 합니다. 그리고 물량을 사람이 측정합니다. 그만큼 오차가 생길 수 있고 시간이 소요됩니다. 그래서 바쁜 카페에서는 버튼형을 사용하는 것이 좀 더 효과적입니다.

제빙기

스무디 메뉴에 힘을 쓰기로 했기 때문에 여름에 얼음 사용량이 많을 것으로 예상합니다. 제빙기 용량은 최소한 100kg이상 급으로 두기로 결정했습니다.

보통은 50~75kg 용량 한 대를 두고 영업합니다. 하지만 여름에 스무디처럼 얼음이 많이 들어가는 음료를 많이 팔 계획이라면 용량이 충분해야 합니다. 얼음이 금방 떨어져서 근처 얼음 가게에 얼음을 주문하는 일이 발생할 수 있습니다.

냉장/냉동고

베이커리를 오븐에 구워 나가는 경우 냉동고 공간이 많이 필요합니다. 하지만 사이드 메뉴보다는 음료가 주 메뉴이므로 1.5m 냉장/냉동고 테이블형 한 대와 냉장고 1.5m 한 대, 이렇게 2대를 운영하려 합니다. 상대적으로 냉장고 공간을 넓혀 과일이나 채소 등을 착즙

하기 위한 보관 장소를 확보합니다.

　냉장고는 우유, 스무디용 크러쉬, 과일 등을 보관하기 위해 있어야 합니다. 냉동고는 냉동보관이 필요한 베이커리 재료, 아이스크림 등을 보관하기 위해 있어야 합니다. 어떤 메뉴를 하느냐에 따라 공간 배분이 필요합니다. 카페에서는 보통 테이블 냉장고(길게 누워있는 형태)를 사용하지만 때에 따라서는 스탠드 냉장고를 사용할 때도 있습니다.

테이블 냉장고
자료: avinox

블렌더

　스무디 음료를 만들기 위해서는 블렌더가 필요합니다. 여름에 스무디로 승부를 봐야 하기에 최소 2대를 구입하기로 합니다. 그리고 블렌더 보울(재료를 넣고 블렌더에 끼는 통) 3개를 더 구입하여 바쁠 때 더 효율적으로 일하도록 합니다.

업소 블렌더와 보울

예산을 아낀다고 가정용 블렌더를 구입하면 낭패를 볼 수 있습니다. 스무디나 생과일 주스 메뉴 비중이 여름에 크다면 블렌더 기기와 보울을 여유 있게 가지고 있어야 합니다.

전자레인지/오븐

기획하고 있는 카페는 음료가 주력인 매장입니다. 베이커리는 최소화하여 전자레인지만 구입하도록 하겠습니다.

오븐   전자레인지

베이커리 메뉴를 어디서부터 어디까지 할 것인지에 따라 둘 다 구입할 것인지, 오븐은 구입하지 않을 것인지 결정합니다. 전자레인지는 완성된 형태의 냉동 베이커리를 받아서 판매 직전에 데우는 역할을 합니다. 오븐은 밀가루 반죽 형태의 빵을 굽는 역할을 합니다. 베이커리 전문점에서 직접 구워 나온 퀄리티를 최대한 재현해냅니다. 베이커리형 카페를 운영하려면 큰 오븐이 필요하고 발효기까지 필요합니다.

쇼케이스

착즙 주스를 보관하면서 동시에 고객들에게 보여야 하기 때문에 쇼케이스가 필요합니다.

쇼케이스가 꼭 있을 필요는 없습니다. 다만 진열이 필요한 메뉴들이 있는 경우는 쇼케이스가 필요합니다. 큰 쇼케이스의 경우 바 삽입형으로 들어가는 경우가 많습니다.

포스기 / 키오스크

결제를 위한 머신입니다. 초반에 비용을 좀 들여, 키오스크를 설치하고 인건비를 아끼는 방법이 있으며, 고객과 소통하면서 결제하기 위해 포스기를 설치하는 방법도 있습니다.

요즘은 현금 결제가 거의 없어 패드에서 고객이 메뉴를 선택하고 심플한 카드 결제기만 놓고 결제하는 카페들도 많습니다. 그리고 포스기보다는 비싸지만 고객이 직접 주문하고 결제하는 키오스크 설치도 많이 늘었습니다. 확실히 인건비를 줄이는 효과가 있습니다.

여기까지가 기본적인 카페 기자재 리스트입니다. 사이즈나 어떤 브랜드의 기계를 살 것인지는 별도로 고려해야 합니다.

기타 기자재

이 카페에서는 착즙 주스를 시그니처로 하고자 하는 의도가 있습니다. 여기에 착즙기를 추가합니다.

메뉴 추가로 인한 기기 추가가 있을 수 있습니다. 착즙 주스를 위해서는 착즙기, 빙수 메뉴를 위해서는 빙삭기, 와플 베이커리를 위해서는 와플 기계, 아이스크림 제조를 위해서는 아이스크림 제조기 등을 추가해야 합니다. 이는 기획하고 있는 카페 메뉴에 따라 구입하면 됩니다.

추가로 운영의 편의성을 고려해 구입하게 되는 기기들이 있습니다. 탬핑을 쉽게 하기 위한 오토 탬퍼, 식기세척기, 컵 건조기 등이 그렇습니다.

커피머신 기자재들은 어디서 소싱하나요?

에스프레소 머신의 경우 대부분 해외에서 제조됩니다. 주로 이탈리아에서 생산되며, 최근에는 국산 머신들도 출시하여 기술력을 경쟁하고 있습니다. 국산 머신은 머신 제조사에 연락하여 도매가 견적을 받으면 되고, 이탈리아산 머신은 한국에서 해당 브랜드 총판에 연락하여 도매가 견적을 받으면 됩니다. 그라인더까지는 이렇게 소싱할 수 있지만 냉장고, 제빙기 등의 제반 기기는 제조사와 총판이 달라요. 하지만 에스프레소 머신 업체를 통해 기기 소싱이 가능합니다. 사실 여기도 협력하는 주방업체를 통해 매입하여 다시 카페 업자에 파는 방식입니다. 그러니 각각의 기물을 최저가로 소싱할 수 있는 제조사와 유통사를 알고 있다면 따로 가져오는 것이 예산을 아낄 수 있습니다. 하지만 이럴 경우 모든 기기를 직접 설치해야 하는 부담이 있겠죠? 이는 추후 사업이 익숙해질 때 하는 것이 좋습니다. 보통은 에스프레소 머신 업체에 통으로 소싱을 맡기고 설치까지 의뢰합니다. 아니면 반대로 카페용 기기를 전문으로 유통하는 업자들이 있습니다. 온라인에 다양한 카페용 기기들을 올려놓고 판매하는 사업자들이 그런 종류의 업체들이라 생각하시면 됩니다. 이분들에게 통으로 소싱을 문의하는 것도 방법입니다. 여러 군데에서 비교 견적을 받아 저렴하고 안정적이고 서비스가 좋은 곳을 잘 선택하여 머신을 소싱하면 됩니다. 한 군데나 두어 군데 소싱 업체를 정해서 견적을 받습니다. 그리고 여기에 마진을 붙여서 카페에 공급하는 것이 커피머신 기자재 소싱 비즈니스 모델입니다.

위에서 가정한 내용을 가지고 좀 더 실무적인 부분을 짚어보도록 하겠습니다.

견적서

견적서를 만들어 보도록 하겠습니다. 아래에 있는 견적은 여러분, 즉 카페 오픈 컨설팅을 하는 사업자가 카페 오픈을 준비하는 사장님에게 전달하는 견적서입니다.

다음 견적은 어디까지나 가상입니다. 위에서 말한 카페의 사례를 바탕으로 작성했습니다. 그리고 견적서에 추가로 카페에서 사용하는 컵, 트레이, 의자 테이블과 같은 가구류 등이 포함될 수 있습니다.

	구분	스펙/대수	공급가	부가세	합계
1	에스프레소 머신	3그룹 전력 5kW 사이즈 970×600×500	7,000,000원	700,000원	7,700,000원
2	그라인더	전자동 2대 전력 420W 사이즈 195×370×575	4,000,000원	400,000원	4,400,000원
3	온수 디스펜서	냉온수자동 듀얼 온수용량 14L 소모전력 2.5kW 사이즈 220×600×430	1,500,000원	150,000원	1,650,000원
4	수냉식 제빙기	생산량 100kg 소모전력 700W 사이즈 515×620×835	1,500,000원	150,000원	1,650,000원
5	테이블 냉장고	직냉식 2도어 소모전력 300W 사이즈 1500×700×840	900,000원	90,000원	990,000원
6	테이블 냉장/냉동고	직냉식 2도어 소모전력 300w 사이즈 1500×700×840	900,000원	90,000원	990,000원
7	블렌더	2대 소모전력 500W 사이즈 240×225×460	1,200,000원	120,000원	1,320,000원
8	전자레인지	소모전력 1kW 사이즈 500×390×300	200,000원	20,000원	220,000원
9	쇼케이스	소모전력 300W 사이즈 900×650×1200	1,250,000원	125,000원	1,375,000원
10	포스	소모전력 300W 사이즈 400×340×270	500,000원	50,000원	550,000원
11	정수필터	제빙기용 1개, 에스프레소 머신용 1개	200,000원	20,000원	220,000원
총합					21,065,000원

이는 컨설팅의 범위에 따라 달라지며, 기기의 브랜드와 스펙에 따라 상이한 견적이 나올 수 있습니다. 소모전력은 바에서 사용하는 전기 총용량을 예측하고, 머신 크기는 바 공간에 들어가는지 예측하기 위

해 명시합니다. 카페에서 사용하려는 총 소모전력이 해당 공간의 총 전력량을 넘어버리면 영업 도중에 전기가 떨어지는 일이 생길 수 있습니다. 그러므로 안정적인 카페 운영을 위해서는 넉넉하게 전기용량이 배분되어 있는지 확인해야 하며, 입고하고자 하는 기기 총용량의 공간용량보다 많으면 전기증설 공사를 해야 합니다. 그리고 각 머신들의 사이즈를 기입해 놓았는데요. 카페 바에 머신 기기가 들어갈 수 있는지 확인해야 합니다. 카페 바 공사를 마치고 머신을 입고하려는데 공간에 들어가지 않아 가구를 자르고 뜯어내는 공사를 해야 하거나 머신을 교체하는 경우들이 발생할 수 있기 때문입니다. 인테리어를 직접하는 경우에는 기기들 사이즈에 맞춰 잘 디자인해야 합니다. 인테리어는 다른 업자가 진행하고 머신 소싱만 하신다면 인테리어 업자와 지속적인 소통을 통해 바 공간 사이즈, 전기용량에 대한 부분을 확인해야 합니다. 알아서 잘하리라 생각하고 방관하면 낭패를 볼 수 있습니다. 공사가 끝난 다음에는 책임 소지도 불명확하고 인테리어 업자 입장에서는 비용이 추가되는 상황이기 때문에 협조가 어려울 수 있습니다.

    부가세를 포함하여 2천백여 만 원의 매출이 발생하는 견적을 내보았습니다. 그렇다면 나에게 떨어지는 마진은 어느 정도 될까요? 저는 10~30% 정도가 적당한 것 같습니다. 사업자가 협상력이 좋아 머신 공급처에서 더 저렴하게 받을 경우 머신 소싱으로 끝나지 않고,

추후 지속적인 관리를 통해 카페와 관계하면 마진은 더 올라갈 수 있습니다. 요즘에는 머신 스펙을 검색하면 가격이 바로 공개되기 때문에 터무니없는 견적으로 고객을 속여서는 안 되겠지요. 동시에 견적을 제안했을 때 각 머신 스펙마다 인터넷으로 검색하여 가격을 깎아 달라고 요청하는 카페 사장님이 있을 수 있습니다. 난감한 상황이지만 잘 설명해야 합니다. 인터넷에 최저가로 올렸다가 막상 머신을 설치하면 설치비를 받는 사례도 많고, 머신만 소싱 후에 AS가 안 되는 경우도 허다합니다. 이처럼 납득할 만한 상황을 잘 설명해야 합니다.

바 기물 비치 전 확인사항은 이렇습니다

평면도와 입면도 확인

인테리어는 외부업체에 맡기고 바에 커피머신 기기만 소싱할 경우 공간에 대한 평면도는 인테리어 업자가 가지고 있을 겁니다. 앞서 말씀드렸듯이 바 공사가 들어가기 전에 평면도를 확인해야 합니다. 머신 사이즈가 맞는지, 그리고 카페 운영상 동선이 효율적인지도 체크해야 합니다. 대개 바의 평면도와 입면도는 커피머신을 소싱하려는 여러분이 직접 그려 주는 게 좋습니다. 그러면 인테리어 업자가 이를 전체 평면도에 반영하여 제작할 것입니다.

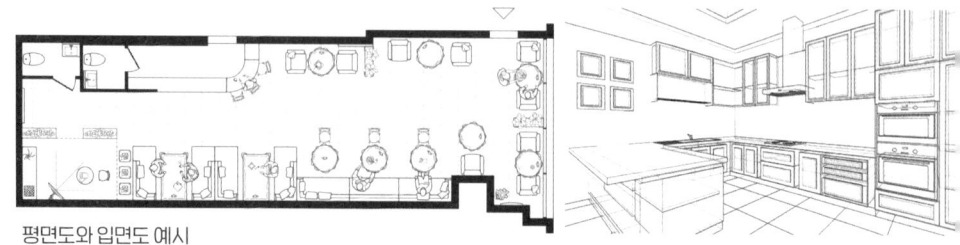

평면도와 입면도 예시

전기 체크

설치할 머신들의 최대 전압을 합하여 총 얼마인지 계산해 봅니다. 전력 소모가 가장 많은 머신은 에스프레소 머신인데요. 일반적으로 5kW는 넘는다고 생각하시면 됩니다. 이는 머신 스펙에 자세히 나와 있으니 분전함을 체크하여 전기증설이 필요한지 확인해야 합니다. 원래 한전과 계약된 전력용량kW을 늘리는 공사를 전기증설이라고 합니다. 에스프레소 머신의 경우 단상 220V 인지 삼상 380V 인지 확인해야 합니다. 만약 에스프레소 머신이 삼상 380V인데 분전함이 220V 단상이면 전기증설 공사가 필요합니다. 한국은 대부분 단상이라 생각하셔도 무방합니다. 전기 공사는 전기 자격증이 있는 전문가를 불러 맡기면 됩니다. 플러그만 꽂는 방식으로 전원을 연결하는 머신도 있지만 아직 대부분은 3선이나 5선을 직접 연결하는 방식으로 전원을 연결합니다. 배워두면 크게 어렵지 않지만 잘 몰라도 전기 기사님의 도움을 받으면 됩니다.

급수, 배수라인 체크

　기존에 식당이나 카페를 운영하던 장소라면 이미 급배수라인이 잘 구비되었을 겁니다. 하지만 그렇지 않을 경우 추가 급배수라인 공사를 진행해야 할 수도 있습니다. 라인을 매립하면 공사 비용이 증가합니다.

　급배수라인이 있는 곳을 중심으로 싱크대를 설정하고 나머지 공간 기획을 하는 게 일반적인데요. 상가 공간은 싱크대를 위한 급배수가 기본 설정되어 있는 게 대부분이기 때문에 급배수라인은 보통 가까이 있습니다. 이 급배수라인 세트가 한 군데라면 약간 고민이 필요합니다. 싱크를 설치하면서 그 라인으로 모두 연결하는 게 가능한지 시뮬레이션을 돌려봐야 하는데요. 높은 매출을 기대하는 카페가 급배수라인을 하나로 쓰는 것은 무리입니다. 이를 간과하면 싱크 물을 쓸 때 디스펜서에서 물이 졸졸 나오거나, 에스프레소 머신에서 수압이 약해지는 등의 문제가 생길 수 있습니다. 이럴 경우 예산을 들여 급배수라인을 증설하는 것을 추천드립니다.

바 기물 비치 및 동선 기획

　급배수라인을 중심으로 기물 비치를 1차적으로 하되 동선의 효율성을 생각해야 합니다. 에스프레소 머신과 제빙기가 멀면 여름에 아이스 아메리카노 판매 시 움직임이 많아집니다. 그러므로 에스프레소 머신과 냉장고/제빙기는 가급적 가까운 데 있어야 하겠지요. 제빙기는 얼음 이동, 냉장고는 우유 이동을 위해서입니다.

커피머신 오른쪽은 그라인더, 왼쪽은 온수 디스펜서로, 그리고 온수 디스펜서 왼쪽은 픽업대로 동선을 기획하는 게 좋습니다. 대부분의 바리스타들이 오른손잡이이기 때문에 그라인더 도징, 에스프레소 추출, 온수와 냉수 공급, 음료 제조, 고객 픽업 이 순으로 오른쪽에서 왼쪽으로 움직이도록 기획하는 것이 효율적입니다. 사정상 오른쪽 끝이 픽업대라면 왼쪽에서 오른쪽으로 움직이도록 하는 것이 좋아요.

바 근무자의 동선도 중요하지만 고객 동선도 중요합니다. 고객이 카페 안으로 들어왔을 때 장애물 없이 주문대까지 올 수 있도록 하는 것, 주문을 기다리게 될 경우 자연스럽게 쇼케이스를 지나치도록 하여 추가 구매가 이루어지도록 유도하는 것 등을 신경 써야 합니다.

카페 가구 비치

고객이 앉아서 커피를 마시며 쉬는 공간을 기획합니다. 사장 입장에서는 최대한 많은 고객이 앉을 수 있도록 빽빽이 의자와 테이블을 비치하고 싶겠지만 개인 공간이 보장되지 않는 카페에 앉아서 쉴 고객은 없습니다. 고객 입장에서는 사적인 대화와 활동이 보호되는 적당한 거리가 필요합니다. 카페 콘셉트에 따라 가구 종류와 크기도 달라지는데요. 대학생들이 많은 카페는 카공족을 위한 책상형 테이블, 그리고 노트북과 휴대폰을 충전할 수 있도록 전기 소켓을 많이 설치하는 게 중요합니다. 오피스 카페는 삼삼오오 모여 앉을 수 있는 4인용 테이블, 주택형 카페는 주부들이 편히 수다를 떨 수 있는 편안한 의자와 테이블이 필요합니다.

인테리어는 어떻게 기획해야 할까요?

카페 인테리어 유형과 방법은 천차만별입니다. 머신 소싱과 다르게 뭔가 매뉴얼을 구성하기는 어려운 부분입니다. 다만 제가 이 책에서 전하고자 하는 것은 인테리어 관련 일을 접해보지 않았지만 전문 업체를 섭외하여 카페 오픈 컨설팅을 진행하고자 하는 사람들 대상으로 하는 정보입니다. 이 같은 상황을 고려하여 일을 어떤 식으로 진행할 수 있는지 아웃라인을 드리고, 협력하기 쉬운 방법을 알려드리려고 합니다.

인테리어 공사 분류

인테리어 공사는 크게 3가지 유형으로 분류할 수 있습니다. 턴키 공사, 직영 공사, 셀프 공사입니다. 턴키 공사는 한 업체를 섭외하여 모든 것을 맡기는 형태의 공사입니다. 직영 공사는 철거, 설비, 목공, 전기, 미장, 도장, 타일, 자재 등의 인테리어 카테고리 기술자들을 직접 섭외하여 진행하는 공사입니다. 셀프 공사는 말 그대로 자재를 사는 것 말고는 모든 공사를 직접 하는 것을 말합니다.

자신의 개인 카페 인테리어를 맡기는 사람들은 대부분 턴키 공사 형식으로 하나의 업체에 의뢰합니다. 하지만 이 책을 읽은 분들이라면 턴키에서 직영으로 조금씩 전환하는 형태로 마진율을 높이고자 할 것입니다. 만약 여러분이 디자인에 감각이 있고 전문성이 있다면, 카페를 브랜딩 하는 수준까지 생각해도 됩니다. 그렇지 않다면 프리랜서 디자이너를 섭외하여 카페 인테리어 건이 있을 때마다 협의하는 것도 방법이 될 수 있겠죠. 여기서 업체는 디자인 업체와 시공 업체로 나뉘는데요. 카페 창업자가 원하는 바를 콘셉트로 구현하고 디자인을 구상하여 트렌드에 맞게 제안하는 업체는 디자인 업체에 가깝습니다. 업체 대표가 디자이너 출신인 경우가 많죠. 상대적으로 설계 기간이 길고, 디자인안이 변경될 수도 있습니다. 그러다 보니 비용도 더 비싼 편이고요. 반면 시공 업체는 대표가 엔지니어나 건설업 출신인 경우가 많습니다. 설계 기간도 짧고 비용도 비교적 저렴합니다. 확 눈에 띄는 카페 공간을 만들기 보다는 업체에서 운영하는 포트폴리오 스타일 중 골라서 인테리어를 진행합니다.

구분	시공 업체	디자인 업체
업무 범위	포트폴리오 중 고객이 선택하는 인테리어안으로 시공 진행	인테리어 시공을 디자인(브랜딩) 관점으로 진행
장점	설계 간이 짧고 비용이 상대적으로 저렴함	카페 브랜딩 관점으로 디자인하기 때문에 아이덴티티가 드러남
단점	인테리어가 다른 카페와 크게 다르지 않다는 느낌이 들 수 있음	설계 기간이 길고 비용이 상대적으로 비쌈

공사항목

공사는 기본 공사와 별도 공사로 나뉩니다. 기본 공사는 인테리어 업자가 진행하는 공사를 말합니다. 별도 공사는 공간 구성을 위해 필요한 절차인데요. 보통 의뢰한 사업자가 별도 섭외하여 진행해야 하는 공사를 말합니다. 카페 인테리어 사례를 중심으로 간단히 정리해 봤습니다.

기본 공사	
설비	배수 공사, 배관 공사
전기	배관/배선 작업, 콘센트, 스위치, 분전함 신설
목공	외부 가설공사, 내부 천장 마감, 내부 벽면 마감
금속&유리	파티션, 도어, 선반, 메뉴판, 창문
도장	내·외부 페인트
타일	벽체, 바닥 타일
가구	바(Bar)구성, 붙박이 가구, 싱크장, 수납장
조명	기본조명, 레일등
청소	준공 청소
별도 공사	
철거	철거, 폐기물 처리
외부	실내·외 사인물, 간판
냉·난방	냉·난방기 설치
이동식 가구	의자, 테이블, 기타 소품

이 외에도 전기 승압 공사, 세면기나 변기 설치, 소방 공사 등 현장 상황에 따라 공사 진행 여부가 결정되는 요소도 있습니다.

비용

인테리어 비용은 평당으로 계산합니다. 저렴하게는 평당 150만 원부터 300만 원이 넘는 비용으로 진행하기도 합니다. 20평일 경우 3,000만 원에서 6,000만 원 까지도 견적이 오갑니다. 디자인적 요소와 어떤 자재를 사용하는지에 따라 달라집니다.

섭외 방법

턴키 공사로 진행할 경우, 포트폴리오와 몇몇 업체의 견적을 받을 수 있는 플랫폼이 있습니다. '집닥' 같은 온라인 플랫폼이 대표적입니다. 기술자들을 섭외하여 직접 인테리어를 진행하고 싶다면 '숨고'나 '인기통(네이버 카페)'에서 정보를 얻을 수 있습니다.

카페 인테리어 과정을 따라해볼까요?*

인테리어 시공을 직접 하는 상황, 즉 직영 공사를 하는 상황이 되었을 때를 고려하여 참고하실 수 있도록 간략한 순서와 과정을 나열해보겠습니다. 인테리어 전과정을 간략하게 훑어보고 각각 어떤 요소들이 필요하게 될지 파악해볼까요?

설계

설계 도면을 그리는 일입니다. 이를 위해 가장 먼저 할 일은 공간

---

* 이민(2022). 작은 가게 인테리어 싸게 하기. 푸른e미디어. 238~275p.

을 실측하는 일입니다. 줄자만 있으면 가능한데요. 실측 공간을 바탕으로 평면도를 그립니다. 공간을 위 혹은 아래에서 바라보는 관점에 따라 그려진 도면입니다. 바닥과 천장 두 종류가 있습니다. 그리고 입면도라는 것도 있는데요. 이는 서있는 사람의 시선에서 보는 도면입니다. 최소 4장이 만들어집니다. 4면의 벽, 그리고 간판이 있는 익스테리어 부분, 공간이 카페바나 파티션으로 나뉘어 있다면 이 부분까지 몇 장 더 필요합니다.

견적 산출

설계를 통해 사용해야 할 자재, 가구, 공사의 규모 등이 정해집니다. 여기에 공사를 진행할 인부의 인건비를 더합니다. 이에 따라 견적을 산출합니다.

철거와 청소

남겨놓고 다시 쓸 것이 아니라면 뜯어내고 부숩니다. 그리고 폐자재들을 버리고 청소합니다.

보수 및 보양 작업

철거 작업 후 벽이나 천장의 균열을 보수합니다. 새롭게 구성될 바의 위치에 상하수도가 부족하다면 공사합니다. 상하수도는 벽과 바닥을 깨는 작업이 필요합니다.

먹줄 작업과 자재 반입

　먹매김이란 설계도에 있는 그림을 현장에 먹물로 표시하는 것을 말합니다. 공사 첫날 목수들은 공사의 기본이 되는 허리먹을 표시합니다. 바닥 마감에서 1m높이 정도에 체크한다고 해서 '허리먹'이라고 부릅니다. 허리먹은 바닥 마감, 천정 마감, 문틀 높이, 싱크대 높이 등의 수평기준선이 됩니다. 이후 도면의 그림과 대조해가며 고정형으로 설치하는 가구와 기기 간 간섭이 일어나지 않는지 체크합니다. 이 작업을 소홀히 할 경우 인테리어 완료 후 냉장고 같은 큰 기기들을 들여올 때 가구를 떼어내는 불상사가 발생할 수 있습니다. 그리고 자재를 반입하여 앞으로 있을 공사를 준비합니다.

목공 작업과 전기배선/배관 작업

　냉·난방기용, 주방 설비, 조명용, 간판 및 외부 조명용, 각각 중요 위치별로 콘센트 등의 기본 배관/배선 작업을 먼저 합니다. 목공사에 지장을 주지 않는 범위로 작업해야 합니다. 이 과정에서 전력량 증설이 필요하다면 서류를 준비해 한전에 증설 요청을 합니다. 카페는 보통 홀과 바 공간 이렇게 2개의 공간으로 나뉘는데요. 목공 작업은 안쪽에서 바깥쪽으로 진행됩니다. 주방의 안쪽에 들어갈 바와 싱크대, 찬장 등이 가장 먼저 설치되어야 합니다. 바 테이블 설치 시 냉장고 같은 대형 집기가 바 세팅 후 들어갈 수 있는지 확인해야 합니다. 그렇지 않다면 냉장고를 먼저 비치하고 그 위에 바가 설치되어야 합니다. 공간 기획 시 디자인적 요소만 고려하여 수납 공간을 신경 쓰지 못하는 카페가 꽤 많습니다. 무엇보다 중요한 것은 일하는 사람이 편안한 공간인지를 항상 생각하며 목공을 해야 한다는 겁니다. 바가 완료되면 홀에 비치할 가구 목공 공사를 진행합니다.

도장 공사

벽과 천장에 시멘트를 칠하는 경우, 도장 공사는 가장 먼저 시작되어야 합니다. 목공 이후 가구에 색을 입히는 경우 먼저 초벌 도장 공사를 목공 전에 진행해야 하고 목공 이후 그 위에 색을 입히는 순서로 진행합니다.

창호 공사와 냉·난방 공사

창호 공사는 문과 창을 설치하는 공사입니다. 집기 비품을 들여오기 전에 먼저 하는 게 좋습니다. 도난의 염려를 줄여주거든요. 그리고 나서 냉·난방 기기들을 설치하는 공사를 진행합니다.

바닥 시공 및 전기 마감 공사

어떤 바닥 재질을 사용하는지에 따라 차이가 있지만 데코 타일이나 강화 마루 같은 재질은 다른 공정과 병행 가능합니다. 하지만 세라믹 타일은 그렇지 않습니다. 기존 바닥재의 디자인이나 마모 상태가 괜찮다면 그냥 사용하는 것도 추천합니다. 그리고 배선 공사가 이미 마무리된 곳에 콘센트와 스위치를 달고 전등 기구를 설치합니다.

간판과 어닝 설치/익스테리어

간판과 어닝은 카페의 핵심적인 익스테리어Exterior 입니다. 카페 문을 별도의 독특한 장치로 설치하거나, 외부 벽면을 감성이 묻어나는 자재로 꾸미는 등 외부에서 카페의 존재를 알리는 익스테리어가 있습니다. 오피스 상권의 경우 수없이 즐비한 카페 중 경쟁력 있게 보이는 방법으로 익스테리어 디자인에 힘을 쏟는 전략이 있습니다.

기계 및 가구 설치

냉장고, 에스프레소 머신, 제빙기, 이동형 테이블, 의자를 설치합니다.

인력은 어떻게 기획하나요?

카페 오픈 컨설팅 과정에서 해당 카페가 몇 시부터 오픈하고 영업을 종료해야 하는지, 매출이 얼마나 나올지, 파트타이머를 몇 명 돌려야 할지 등을 자문하게 될 일이 많습니다. 위에서 이야기한 사례(오피스 상권 카페 오픈)로 가정하여 운영 인력을 기획해보겠습니다. 오피스에 위치한 카페는 두 번의 러시타임(사람들이 한번에 몰리는 시간)이 있습니다. 직장인들이 출근하면서 테이크아웃 하는 커피 타임,

점심식사 이후 마시는 커피 타임, 여기에 추가적으로 3~4시쯤 당이 떨어졌을 때 들르는 커피 타임입니다. 시간대로 따져보면 오전 8시부터 9시 반 사이, 오후 12시부터 1시 반까지가 러시타임이 되겠죠. 보통 오피스 카페는 러시타임 시 3~4명 정도의 인력을 필요로 합니다. 카페가 오피스 건물 안에 위치한 경우 비오는 날 러시가 더 심해집니다. 근무자 운영 계획을 표로 정리하여 보여드리겠습니다.

근무자 운영 계획표						
	월	화	수	목	금	비고
08:00~12:00	AB	AB	AB	AB	AB	오픈
12:00~16:00	ABD	ABD	ABD	BD	BD	점심 러시
16:00~20:00	C	C	C	AC	AC	마감

A 사장
B 풀 타임 알바
C 저녁 시간 4시간 파트타이머
D 점심 러시타임 4시간 파트타이머

물론 매출 상황에 따라 인력 운영은 달라져야 합니다. 사장까지 포함하여 4명으로 돌릴 수 있는 매출은 한계가 있습니다. 특히 러시타임의 강도를 보고 인력을 줄이고 빼는 과정이 필요합니다. 이를 전제로 시뮬레이션 해본다 생각하고 대략 참고만 하시기 바랍니다.

사실 카페를 오픈한 뒤 한동안 사장은 카페에 붙박이로 있어야 합니다. 다만 시간 운용상 쉬는 시간을 안배하기 위해서 월, 화, 수 마감과 목, 금 점심은 제외했습니다. 시급 1만 원으로 파트타이머를 고용할 경우 주 40시간 파트타이머 1명과 주 20시간 파트타이머 2명이 고용됩니다. 풀 타임 파트타이머의 경우 노동법상 주휴수당을 지급 시간까지 합쳐서 계산하면, 주 40시간 파트타이머는 월 209시간으로 계산됩니다. 따라서 월급은 209만 원입니다. 그리고 근무시간이 일주일 15시간이 넘는 경우 4대 보험 가입이 의무입니다. 여기에는 사측에서 부담해야 하는 보험료가 있으며, 급여의 9.95% 입니다. 209만 원일 경우 20만 955원이 됩니다. 정리하자면 풀 타임 파트타이머 한 명을 한 달 고용하는데 들어가는 인건비는 총 2,297,955원입니다. 자, 계산하기 쉽게 230만 원이라 하겠습니다. 이 금액에는 초과 근무수당, 퇴직금이 포함되지 않았습니다. 근로자가 1년 이상 근무할 경우 퇴직금을 지급해야 합니다. 1년 일했을 때 한 달 치 급여가 주어지므로, 209만 원/12개월으로 계산하면 약17만 원이 됩니다. 물론 알바가 1년을 채우지 않고 나갈 수도 있습니다. 그러나 카페 운영에 있어 인건비 예측은 보수적으로 잡는 것이 좋겠죠. 그러면 230만 원+17만 원=247만 원이 풀 타임 파트타이머 한 달 고용 인건비입니다.

주 20시간 파트타이머도 동일하게 적용됩니다. 단시간 파트는

대부분 자주 바뀝니다. 오래 일하게 될 경우 풀 타임 매니저로 승급하게 되죠. 주 20시간 알바가 1년 이상 일하는 경우는 드물다는 현실을 반영하여 퇴직금 적용을 뺀다면 약 105만 원입니다. 2명이니 210만 원입니다. 즉 위 표에 따라 인력을 운영할 경우 월 인건비는 457만 원이 나간다고 보면 됩니다. 조금 더 보수적으로 접근해볼까요? 퇴직금은 원칙상 적립했다가 나가는 비용이라 월 실제 지출 비용은 아닙니다. 그러나 나갈 수도 있는 비용이니 미리 계산해 두는 것이 좋습니다. 사장을 제외하고 풀 타임 파트타이머, 그리고 주 20시간 파트타이머를 돌리면 월 460여 만 원의 고정비가 생깁니다. 20시간 알바 한 명을 더 고용한다면 여기에 105만 원씩 더해가면 되고요. 인건비가 썩 만만치 않다는 생각이 들죠? 그러니 카페 오픈 초기에는 사람운영을 꽉 채워놓고 하지 않는 것이 좋습니다. 임대료에다 관리비까지, 안 그래도 고정비가 높은데 사람마저 많이 뽑아 카페를 운영한다면 적자가 나기 십상입니다.

카페를 시작하는 사장님들이 노동법을 너무 몰라 낭패를 보는 경우도 있습니다. 그리고 비용을 과소하게 잡아, 실제 이익이 적은데도 통장에 남아 있는 돈을 이익이라 여겨 쓰다가 일이 생겼을 때 적립금이 없어 힘든 경우도 생기고요. 컨설턴트는 이런 상황에 대해 자세히 주목하여 사장 스스로 인력을 운영할 수 있도록 리드해줘야 합니다.

영업이익은 어떻게 기획하나요?

　여러분과 함께 카페에 인건비가 얼마나 들어가는지 예측해보았는데요. 그럼 이제 매출 시나리오를 세우고 매출 구간에 따른 변동비, 고정비를 예측해봐야 합니다. 그러기 위해서 먼저 메뉴와 메뉴 가격을 기획해야겠죠? 그리고 하루에 드는 손님이 몇 명 정도 될지, 그리고 이에 따른 객단가 목표가 있어야 합니다. 앞서 들었던 예시 상황에 이어서 설명 드리겠습니다. 근처 카페 시장조사를 해보니 오피스 카페 상권답게 많은 카페들이 회사원들을 유혹하고 있습니다. 가격은 저렴합니다. 아예 저가형 카페도 있고요. 하지만 너무 저렴하게 음료 가격을 책정하여 출혈 경쟁을 하지 않기로 결정했기 때문에, 저가형 카페보다 살짝 비싸지만 고급 카페보다는 저렴한 정도로 가격 정책을 정했습니다. 고객들이 가장 많이 마시는 음료는 아메리카노겠죠? 가격은 아래와 같이 결정했습니다.

아메리카노 2,500원　　라떼 3,000원　　에이드류 3,500원　　스무디류 3,500원

　객단가는 보통 가장 많이 팔리는 음료에 500~1,000원 정도 더한 가격이 되기 마련입니다. 베이커리 메뉴가 잘 되어있는 카페의 객단

가는 더 높게 설정이 되고요. 음료를 사면서 동시에 살만한 아이템이 있으면 당연히 객단가가 높아지겠죠. 그럼 아메리카노 2,500원에 500원을 더한 3,000원을 객단가로 예측하겠습니다. 그리고 하루에 받는 고객수를 150명으로 예상해 보았습니다. 그럼 하루 매출과 한 달 매출이 나옵니다.

> 하루 ⇒ 3,000원×150명 = 450,000원
> 한 달 ⇒ 450,000원×20일 = 9,000,000원

하지만 이것은 어디까지나 계획이자 희망사항입니다. 오픈 초기 반짝 매출이 좋다가도 500만 원 밑으로 떨어질 수도 있는 거고 생각 외로 매출이 좋아 1천 500만 원을 훌쩍 넘길 수도 있습니다. 그럼 매출 구간별 영업이익을 계산해보겠습니다.

매출 구간별 영업이익

	일일예상이익계 기준(명)		100	117	133	150	167	183	200	217	233	250	267
수입	월매출		6,000,000	7,000,000	8,000,000	9,000,000	10,000,000	11,000,000	12,000,000	13,000,000	14,000,000	15,000,000	16,000,000
지출	고정비	인건비	매니저1명	2,500,000	2,500,000	2,500,000	2,500,000	2,500,000	2,500,000	2,500,000	2,500,000	2,500,000	2,500,000	2,500,000
			파트1 or 2명	1,050,000	1,050,000	1,050,000	1,050,000	2,100,000	2,100,000	2,100,000	2,100,000	2,100,000	2,100,000	2,100,000
		임대료		1,000,000	1,000,000	1,000,000	1,000,000	1,000,000	1,000,000	1,000,000	1,000,000	1,000,000	1,000,000	1,000,000
		감가상각비	장비(3년)	593,472	593,472	593,472	593,472	593,472	593,472	593,472	593,472	593,472	593,472	593,472
			시설(5년)	300,000	300,000	300,000	300,000	300,000	300,000	300,000	300,000	300,000	300,000	300,000
		관리비	수도광열비 등 (매출의 1/40)	150,000	175,000	200,000	225,000	250,000	275,000	300,000	325,000	350,000	375,000	400,000
		고정비소계		5,593,472	5,618,472	5,643,472	5,668,472	6,743,472	6,768,472	6,793,472	6,818,472	6,843,472	6,868,472	6,893,472
	변동비	식재료비	21%	1,260,000	1,470,000	1,680,000	1,890,000	2,100,000	2,310,000	2,520,000	2,730,000	2,940,000	3,150,000	3,360,000
		소모품비	4%	240,000	280,000	320,000	360,000	400,000	440,000	480,000	520,000	560,000	600,000	640,000
		추가인건비											1,050,000	1,050,000
		기타비용		100,000	100,000	100,000	100,000	100,000	100,000	100,000	100,000	100,000	100,000	100,000
		변동비소계		1,600,000	1,850,000	2,100,000	2,350,000	2,600,000	2,850,000	3,100,000	3,350,000	3,600,000	4,900,000	5,150,000
	지출합계			7,193,472	7,468,472	7,743,472	8,018,472	9,343,472	9,618,472	9,893,472	10,168,472	10,443,472	11,768,472	12,043,472
	월이익			-1,193,472	-468,472	256,528	981,528	656,528	1,381,528	2,106,528	2,831,528	3,556,528	3,231,528	3,956,528

감가상각에 대한 개념 잡기

위에서 제시한 커피머신 등 기자재 구입비용을 포함하여 3년 감가상각으로 비용을 넣었고, 인테리어 비용은 5년 감가상각으로 매월 비용 처리했습니다. 이 둘은 실제로 통장에서 빠져나가는 돈은 아니지만 머신의 경우 고장으로 교체할 상황을 고려하여 통장에 별도로 모아놓아야 하는 적립금 정도로 생각해도 좋습니다(머신은 사실 3년 이상 사용할 수 있긴 합니다). 그리고 인테리어도 한번 해 놓으면 5년 이상은 공간을 사용할 수 있기 때문에 5년 감가상각으로 넣어 놓는 것이 보수적인 접근이긴 합니다. 그러나 5년이면 유행이 한번 지나갈 만한 시간으로 이를 감안하는 것이 좋겠죠. 5년 뒤 새로 인테리어를 한다는 생각으로 감가상각을 잡았습니다. 실제로 오픈한 카페들 여러 곳이 3년 안에 문을 닫는 경우가 부지기수입니다. 그럼 감가상각을 보수적으로 잡는 것이 좋겠지요. 카페를 오픈한 뒤 감가상각에 대한 비용을 감안하여 카페운영을 하는 것과 그렇지 않은 것은 지속가능성에 있어 커다란 영향을 미치게 됩니다. 이 부분을 컨설팅 할 때는 꼭 짚고 넘어가야 합니다. 실제로 머신은 5년 이상 사용하는 경우가 많고 인테리어는 10년 이상 유지하기도 합니다. 그래서 카페 점주와 상의하여 계획을 물어보고 감가상각을 잡는 것도 방법이 될 수 있습니다.

현실 자각 타임

하루 예상 고객 150명에 한 달 매출을 900만 원으로 잡으면, 월영업이익이 약 98만 원입니다. 표를 자세히 보시면 인건비를 B, C, D 이렇게 3명만 잡았습니다. 사장이 가져가야 하는 인건비는 고려하지 않았습니다. 그럼 월 매출이 900만 원일 때 사장이 가져갈 수 있는 돈이 98만 원이라는 말이 됩니다. 감가상각으로 뺀 비용이 매월 약 90만 원이니 실제로 통장에 쌓이는 돈은 188만 원 정도 된다는 뜻입니다. 이렇게 되면 그리 매력적인 장사라는 생각이 들지 않을 겁니다. 매출 구간이 월 1,200만 원은 되어야 200만 원을 넘길 수 있습니다. 하루 평균 고객 200명일 때 가능한 매출입니다. 카페를 오픈해본 사람들은 잘 압니다. 한 달에 매출 1,000만 원을 넘기는 것이 얼마나 어려운 일인지…… 그리고 고객 200명 유입을 이끌어 내는 것이 얼마나 어려운지 압니다. 재무 계획에 대한 그림을 보여주면 컨설팅 중간에 못하겠다는 생각이 들어 중단하는 경우도 생길 수 있습니다. 하지만 저는 정직하게 짚어주는 것이 전체적인 카페 생태계를 위해서도 좋다고 생각합니다. 사실 카페만 열면 당연히 고객이 올 거라고 여기고 무작정 계획도 없이 카페를 여는 경우가 생각보다 많습니다.

대안 제시

아직 공간을 구하지 않았고 머신도 구입하지 않은 상황이라면 괜찮습니다. 영업이익이 잘 나오는 방향으로 다시 전략을 세우면 됩니다. 일단 표에서는 월세 100만 원인 공간으로 가정했습니다. 좀 더 저렴한 월세 공간을 얻는 것도 가능하고, 머신 집기류를 더 싼 것들로 매입하여 초기 투자비용을 줄이는 제안을 해볼 수도 있습니다. 객단가를 높이는 전략을 밀도 있게 짜고, 인력 운영을 최소화할 수 있도록 운영 시간을 조정하는 등, 현실적인 계획을 세우는 것이 중요합니다. 카페를 오픈하려는 고객의 재정이 넉넉하다면 오히려 반대로 인테리어에 투자하여 매력적인 공간을 만들고 세련된 메뉴를 구성하여 시장의 여타 카페들과 확실한 퀄리티의 차이를 만드는 방향으로 컨설팅을 이끌 수도 있습니다. 그렇게 되면 컨설팅은 카페 브랜딩 영역으로 방향을 잡게 될 겁니다.

카페 오픈과 관련하여 신경 써야 할 것들이 참 많죠? 사실 하나의 카페를 오픈하는 과정 전체를 온전히 맡아 연다는 것은 큰 책임감과 실력이 필요합니다. 이 부분만 이야기해도 책이 한두 권은 나올 내용들인데요. 하지만 저는 다양한 카페 비즈니스 모델 중 오픈 컨설팅 요소의 아웃라인을 드리는 것을 목표로 하겠습니다. 이번 챕터에서 미처 다루지 못한 부족한 부분은 여러분 각자가 갖춘 전문성과, 다른 서적을 참고하여 채워 나가시기 바랍니다. 알기 전에는 미지의 세계처럼 느껴지지만, 막상 알고 나면 생각보다 별것 아닙니다. 카페를 오픈하려는 고객들에게 현실적인 조언을 주며 지속가능한 카페가 되도록 도움을 주는 컨설턴트가 되시기 바라겠습니다.

NO.7
커피 교육 시장

바리스타 · 커피 자격증 · 커피 대회

현재 한국 커피 교육 시장은 이렇습니다

　한국 커피 교육 시장은 커피 시장과 함께 성장했습니다. 카페가 많아지면서 바리스타 일자리가 많이 창출되었고, 이에 맞춰 바리스타 자격증 발급을 위한 교육이 이루어졌습니다. 커피 교육 시장은 2007~2008년 무렵 본격적으로 활성화되어, 지금은 정말 다양한 협회와 기관이 자격증을 발급하고 있는데요. 스펙을 중요시하는 한국 문화 풍토에서 여러 가지 형태의 커피 자격증이 시장에 나왔고, 커피업에 종사하고 싶은 많은 사람들이 관련 교육을 수강했습니다. 민간 자격증인 바리스타 자격증을 발급하는 기관도 늘어난 만큼, 커피 교육 시장의 열기는 여전히 뜨겁습니다.

커피 교육자가 되고 싶어요

　커피 교육자가 되려면 커피업의 한 분야, 즉 바리스타나 로스터로 어느 정도 근무 경험이 있어야 합니다. 바리스타 자격증이 처음 한국 시장에서 알려지기 시작했을 무렵에는 커피에 대한 경험이 거의 없는 사람이 책 몇 권만 보고 자격증 강사로 활동하기도 했습니다. 그러다 보니 현장 경험을 쌓거나 에스프레소의 퀄리티를 높이는 데 크게 도움이 되지 않는 루틴을 가르치기도 했습니다. 이로 인해 카페 현장 서비스 질이 오히려 저하되기도 했죠. 커피 시장이 어느 정도 성숙해진 지금은 공급자가 더욱 많아졌는데요. 그만큼 커피 교육 시장 경쟁이 치열해졌다는 뜻입니다. 어떤 산업이든 성장 초기에 뛰어든 사람이 비교적 쉽게 재미를 보기 마련이잖아요? 7~8년 전 커피 교육 시장에 뛰어들어 꾸준히 활동했던 사람들은 물론 혜택을 많이 봤지만, 현재는 강사나 학원이라는 타이틀만으로는 수강생이 충분히 보장되기 어렵습니다. 어쨌든 커피를 배우고자 하는 사람은 계속 생길 겁니다. 이를 바탕으로 자격증 시장이 형성되었고, 자격증을 발급할 수 있는 권한이 있는 사람들이 교육자로 활동하는 비즈니스 모델이 있습니다. 그럼 먼저 커피 자격증의 이모저모에 대해서 알아보도록 하겠습니다.

자격증은 이런 구조로 발급됩니다

현재 커피 관련 자격증을 발부하는 사단법인만 해도 몇십 개가 넘는다고 합니다. 이런 사단법인은 주로 협회로 이루어져 있습니다. 협회에는 수백 개의 학교와 학원이 자격증 등록 기관으로 등재되어

있고, 자격증을 발급할 수 있는 권한이 있는 강사가 협회의 공식 커리큘럼으로 수강생을 교육한 뒤 자격증을 발급하는 구조입니다. 협회마다 조금씩 기준이 다르기는 하나, 보통 자격증 발급 기관으로서 자격을 얻으려면 협회에 소속되어야 합니다. 이 과정에서 소정의 회비가 발생하죠. 또한 자격증을 발급할 수 있는 평가위원이 되기 위한 자격증을 취득하거나 협회가 요구하는 교육 과정을 수료해야 합니다. 마지막으로 수강생을 받아 교육을 진행할 공간이 있어야 하는데요. 최소 에스프레소 머신 2대, 그라인더 2대가 있어야 합니다. 이 같은 조건을 충족하면 학원을 열어 자격증을 발급할 수 있게 됩니다. 협회마다 요건이 까다로운 곳이 있고 그렇지 않은 곳도 있습니다. 카페로 운영하는 공간에서 자격증을 발급하는 것을 허락한 경우도 있고요. 그렇게 되면 카페를 운영하며 번외 수익을 올릴 수 있는 구조가 될 수 있겠죠?

자격증은 정말 힘이 있을까요?

과연 바리스타 자격증이 의미가 있을까요? 꼭 있어야 할까요? 이런 질문을 종종 받곤 합니다. 저는 자기계발을 할 수 있는 분이라면 꼭 취득하지 않아도 된다고 말씀드리고 싶습니다. 그런데 한편으로는 이런 분들도 있습니다. 카페를 오픈하려고 장소도 알아보고, 인테리어도 마치고, 커피머신도 다 들여놓았어요. 그렇게 카페 오픈을 일주일 앞두고 있는 시점에서 카페 레시피를 알려달라고 문의합니다. 실제로 현장에 가보면 이처럼 커피에 대해 모르는 분들이 생각보다 많답니다. 그래서 카페를 오픈하려는 분들께는 먼저 바리스타 자격증을 취득하라고 말씀드립니다. 잠깐이나마 카페 알바를 할 기회가 있다면 더 좋겠지요. 자격증이 실력을 보증하지는 않지만 조금이라도 커피가 무엇인지 알 수 있는 좋은 기회이니까요. 뿐만 아니라 커피를 공부하려면 이런 것들을 알아야 하는구나 정도의 큰 그림을 볼 수 있는 기회이기도 합니다. 한번 길을 잘 찾아두면 훗날 공부가 다시 필요할 때 나침반 역할이 되어줍니다. 물론, 자격증 없이 카페에서 일한 경험만으로 고수가 되는 경우도 많으니 무조건 필수로 필요하다는 건 아닙니다. 반대로 경험은 많지만 에스프레소에 대한 잘못된 개념을 가지고 있거나, 커피 지식이 별로 없는 경우도 종종 있는데요. 그렇다면 이미 몸에 익은 실력이 있을지라도 자격증을 통해서 자신이 모르는 지식의 공백을 채우거나, 다시 체계화하는 것도 의미가 있겠죠. 직원을 채용하는 카페 입장에서 봤을 때도, 신입보다는 약간이라도 경력이 있는 사람을 선호할 텐데요. 자격증은 경력이 없는 사람들이 시장에 진입하기 위한 최소 조건이 되어 주며, 경험은 부족하더라도 커피에 대한 기본적인 지식을 갖추고 있음을 보여준다는 의미에서 자격증은 힘을 발휘합니다.

국내 자격증과 국제 자격증 중 무엇을 취득해야 할까요?

국내 자격증은 국내 협회에서 발급하는 자격증입니다. 국가 자격증이 아니다 보니 어디에서 취득해야 위력이 있고 제대로 교육을 받을 수 있을까 헷갈리셨을 텐데요. 업력이 길고 어느 정도 규모가 있는 곳들이 공신력이 있습니다. 이는 다른 단체 자격증보다 더 알아준다는 의미가 아니라, '제대로 교육한다'는 의미의 공신력을 뜻합니다. 커피 회사나 카페 채용 담당자가 자격증을 어디서 취득했는지 상세하게 경중을 따지지는 않아요. 민간단체가 워낙 많기도 하고 이름도 비슷해서 채용 담당자라고 해도 이를 전부 알기는 어렵습니다.

국제 자격증은 협회가 전 세계에 퍼져 있어 외국에서도 인정받을 수 있습니다. 특히 SCA Specialty Coffee Association는 75개 국가에서 발급을 진행하는 가장 글로벌한 자격증이라고 할 수 있습니다. 취득하는 데 비용도 국내 자격증보다 더 많이 들고요. 그래도 외국에서 커피 관련 일을 하려면 국제 자격증을 취득하는 편이 좀 더 유리하겠죠? 커피 수준이 높은 호주로 워킹 홀리데이를 준비하면서 SCA 자격증을 취득하는 수강생도 종종 보았습니다. 국내에서 SCA 자격증을 발급할 수 있는 권한을 가진 사람들을 공인 AST Authorized SCA Trainer라고 부르는데요. 이들은 자격증을 취득한 데 이어 커피 교육으로 비즈니스를 하고자 합니다. 이렇게 시간과 예산을 투자한 만큼 전문가로 인정받는 것은 당연하겠지요?

대표적인 국내 협회를 소개합니다

사단법인 한국커피협회

국내 바리스타 자격 발급 기관 중 가장 대표적인 곳으로 현재 이곳에서 발급한 바리스타 자격 취득자만 25만 명이 넘습니다. 바리스타1, 2급, 커피지도사 등의 자격증을 발급합니다.

kca-coffee.org

통합커피교육기관(UCEI)

자격증은 결국 현장의 상황에 맞게 교육이 이루어져야 한다는 철학 아래 과정 평가형 자격증을 발급합니다. 이론보다는 실기를 강조하고, 교육하는 과정에서 자격증 발급 여부를 결정합니다.

ucei.co.kr

사단법인 한국커피바리스타협회

한국능력교육개발원의 산하기관으로서 일반적으로 바리스타 자격증은 난이도가 낮아 직무 역량에 크게 도움이 되지 않는다는 점이 문제인데, 이를 보완하여 난이도가 높은 커피마스터 자격증을 발급하는 것이 특징입니다. 한국능력교육개발원은 바리스타 자격검정과정을 국가 공인으로 인정받기 위해서 부단히 노력 중입니다.

ekcba.or.kr

국제 바리스타 자격증을 소개합니다

SCA(Specialty Coffee Association)

스페셜티 커피협회는 원래 유럽과 미국 협회로 나뉘어져 있다가 2017년도에 통합되었습니다. 국내에서도 가장 권위있는 자격증으로 여겨지는데요. 자격증 발급 분야는 바리스타, 로스팅, 브루잉, 센서리, 그린 빈 5가지 분야로 나뉘어져 있고, 각 분야는 파운데이션(Foundation), 인터미디에이트(Intermediate), 프로페셔널(Professional) 이렇게 3등급으로 나뉘어 있습니다.

sca.coffee

IBS(Italian Barista School)

이탈리아커피협회에서 주관하는 국제 자격증입니다. 에스프레소의 본고장에서 나온 자격증인 만큼 이탈리아 문화와 함께 에스프레소에 대해 좀 더 깊이 배울 수 있습니다. 칵테일 교육이 있는 것이 특징입니다.

italianbaristaschool.co.kr

GCS(Global Coffee School)

SCA보다 규모나 참여 국가 숫자는 적지만 좀 더 과학적인 방법으로 실질적인 스킬을 배울 수 있다는 점에서 주목받고 있습니다.

gcs.global

G-ACP(Global Advanced Coffee Program)

한국커피협회가 런칭한 국제 자격증입니다. 커피 바리스타, 커피 그레이더, 커피 로스팅 디렉터, 커피 비즈니스 컨설턴트 이렇게 4개 직무로 구성되며 각 분류는 3개 단계(Award-Intermediate-Master)로 나뉩니다. 커피산지 농장 및 생두 관련 지식부터 커피 로스팅, 추출을 비롯해 전반적인 매장 컨설팅·운영·관리까지 아우르는 것이 특징입니다. 그야말로 K-커피의 위력을 전 세계에 알리겠다는 야심 찬 프로젝트인데요. 먼저 아시아 국가들을 중심으로 자격증을 수출하기 위해 준비하고 있습니다.

자격증을 발급할 수 있는 권한은 어떻게 되나요?

자격증으로 비즈니스를 하려면 먼저 자격증을 발급할 수 있는 권한이 있어야 합니다. 주요 기관별로 알아보겠습니다.

사단법인 한국커피협회

사단법인 한국커피협회는 가장 공신력 있는 기관입니다. 따라서 자격증을 발급할 수 있는 교육기관으로 인증을 받는 과정이 다소 까다롭습니다. 일반 아카데미 같은 경우에는 18평 이상의 공간에 에스프레소 머신 2대와 로스팅 머신 1대가 있어야 합니다. 그리고 인증을 받아서 교육을 진행한다고 해도 자격증 발급 권한이 해당 교육기관에 있는 것이 아니라, 협회가 주관하는 필기시험과 실기시험을 치르고 평가위원들의 평가를 받아야 하는데요. 그러기 위해서는 먼저 협회의 회원이어야 하고, 실기 평가위원으로 활동해야 합니다.

통합커피교육기관(UCEI)

자격증 발급은 기관에 부여하는 인증인 교육평가기관과, 사람에 부여하는 인증인 교육평가위원으로 나뉩니다. 교육평가기관으로 인정받기 위해서는 교육이 가능한 시설이라는 증명이 필요합니다. 에스프레소 머신이 2대 이상 있고 바리스타 교육을 할 수 있다는 업계 내에서의 경력을 증빙하면 됩니다.

교육평가기관으로 등록되었다면 해당 사업장 인원 중 1명 이상이 교육평가위원으로 선정되어야 자격증 발급 권한이 생깁니다. 이후 바리스타 1, 2급을 포함하여 로스팅, 핸드드립, 커피머신 등의 자격증도 발급할 수 있게 됩니다. 이때 수업 커리큘럼과 수업료는 자율 책정하되 자격증 발급 시 협회에 7~10만 원 정도의 비용을 내야 합니다.

SCA AST(Authorized SCA Trainer)

요 몇 년간 커피업계에서 가장 많은 관심을 받았던 자격증은 SCA였습니다. 국제 자격증인 만큼 세계적으로 인정받을 수 있기 때문입니다. 다른 자격증에 비해 공식 트레이너가 되는 비용은 다소 비싸지만 과정이 수월한 편입니다. 자격증을 발급하고자 하는 트레이너의 스킬과 지식이 인정된다면 어떤 시설을 구비했는지에 대해서는 비교적 엄격하지 않아요. 그래서 카페를 운영하는 동시에 부업으로 활동하기도 좋습니다.

SCA 자격증 교육과정

그림에서 알 수 있듯이 바리스타, 브루잉, 그린 빈, 로스팅, 센서리 총 5가지 모듈이 있으며, 각 과정은 파운데이션, 인터미디에이트, 프로페셔널 과정으로 나뉘어져 있습니다. 모든 점수를 취합하여 토탈 100점을 획득하면 수료증, 즉 디플로마Diploma가 수여됩니다. 흔히 AST가 되려면 디플로마가 있어야 한다고 오해하기 쉽지만 5가지 모듈 중 어느 부분이라도 프로페셔널 과정을 통과하면 해당 모듈에 대해 AST가 될 수 있는 자격이 주어집니다. 프로페셔널 취득 이후 SCA 챕터에 AST를 신청하면 시험을 치르게 되며, 이때 5가지 과정의 전반적인 지식을 다룹니다. 시험을 통과하고 SCA가 개최하는 워크숍을 수료하면 AST 자격이 주어지게 됩니다.

G-ACP Instructor

아직 잘 알려지지는 않았지만 앞서 언급한 바와 같이 한국커피협회에서 런칭한 국제 자격증입니다. 그러다 보니 과정을 이수하는 형태가 SCA와 비슷합니다.

인스트럭터Instructor가 되기 위해서는 커피 바리스타, 커피 그레이더, 커피 로스팅 디렉터, 커피 비즈니스 컨설턴트 4개의 영역 중 3개 이상의 섹션에서 마스터 과정을 패스해야 합니다. 즉 각 영역이 3단계 어워드, 인터미디에이트, 마스터로 이루어져 있으므로, 최소 9번

의 과정을 패스해야 하죠. 아직 생긴 지 얼마 안 된 만큼 인스트럭터가 많지 않아 시장에서 얼마나 호응을 얻고 있는지 판단하기는 어렵습니다. 하지만 카페 비즈니스를 운영하는 데 있어서 좀 더 실질적인 교육 커리큘럼을 구성하고 있으며, 한국에서 시작한 글로벌 자격증이니 꾸준히 지켜보면 좋을 것 같습니다.

바리스타 학원을 운영하는 기관은 보통 국내 자격증과 국제 자격증을 동시에 운용합니다. 그래서 수요자가 필요로 하는 자격증 종류에 따라 강좌를 열어 수강 신청을 받습니다. 국비 지원 과정으로 강좌를 여는 학원들도 있는데요. 국비 과정은 내일배움카드로 수강 비용의 일부를 나라에서 지원받으며 수강하는 것을 말합니다. 수강생은 좀 더 저렴하게 수강할 수 있어 좋고, 학원은 보조금 지원을 받아 더 많은 수강생을 유치할 수 있어서 좋습니다. 다만 국비 과정을 운영하려면 국가직무능력표준NCS에 맞춘 교육 과정이 이루어져야 하고, 해당 학원이 인증 평가에 통과해야만 합니다.

자료: hrd.go.kr

큐 그레이더와 알 그레이더 자격증은 무엇일까요?

커피 센서리에 있어서 가장 권위있는 자격증으로, CQI Coffee Quality Institute에서 발행하는 국제 자격증입니다. 생두의 품질을 가늠하기 위해서는 생두를 객관적으로 판단하여 점수를 매기고, 커피가 가지고 있는 아로마가 어떤 종류의 것인지 특정하여 아로마 노트를 만듭니다. 여기서 80점 이상 점수를 받은 커피를 스페셜티 커피로 분류하는데요. 유통되는 생두 중 상위 10%의 퀄리티를 가진 생두들을 일컫습니다. 큐 그레이더는 아라비카의 품질을, 알 그레이더는 로부스타의 품질을 측정하는 전문 자격증입니다. 6일 동안 19개 과목의 시험을 치르며 재시험을 포함한 모든 시험에 통과하면 큐 그레이더 자격증을 취득하게 됩니다. 그 과정에서 보통 250~300만 원의 비용이 듭니다.

인스트럭터 되기

 Instructor는 자격증 발급 권한이 있는 트레이너를 일컫습니다. 먼저 큐 그레이더 자격증을 취득해야 합니다. 그리고 3년 후 칼리브레이션 과정을 통과해야 하며, 이는 자격증을 갱신(자격유지)하는 과정입니다. 그리고 CQI에 인스트럭터로서의 프로세스 과정을 요청하면 AI$_{Assistant\ Instructor}$ 코스를 안내하고 있는데요. 이미 활동 중인 인스트럭터가 운영하는 교육 과정에 AI로 활동해야 하고, AI 활동 이후에 몇 가지 시험을 거치면 인스트럭터 인증을 받게 됩니다. 좀 더 자세한 내용은 CQI 홈페이지를 참고하기 바랍니다.

 앞으로 스페셜티 커피에 대한 관심이 점점 높아지면서, 인스트럭터에 대한 수요도 더 높아질 것으로 보입니다. 그러나 바리스타 자격증 같이 일반인 대상으로 수요가 있는 자격증이 아니다 보니 공급자가 많지는 않습니다.

그 외의 다른 자격증도 있습니다

 커피 산업이 발달하면서 필요한 직능도 세분화, 전문화되었습니다. 그러면서 각 요소에 맞는 자격증 시장도 형성되었는데요. 그 중에는 로스팅, 브루잉과 같이 보다 알려진 직능부터 커피머신 엔지니어, 워터 소믈리에, 홈 카페 마스터처럼 생소한 분야도 있습니다. 이 또한 자격증을 중시하는 문화 덕분에 벌어진 현상이겠지요. 어찌되었건 수요자가 있다는 말은 공급자가 필요하다는 뜻입니다. 자격증 취급 기관에서는 바리스타처럼 상시 수요가 있는 자격증을 메인으로 취득할 수 있도록 하고, 그 외에는 요청이 있을 때마다 클래스를 열어 운영하는 것이 일반적입니다.

커피 교육 시장, 자격증 외 어떤 것들이 있을까요?

자격증을 필요로 하는 사람들을 대상으로 강의를 열어 자격증을 발급하는 시장 외에도, 커피 교육 시장은 한참 넓습니다. 문화센터의 커피 강좌, 기업에서 임직원 대상으로 제공하는 핸드드립 원데이 클래스, 공방에서 주부 대상으로 여는 바리스타 교육 등 아주 다양하죠. 이들을 몇 가지 카테고리로 나누어 소개해보도록 하겠습니다.

공공/지자체 문화 교육

여러분들이 속한 지역의 구/시청, 행정복지센터, 문화센터에서 어떤 강좌를 제공하고 있는지 검색해 보세요. 아마 커피 관련 교육은 빼놓지 않고 있을 겁니다. 바리스타 자격증 과정부터 일반 커피 교양 클래스까지 다양하게 있을 텐데요. 보통 공개 모집을 통해 강사를 구합니다. 이때 지역사회에서 바리스타 학원을 운영하거나 카페를 운영하면 상대적으로 유리합니다. 공공/지자체 문화 교육 강사로 지원할 때는 본인이 어떤 자격증을 가지고 있는지, 경력은 어느 정도인지, 교육 경험은 충분한지 잘 어필해야 합니다. 한번 좋은 강의를 선보이면 이후로 꾸준히 재계약을 하는 경우가 많습니다.

복지 시설 일자리 교육

바리스타는 취약 계층에게 지원하는 보편적인 일자리 중 하나입니다. 요즘에는 노인복지관, 지역자활센터, 학교 밖 청소년 시설, 장애인복지관 등의 건물 내에 카페가 있으니까요. 일반적으로 시설에서 이미 가지고 있는 네트워크에서 강사를 모집하거나 지역에서 활동하는 강사들에게 문의합니다. 따라서 지역 시설과 네트워크를 가지고 있으면 강사로 활동하는 데 더 유리하겠지요.

기업 교양 교육

기업에서 임직원 워크숍이나 연수 교육 등을 진행할 때, 교양 교육으로 커피 관련된 내용을 커리큘럼을 넣는 경우가 있습니다. 이때 핸드드립 체험 수업부터 커피 인문학 교양까지 기업이 원하는 형태의 교육을 디자인해서 진행할 수 있는데요. 굳이 대단한 이력이 없더라도, 일정 기간 꾸준히 강의해왔거나 창의적인 콘텐츠로 커피를 즐길 수 있도록 하는 커리큘럼만 있다면 누구든 문을 두드릴 수 있으리라 생각합니다.

지역사회 커뮤니티 대상 교육

지역에서 카페나 공방을 운영하면서 교육하는 분들도 많이 봤는데요. 카페 내에 별도의 공간을 마련해서 진행하기도 하고, 지자체

도움을 받아 공간을 임대하여 교육하기도 합니다. 바리스타, 핸드드립, 홈 카페 등의 커리큘럼을 구성하여 지역사회 내 커피를 배우고자 하는 사람들과 꾸준히 소통하며 번외 수익을 올리는 분들도 있습니다. 그럼 교육생들은 자연스럽게 그 카페의 고객으로 유입되기도 하겠죠? 지역사회 카페로서 아주 훌륭한 전략이라고 생각합니다. 카페가 아닌 커피, 베이커리 등을 배우는 공방에서 꾸준히 커피를 교육하며 수익을 올리는 프리랜서 분들도 봤습니다. 수익이 크지는 않지만 필요할 때마다 교육을 진행할 수 있어 부담이 덜하다는 만족감이 있다고 합니다.

대회 입상 경력이야말로
커피인의 고(高) 스펙입니다

　커피인으로서 가장 알아주는 경력은 무엇일까요? 바로 각종 대회 수상 경력입니다. 커피 대회로는 바리스타 챔피언십, 로스팅 챔피언십, 센서리 대회, 라떼아트 챔피언십 등이 다양하게 개최되고 있습니다. 자격증은 예산과 시간을 투자하면 어렵지 않게 취득할 수 있지만 대회에서 입상하려면 쟁쟁한 실력자들과 경쟁해야 합니다. 그렇기에 대회 입상 경력은 당연히 커피 교육 관련 일을 하는 데 가장 좋은 경력이 될 수 있는 것입니다.

어떤 커피 대회가 있을까요?

한국바리스타챔피언십(KBC)

한국에서 가장 권위있는 경연은 카페쇼에서 진행하는 한국바리스타챔피언십(KBC)입니다. 지금은 코리아커피리그란 이름으로 팀바리스타챔피언십(KTBC), 마스터오브커핑(MOC), 마스터오브브루잉(MOB)이라는 다양한 대회가 생겼습니다.

koreacoffeeleague.com

SCA Korea

SCA Korea에서 개최하는 대회로는 바리스타, 라떼아트, 로스팅, 컵 테이스팅 등 여러 가지가 있는데요. 매년 참가자를 모집하니 관심 있는 분들은 꾸준히 살펴보면 좋을 것 같습니다.

korea.sca.coffee

위 두 곳의 기관에서 개최하는 대회가 가장 권위있다고 여겨지지만, 협회 이름이나 회사 이름으로 개최하는 대회도 있습니다. 처음부터 큰 대회에 도전하기보다는 작은 대회부터 차근차근 참여해, 감을 익혀 보길 권합니다.

스페셜티 카페에 가면 간혹 대회 수상 트로피를 볼 수 있는데요. 그럴때면 커피에 대해 조금이라도 더 배울 수 있지 않을까 싶은 기대감에 저도 모르게 이것저것 물어보게 되기도 합니다. 이처럼 대회 수상자들은 초창기 바리스타 챔피언십에 수상한 실력을 인정받아 다양한 카페를 컨설팅하고, 카페 창업 초기에 메뉴를 잡아준 공적으로 '게스트 바리스타'로 초청받아 오픈 행사를 진행하기도 합니다.

커피 시장의 규모가 점차 커지고 고도화됨에 따라 교육 시장 역시 더욱 커지고 다양한 수요가 생길 것으로 예상합니다. 커피를 좋아하여 업으로 삼고 싶은 분들 중 누군가를 가르치는 데 소질이 있다면, 커피 교육에도 관심을 가져 보길 바랍니다. 커피 교육을 하다 보면 자연스럽게 다른 비즈니스 기회가 연결되기도 하거든요. 카페를 창업하려는 사장님을 만나기도 하고, 카페를 운영하고 있는 기관의 실무자들을 만나기도 합니다. 자연스럽게 스승과 제자의 관계가 형성되면 카페 컨설팅이나 원두 공급을 제안해볼 수 있겠죠. 다른 비즈니스와 엮어서 사업을 운영한다면 더욱 좋은 시너지가 날 것입니다. 커피는 꼭 기능적인 교육이 아니어도 비즈니스, 인문학, 역사, 사회학과 연결하여 다채로운 콘텐츠로 만들 수 있습니다. 요컨대 커피를 더 깊이 들여다보며 이를 콘텐츠로 만들고, 스토리텔링을 통해 대중에게 전달하면 앞으로 더 많은 기회를 만들어 갈 수 있으리라 생각합니다.

NO.8

출장 카페 비즈니스

케이터링·푸드트럭·무인 카페

케이터링이 무엇일까요?

케이터링은 각종 행사, 모임, 연회 등에 필요한 음식 및 관련 기물이나 집기를 행사의 성격에 맞추어 제공하는 서비스를 말합니다. 아주 호화스러운 음식을 풀코스로 서비스하는 것부터 가볍게 먹을 수 있는 핑거푸드, 간단한 다과, 그리고 커피 서비스까지 종류가 매우 다양한데요. 예컨대 요즈음에는 웨딩홀에서 결혼식을 진행하지 않고 교회나 컨벤션 센터를 빌릴 경우가 있죠. 이때 하객들에게 식사를 대접하기 위해 출장 뷔페를 부르는 일이 많은데, 이런 종류의 서비스도 케이터링이라 할 수 있습니다. 이 챕터에서는 커피를 중심으로 이루어지는 케이터링 서비스에 대해 이야기 나누고자 합니다. 케이터링은 음식만을 포함하지 않고, 감각 있는 플레이팅 도구들부터 푸드 스타일링까지 행사 전반의 디자인을 포함해요.

케이터링이 필요한 곳

학회 행사, 기업 워크숍, 돌잔치, 기업 창립 기념일 행사, 교회 행사, 각종 총회, 이사회 등 여러 곳에서 커피를 중심으로 하는 케이터링 서비스를 이용하고 있는데요. 규모도 20명이 모이는 행사부터 2,000명이 넘게 모이는 기업 행사까지 다양합니다.

케이터링 메뉴 구성하기

케이터링의 범위는 매우 넓습니다. 그만큼 고객의 요구도 다양해서 주로 이런 서비스가 있다고 단정 짓기가 어렵습니다. 커피가 메인인 서비스로 범위를 좁혀서 이야기하자면 일단 커피가 필요합니다. 커피와 가장 많이 나가는 사이드 메뉴는 쿠키로, 여기에 간단한 스낵이나 과일을 요청하기도 해요. 그리고 커피를 마시지 못하는 고객들을 위해 서브로 허브티나 주스류의 베버리지를 추가하면 더욱 좋겠지요. 점심 식사 대신 먹을 수 있도록 샌드위치나 다양한 사이드 메뉴들을 조합한 런치 박스를 요청하는 경우도 있습니다. 이럴 땐 고객이 지불 가능한 예산 범위 내에서 런치 박스를 구성합니다.

커피 케이터링의 실제적 팁을 소개합니다

다량의 커피 준비하기

아마 이 비즈니스를 처음 접하는 분들이 부딪히게 되는 첫 관문일 텐데요. 여기에는 몇 가지 방법이 있습니다. 우선 에스프레소 머신을 직접 들고 가서 간이 카페처럼 세팅하여 케이터링을 진행하는 경우가 있습니다. 행사의 규모가 크고 간이 카페로서 행사의 모양새를 갖춰야 하는 상황에서는 그렇습니다. 하지만 커피를 추출하는 데 시간이 걸리기 때문에 동시에 인파가 몰리면 고객들이 줄을 서게 될 수 있습니다. 또한 머신을 들고 다니기가 번거롭고, 에스프레소 머신의 전기 연결이 대부분 단상이라 별도의 전기선 작업이 필요하여 특별한 상황이 아니면 자주 사용하기는 어렵습니다.

전날 미리 에스프레소 원액을 추출해서 냉장 보관했다가 당일에 물만 섞어 서빙하는 경우도 있습니다. 그런데 몇백 잔 분량을 준비하려면 에스프레소를 추출하는 데만 몇 시간이 걸리고, 그만큼 원두 사용량도 너무 많겠지요. 그래서 제가 자주 사용하는 방법을 알려드리고자 합니다.

에스프레소와 콜드브루 혼합액 사용하기

　에스프레소를 적절하게 추출하여 콜드브루 원액과 1:1 혹은 1:2 비율로 섞으면 되는데요. 이때 상대적으로 향 보존성이 뛰어난 콜드브루가 휘발성이 강한 에스프레소의 향을 잡아주면서 에스프레소가 식는 동안 변하는 맛의 뉘앙스를 중화시켜줍니다.

브루잉 원액 사용하기

　브루잉 원액은 에스프레소보다 더 빨리 원액을 추출할 수 있습니다. 저는 6인용 이상 드리퍼 여러 개를 동시에 사용해서 브루잉 원액을 대량 생산해 내는데요. 제가 애용하는 제품은 고노10인용 드리퍼입니다.

　1:5 드립법을 소개합니다. 먼저 300g의 원두를 분쇄해서 1500ml의 원액을 만듭니다. 이 과정을 10회 반복하면 15L의 원액이 생기는데요. 이를 보온 용기에 보관했다가 15L의 뜨거운 물을 추가하면 30L의 아메리카노가 생성됩니다. 이는 8온즈 컵에 담으면 총 150잔 정도의 양이며, 좀 더 연하게 타면 200잔도 나올 수 있는 양입니다.

라떼도 만들 수 있을까?

아이스 라떼는 우유와 얼음, 그리고 준비한 원액만 있으면 가능합니다. 하지만 뜨거운 라떼는 스팀을 해야 합니다. 에스프레소 머신에 달려 있는 스팀봉으로 거품을 만들면서 우유를 데우는 과정을 스팀이라고 하는데요. 이때 스팀봉 없이 만들기엔 어느 정도 제약이 있기 때문에 케이터링 메뉴에는 가급적 넣지 않는 편이 좋습니다.

커피 외에 다른 사이드 메뉴는 어떻게 준비할까?

커피 외 사이드 메뉴로는 주로 쿠키나 식사 대용으로 먹을 수 있는 베이커리류, 과일 컵 같은 핑거푸드류를 선호하는 고객사가 많습니다. 케이터링을 위해 직접 베이킹을 하기에는 사업 범위가 너무 커지므로 이미 베이킹을 하는 업체에서 커피 케이터링을 하는 경우가 아니면 베이커리 협력 업체를 섭외하면 됩니다. 케이터링에 필요한 쿠키 종류와 베이커리를 벌크로 주문하면 가격도 낮출 수 있어요.

케이터링 비즈니스의 장·단점은 이렇습니다

장점 **소자본으로도 창업이 가능한 아이템**

카페를 창업하는 데는 최소 몇 천만 원의 비용이 들지만, 케이터링 비즈니스는 커피를 내리는 도구와 머신, 창고 공간, 플레이팅을 위한 도구들만 있으면 작게도 시작할 수 있습니다. 테이블, 의자, 온수기 등의 물건이 필요할 때는 행사 당일에 물품 임대 업체를 이용하는 방법도 있습니다.

다른 비즈니스 모델과 함께 운영하기 용이

케이터링 비즈니스는 카페를 운영하고 있거나 또 다른 커피 비즈니스를 하면서 함께 운용하기에도 좋습니다. 깊이 배우려면 물론 많은 공부와 노하우가 필요하겠지만 일단 네트워크만 있으면 얼마든지 손쉽게 제안할 수 있습니다. 또한 커피를 내리는 솔루션을 구축하고 테이블과 음식을 세팅하는 미적 감각만 겸비하면 좋은 서비스를 제공할 수 있다는 점에서 진입장벽도 그리 높지 않습니다.

단점

지속적인 영업이 필요한 B2B 비즈니스

한번 좋은 서비스를 제공받은 기업이나 기관은 다시 그 업체를 이용하기 마련입니다. 하지만 이는 지속적인 영업적 액션이 필요하다는 말이기도 합니다. 앞으로 1년간 모든 행사의 케이터링을 이 업체에서 진행하겠다는 식으로 계약하는 경우는 드물기 때문에 지속적으로 영업을 하는 수밖에 없습니다.

품이 많이 드는 비즈니스

케이터링 비즈니스는 행사 당일에 사용할 기기와 준비한 음식들을 옮기는 일부터 시작해서 테이블, 기계, 음식을 세팅하고 고객들에게 친절한 서비스를 제공해야 합니다. 거기다 행사가 끝나면 철수까지 잘 마무리해야 하는데요. 행사를 준비하는 단계에서부터 신경 써야 할 점이 많지만, 행사 단위별 이익률은 높은 편입니다.

케이터링 비즈니스는
이런 분들이 잘할 수 있습니다

　케이터링 비즈니스는 아무래도 요식업을 하거나 요리 관련 일을 하던 분들이 가장 쉽게 접근할 수 있겠지요. 하지만 의외로 요리 경력이 전혀 없는데도 사업에 성공하는 케이스가 많습니다. 요리를 잘하는 것보다 더 중요한 것은 많은 고객들을 만나면서 다양한 요구사항을 듣고 그것을 읽어내는 능력입니다. 고객은 늘 최소한의 비용으로 최대의 효과를 원하기 때문에 그들의 기대를 적절히 조정해 줄 필요가 있습니다. 동시에 서비스를 공급하는 사업자는 큰 비용을 들이지 않으면서 최대한 화려하고 다양하게 보일 수 있도록 테이블을 세팅하고 플레이팅 해야 합니다. 그러다 보니 비주얼적인 측면에 센스가 있는 것도 중요하겠지요. 이 같은 부분을 행사 푸드 기획력이라 합니다. 그리고 한번 서비스를 제공했던 고객을 계속 나의 고객으로 만들 수 있는 고객 관리 기술이 있다면 꾸준히 사업을 얻을 수 있습니다.

지속적인 케이터링 수주를 확보하려면 무엇이 필요할까요?

CRM(Customer Relationship Management), 고객관계관리

위에서 이야기했듯이 한번 서비스를 제공한 고객사를 계속해서 나의 고객으로 만들어야 합니다. 만약 한 기업에 케이터링 서비스를 제공했다면 그 기업의 각종 행사 정보를 얻어내야 합니다. 예컨대 창립기념일부터 이사회, 주주 총회 등 사람들이 많이 모일 법한 행사의 스케줄과 각 특징을 알아야 합니다. 그래야 내방객들이 만족할 만한 서비스안을 제안할 수 있으니까요. 오전이나 점심 식사 직후에 진행하는 행사에는 커피가 필수이겠지만, 오후 4시 이후에 개최하는 행사에서 커피만 제공된다면 내방객들은 끊임없이 그 외의 다른 음료를 찾을 겁니다. 카페인에 민감한 사람들은 늦은 오후에 커피를 마시면 밤잠을 설치게 되므로 테이블 앞을 서성거리다 쿠키 몇 개와 정수기 물만 마시게 될 수도 있지요. 설사 고객사가 커피만 요청했다 하더라도 센스를 발휘하여 에이드까지 세팅해 놨다면 수주를 요청했던 담당자도 미처 살피지 못한 부분을 챙겨준 사업자에게 고마워하며 지속적으로 서비스를 요청했을 겁니다.

SNS 마케팅

케이터링을 수주할 잠재 고객들은 업체를 만날 때 어떻게 할까요? 아마 제일 먼저 네이버나 인스타그램에 검색을 할 겁니다. 그리고 사진을 통해 얼마나 퀄리티 있는 서비스를 제공하는지 확인하고 여러 업체에 연락을 취한 뒤 견적을 받고 이를 비교하여 업체를 선택하겠지요. 그래서 SNS를 통한 페이지 구성이 필요합니다. 우선 인스타그램에는 해시태그를 붙여 케이터링 출장 사진을 꾸준히 업데이트합니다. 그러면서 광고도 적절히 진행하고요. 네이버 블로그에는 케이터링 출장 사진과 함께 관련된 히스토리를 올립니다. 이때 검색될 만한 키워드를 선정하는 것이 중요합니다.

케이터링은 이처럼 품이 들기는 하나 한번 비즈니스 체계가 잘 잡히면 꽤나 쏠쏠한 사업입니다. 여러 의미에서 출장 카페 비즈니스 모델이라고도 할 수 있지요.

커피트럭 비즈니스 모델이란?

몇 년 전에 청년 일자리 창출을 장려하기 위한 사업으로 푸드트럭이 각광받은 적이 있습니다. 지자체에서 청년들에게 창업 지원금을 보조하고, 청년들은 음식을 제조할 수 있는 솔루션을 갖춘 트럭 뒤에서 다양한 먹거리를 판매했습니다. 비단 커피뿐만 아니라 스테이크를 포함한 여러 음식까지 말이죠. 그렇게 모은 자본금으로 공간을 얻어

더 큰 성공을 거둔 사업가 스토리도 많습니다. 그럼 푸드트럭 중에서도 커피트럭 비즈니스 기회에 대해 알아보도록 하겠습니다.

장점

① 저렴한 창업 비용

일반적으로 푸드트럭 한 대를 창업하는 데는 3,000만 원 정도의 비용이 듭니다. 자동차를 구입하는 데 약 1,000~1,500만 원이 든다고 하면 나머지 비용으로 머신 등의 조리 시설을 갖추고, 초기에 드는 재료를 구비해야 합니다. 처음에 중고차나 작은 차로 시작하면 비용을 더 절감할 수 있겠지요. 이 같은 경우에는 중고차 사이트나 중고나라 같은 중고 물품 매매 전문 사이트를 참고해 보세요. 이미 커피머신과 발전기까지 다 갖춘 커피트럭을 매입하는 데 1,000만 원이 채 안 드는 경우도 많습니다. 라보같이 작은 0.5톤 사이즈 트럭을 이용한 푸드트럭부터 1톤 포터 사이즈, 2.5톤이 넘는 윙차 사이즈까지 크기도 다양한데요. 커피트럭으로는 1톤 사이즈의 차를 추천합니다. 0.5톤 사이즈는 좁고, 2.5톤 사이즈까지 넓을 필요는 없으며, 나중에 되팔 경우를 감안해서도 1톤이 적당합니다.

단점 // **많은 제약사항**

청년들의 푸드트럭 창업을 진흥하기 위해 많은 지원사업을 열었다고는 하지만, 영업하는 데 실질적인 제약이 많이 따르는 것은 사실입니다. 우선 지정된 장소에서만 영업이 가능합니다. 놀이동산과 같은 유원시설, 공원, 관광지, 대학가, 하천, 고속도로 졸음쉼터 외에 일반 주택가 혹은 도롯가에서 장사를 하시는 분들은 엄밀히 말하면 노점으로 불법에 해당합니다. 차로 이동할 수 있으니 단속 나오기 전까지만 장사하다가 얼른 피하면 되지 않을까? 생각할 수 있겠지만 그렇지 않습니다. 푸드트럭은 관청에서만 단속하는 것이 아니라 근처 다른 식당에서 먼저 민원을 넣습니다. 자신의 사업에 방해되는 경쟁자가 근처에서 불법으로 영업하는 것을 카페 사장님들이 가만둘 리 없습니다.

푸드트럭 창업 시 이런 점들을 고려해야 합니다

영업 장소

앞서 말했듯이 푸드트럭은 아무 곳에서나 영업할 수 없습니다. 주로 어디서 판매할지에 따라 메뉴와 트럭 형태도 달라질 수 있는데요. 먼저 지역 축제가 있습니다. 이 같은 경우에는 해당 축제 운영위에 문의하여 허락을 받습니다. 이미 다른 푸드트럭들도 영업하고 있을 것이므로 아이템이 겹치지 않는지 확인해야 합니다. 그리고 기존에 반응이 좋은 푸드트럭의 비결은 무엇인지 그 특징을 잘 살펴보고 자신의 트럭 외관, 메뉴, 고객 커뮤니케이션에 변화를 줍니다.

메뉴 선정

　메인 아이템을 커피로 정했다 하더라도 다양한 사이드 메뉴에 힘써야 합니다. 야간에 진행하는 행사라면 주류 판매도 고려해 볼 수 있겠죠. 오피스 근처에서 커피트럭을 운영하는 특권을 얻었다면 테이크아웃 카페로서 정체성을 강화하면 됩니다. 하지만 행사 전문으로만 운영한다고 하면 커피만으로는 사업을 유지하기 어렵습니다. 행사장에서는 배부르지 않고 다양한 음식을 먹고 싶은 욕구가 있기 마련이지요. 이를 잘 공략할 수 있어야 합니다.

트럭 형태 결정하기

　트럭은 크게 두 가지 형태가 있습니다. 탑차형과 윙바디형인데요. 탑차형은 덮개가 반만 열리며, 우천 시에는 비를 막아 주기도 합니다. 반면 윙바디형은 덮개가 완전히 오픈됩니다. 위로 올린 덮개 안쪽은 간판으로도 활용할 수 있어 눈에도 더 잘 띕니다.

탑차형

윙바디형

자동차 구조 변경

　중고 푸드트럭을 구입한 경우가 아니라면 차를 개조해야 합니다. 자신이 기획한 내부 구조 시안을 자세히 만들어 여러 푸드트럭 특장 전문 업체에 문의하면 비교 견적을 받아볼 수 있습니다.

행사장 영업 계약

　지역 축제에서 영업 허가를 받는 방법은 두 가지입니다. 먼저 행사 축제 사이트를 통한 공모에 지원하는 것입니다. 큰 지역 축제는 이런 식으로 진행하지만 푸드트럭 협회나 협동조합을 통해 지원 가능한 경우도 있으니 이럴 때를 대비하여 협회나 협동조합에 가입해 놓아야겠지요.

소규모 비즈니스는 단골 장사일까요?

　푸드트럭으로 성공한 사람들의 스토리를 보면 주변 오피스나 주택가의 '입소문'이 큰 역할을 합니다. 가성비가 뛰어난 아이템으로 승부하거나, 이색적인 서비스와 음식으로 고객을 끌어모으고 그들을 한 두 번 더 오게끔 만드는 사업자가 성공하지요. 휴게소 식당의 성공 요인이 입지와 가격, 브랜드라면 오피스 상권이나 주택 상권에서는 꾸준히 나의 고객을 만들어 놓는 게 성공 요인입니다. 이곳저곳 이동하면서 장사를 하더라도 정해진 요일과 시간에는 꼭 약속한 장소에 가서 고객을 만나야 합니다. 요즘에는 큰 아파트 단지 내에서 푸드트럭을 많이 볼 수 있어요. 제가 사는 아파트 단지도 매주 수요일이면 장터가 열리는데, 좌판에는 각종 먹거리와 생활용품이 쭉 놓여 있습니다. 상인들은 매주 수요일에는 우리 아파트, 목요일에는 옆 동네 아파트, 금요일에는 옆 옆 동네 아파트에 가서 장사를 합니다. 이처럼 정해진 시간에 정해진 장소를 가야 고정 고객이 생깁니다. 저도 매주 오는 푸드트럭 중에 곱창전골을 정말 맛있게 만드는 사장님한테서 종종 음식을 사 먹곤 합니다.

이벤트용으로 하루만 임대할 수도 있습니다

　최근 연예인 팬클럽 내에서는 촬영 현장에 커피트럭을 보내 스태프들에게 무료로 커피와 사이드 메뉴를 제공하는 이벤트가 인기입니다. 비치된 현수막과 배너들, 커피잔 홀더에는 연예인을 응원하는 메시지가 가득 적혀 있지요. 이처럼 촬영장에만 출동하는 용으로 커피트럭을 운영하는 사업자도 있습니다. 물론 촬영 현장뿐만 아니라 기업에서 진행하는 행사, 학교 운동회, 대학 축제 등의 이벤트에서도 꾸준히 수요는 있습니다.

장사는 낭만적이지 않습니다

푸드트럭 사업을 낭만적으로 접근하는 분들이 종종 있습니다. 여름에는 해수욕장 근처, 가을에는 명산 캠핑장 등 대한민국 팔도를 돌아다니며 여행도 하고 장사도 하니 좋은 거 아니냐 이야기하곤 하는데요. 비즈니스는 그렇게 낭만적이지 않습니다. 구름떼 인파가 몰려드는 해수욕장에 갔으나 단속과 주변 카페의 방해로 개시도 못하고 떠나는 경우도 있고, 손님이 별로 없어서 그날 주유비 값도 벌지 못할 때도 있습니다. 여기에는 자동차 주유비와 더불어 전기를 생산하는 데 필요한 발전기 주유비도 듭니다. 상대적으로 푸드트럭이 소자본으로 시작할 수 있는 아이템인 점은 분명합니다. 하지만 이동이 자유롭다고 비즈니스까지 자유롭지는 않다는 사실을 명심하시길 바랍니다. 훗날 카페를 오픈하려는데 자본이 조금 부족하다거나 작게 시작해서 자본금을 모아 나와야겠다고 생각하는 분들은 관심 있게 지켜보면 좋겠지요.

무인 카페 비즈니스 모델에 대해 알아볼까요?

무인점포의 증가

　최근에는 여기저기서 쉽게 무인점포를 볼 수 있습니다. 여러분이 흥미를 느끼는 무인 카페부터 아이스크림 가게, 밀키트 판매점, 문방구 등 종류도 다양한데요. 편의점도 점점 무인화 솔루션을 도입하는 추세인 듯합니다. 우리나라는 치안이 잘되어 있고 대부분 카드 결제가 가능하여 점포 무인화 문화를 비교적 쉽게 받아들일 수 있었습니다. 하지만 필연적으로 로스가 발생하기 마련입니다. 사람이 상주하는 매장에서도 로스가 발생하는데 무인점포는 더할 수밖에 없겠지요. 그런데도 인건비를 생각하면 무인점포의 로스 비용이 오히려 합리적일 수 있습니다. 카페는 좀 더 일찍 무인화 시스템을 도입했습니다. 자판기식 커피머신이 점점 진화하여 카페에서 제공하는 대부분의 음료도 제공할 수 있게 되었습니다. 최근에는 로봇 팔로 음료를 제조하는 신선한 퍼포먼스를 선보이는 무인 카페 부스도 생겨났습니다. 그렇다면 과연 무인 카페로 수익 창출이 가능할까요?

커피를 제조하는 로봇

무인 카페의 월 매출 계산하기

무인 카페의 월 매출은 보통 얼마일까요? 카페의 위치나 성격에 따라 천차만별이겠지만 일반적으로 500만 원을 넘기는게 쉽지 않은 것이 현실입니다. 그렇다면 한 달 매출이 400만 원이라고 가정하고 매출 손익 시뮬레이션을 가정해 보겠습니다.

조건
아파트 단지 입구 상가 1층, 면적 10평

구분	금액	비고
커피머신	2,000만 원	
인테리어 / 가구	1,500만 원	
에어컨	200만 원	
간판	200만 원	
초기 투자비용 합	3,900만 원	
월 매출	400만 원	
매출 원가	120만 원	
월세	100만 원	
관리비	15만 원	
기타 비용	10만 원	
감가상각(5년 기준)	65만 원	
월 영업이익	90만 원	

위의 표를 좀 더 자세히 설명드리겠습니다. 보증금은 다시 돌려받는 돈이므로 굳이 비용으로 넣지 않았습니다. 일단 카페를 구성하

는 데 투여된 초기 비용이 3,900만 원입니다. 월 매출은 400만 원이고, 여기서 매출 원가라는 것은 커피잔, 원두, 빨대 등 식재료와 부자재 비용을 포함한 잔 단 원가를 의미합니다. 이를 평균 30%로 보수적으로 잡았습니다. 따라서 원가는 500원인 셈입니다. 보통은 30% 이하로 원가가 형성됩니다. 이를 넘어가면 안정적이지 않습니다. 감가상각은 초기 투자 비용을 5년 동안 매월로 나눈 비용입니다. 이는 카페를 5년간 운영한다고 하면 이후 리뉴얼할 때를 대비하여 남겨 놓는 예산인데요. 5년 이상 운영하기도 하지만 커피머신 수명이나 인테리어 유행을 고려하면 5년이 적당한 것 같습니다. 그럼 매월 순이익이 90만 원입니다. 1년을 운영하면 1,080만 원 순이익이 생기고, 5년을 운영하면 5,400만 원 수익이 생깁니다. 어떤가요? 도전해 보고 싶다는 생각이 드시나요? 하지만 기억해야 할 요소가 있습니다. 여기서 가정한 월 매출 400만 원은 잘되는 무인 카페로 봐야 합니다. 상권을 잘 잡으면 월 500만 원이 넘기도 하지만 보통은 300만 원대이거나 그 이하도 많으리라 예상합니다. 또한 무인 카페라 인건비가 들지는 않지만 관리하는 데 들어가는 품을 생각하면 월 영업이익으로 90만 원이 적당한지도 생각해 봐야 합니다. 원두 채우기, 머신 관리하기, 재료 소싱하기, 청소하기 등의 과정을 날마다 하는 것도 쉬운 일은 아니니까요.

수익을 창출할 수 있는 조건이 있습니다

월세가 100만 원 이하인 곳

　무인 카페는 목이 좋은 곳에서 비싼 권리금과 보증금을 지불하고 차려서는 절대로 안 됩니다. 주인 없는 카페라 하면 아직까지는 사람들에게 커피 자판기가 있는 휴게실 정도로 인식되어 있는데요. 커피의 퀄리티도 좋은 커피머신으로 내렸을 때보다는 다소 떨어집니다. 라떼나 다른 음료의 경우는 더더욱 그렇고요. 그렇기 때문에 월세는 가급적 100만 원 이하인 곳이 좋습니다. 그렇다고 월세가 너무 저렴하면 입지가 좋지 않아, 아예 카페 자체가 눈에 잘 띄지 않을 수도 있습니다.

다른 무인 카페와 경쟁하지 말 것

　카페 옆에 카페가 있는 것은 또 다른 수요를 만들어낼 수 있기 때문에 가능합니다. 하지만 무인 카페 옆에 무인 카페가 있으면 출혈 경쟁이 발생합니다. 고객 입장에서는 무인 카페의 브랜드가 달라도 다른 공간으로 인식하지 않습니다. 그렇게 되면 결국 정해진 파이를 나눠 먹는 셈인 거지요. 가뜩이나 크지 않은 시장을 나눠 먹는다면 좋지 않은 결과를 초래할 수 있습니다.

공부하기 좋은 공간으로 만들 것

무인 카페에서는 주인의 눈치를 보지 않고 오래 앉아 있을 수 있습니다. 그래서 공부할 공간이 필요한 학생들에게 특히 매력적인데요. 학교와 가깝고 공부하기 좋은 인테리어의 무인 카페는 지속적인 수요를 보일 것입니다.

자신의 집이나 직장과 가까운 곳

무인 카페는 상주하지 않을 뿐이지 신경 써야 할 점이 많습니다. 거의 날마다 식재료를 채워야 하고 공간도 깨끗이 청소해야 합니다. 커피머신에 문제가 생기면 달려와야 하지요. 그러려면 자신의 집이나 직장이 무인 카페와 가까운 곳에 있어야 관리가 용이합니다. 이렇게 관리가 잘 되는 카페에는 늘 고객이 오기 마련입니다. 예컨대 어제 버려져 있던 커피잔이 다음 날에도 그대로라면 그 카페에 대한 신뢰도는 급격히 떨어지겠지요.

항아리 상권을 찾을 것

아파트 단지에 둘러싸인 상권을 항아리 상권이라 하는데요. 무인 카페는 A급 상권에 맞는 아이템은 아닙니다. 그런 상권에는 이미 카페들이 즐비해 있기 때문에 살아남기가 어렵습니다. 그래서 무인 카페는 B급 상권, 그중에서도 아파트 단지에 둘러싸인 사거리라든지, 초등학교 근처에 차리는 것이 좋습니다. 특히 젊은 신혼부부가 많고, 아파트 단지가 빙 두르고 있으며, 주변 저가형 카페와 경쟁하지 않는 구조라면 가장 좋습니다.

함께 있으면 좋은 것들

근처에 버스 정류장이 있고, 24시간 동안 운영하는 편의점이나 식당이 있으면 좋습니다. 느지막하게 식사를 마치고 잠시 앉아서 이야기를 나누고 싶을 때 무인 24시 카페가 그 고민을 해결해 주지요. 그리고 편의점이 있다는 것은 기본 상권이 있고, 야간에도 유동 인구가 있다는 뜻이기도 합니다.

무인 카페, 어떻게 시작해야 할까요?

무인 카페 가맹을 모집하는 브랜드들이 꽤 있습니다. 하지만 제 개인적인 견해로는 무인 카페는 가맹할 필요성이 크지 않은 것 같습니다. 프랜차이즈 카페야 브랜드가 중요하고 점주들에게 교육도 시켜주지만 무인 카페는 인테리어와 커피머신, 재료만 구해지면 솔루션이 해결됩니다. 원두 업체를 정하고 커피머신에 들어가는 재료들을 스스로 소싱할 수만 있으면 특별히 교육이 필요하지도 않습니다. 커피머신은 무인 카페용 머신을 생산하거나 유통하는 업체에 문의하면 A부터 Z까지 안내받을 수 있습니다.

지금까지 출장 카페 비즈니스 모델로서의 케이터링, 커피트럭, 그리고 무인 카페에 대해 이야기를 나눠 보았습니다. 이 비즈니스 모델들은 비교적 소자본으로 시작해 볼 수 있으며, 다른 사업과 함께 진행할 수도 있습니다. 관심 있는 분들은 주어진 상황에 맞게 사업화해 보시길 권합니다.

NO.9
커피머신 AS

머신 테크니션 · 중고머신 유통

에스프레소 머신이 고장나면
어떻게 해야 할까요?

　카페에서 에스프레소 머신이 고장나면 판매 가능한 메뉴가 제한되어 영업 손실이 생깁니다. 프랜차이즈 카페는 본사에서 지정한 A/S 업체나 기사님이 출동하여 문제를 해결해 주지만, 그 외 개인 카페는 참 난감합니다. 이때 머신을 설치한 업체를 통해 A/S가 원활하게 이루어지면 다행이지만, 그렇지 않을 경우 인터넷을 여기저기 뒤져야 합니다. 더군다나 여름에는 에스프레소 머신뿐만 아니라 제빙기도 잘 고장 나는데 이때는 성수기라 즉시 출동할 수 있는 기사님을 찾기가 더 어렵습니다. 이런 급박한 상황에서 커피머신을 고쳐주는 비즈니스 모델이 바로 머신 A/S 기사입니다.

커피머신 A/S 비즈니스는
어떻게 시작할 수 있을까요?

　　카페 시장이 성장하고 A/S의 수요가 늘면서 커피머신에 대한 교육 시장도 증가하였습니다. 지금이야 다양한 서적이 출시되고 관련 자격증을 발급하는 업체들이 많아졌지만 초창기에는 배울 수 있는 과정이 거의 없었습니다. 프랜차이즈 업체에서 커피머신 수리 담당 전문 테크니션으로 일하다 퇴직하여 수리 업체를 오픈하는 경우가 대부분이었기 때문에 기술을 배울 때도 이 같은 업체에 들어가서 도제식으로 배우거나 교육 비용을 내고 알음알음 배워야 했습니다. 지금은 그때보다 배울 수 있는 기회가 많아졌지요. 하지만 바리스타 자격증과는 달리 커피머신 엔지니어 자격증은 과정을 수료했다고 해서 즉시 현업에 투입되기는 어렵습니다. 커피머신이 언제 고장 날지 예상해서 정해지는 것도 아니고 여러 변수가 많기 때문에 현장에서의 충분한 경험이 필요합니다. 그래서 기계에 대한 이해도가 높고 전자기기나 주방기기를 수리해 본 경험이 있는 분들에게 좀 더 진입장벽이 낮은 편입니다.

커피머신 A/S 기사가 되기 위한 교육은 어디서 받아야 할까요?

SCA CTechP

커피 교육 시장에 대해 이야기할 때 언급한 바 있는 스페셜티 커피협회에서 발급하는 자격증으로, 커피의 테크니션들을 양성하기 위한 자격증 과정을 가르칩니다. 커피 일반 스킬이 바리스타, 브루잉, 센서리 등으로 모듈이 나뉘어 있고 각 과정마다 레벨이 나누어져 있듯이 SCA CTechP도 모듈이 나누어져 있습니다. 그리고 각 모듈은 초급Foundation, 중급Intermediate, 고급Professional으로 나뉩니다. 프로그램에는 6개의 모듈로 나뉘어 있지만 3개의 모듈이 핵심인데요. 각각의 모듈을 간단하게 소개하겠습니다.

수력학(Hydraulics)

커피머신에서 유압 구성요소를 안전하게 찾아 문제를 해결하며 교체하는 데 필요한 실무 기술과 커피머신 연결을 위한 경로 및 급

수 라인 사용 방법을 배웁니다. 수강생들은 수공구와 배관 설비를 직접 체험하고 에스프레소 머신뿐만 아니라 배치 브루어 연결까지 실습합니다.

전기(Electrical)

커피머신의 전기 구성요소를 식별하여 제거하거나 교체하는 방법을 포함한 여러 커피머신 전기회로의 기본 작동 원리를 이해하고, 커피머신 전기 구성품들의 용도를 식별하고 위험요소를 설명하는 것을 목표로 합니다. 전기 장비 다루는 법, 커피머신 전원을 공급하기 위한 플러그 공사, 그리고 전기 연결하는 법을 실습합니다.

물 및 예방관리(Cleaning+Preventive Maintenance)

커피머신에 공급되는 물의 퀄리티를 측정하고 문제가 생기면 해결하는 것을 목표로 합니다. 물을 관리하기 위한 장비들의 기능, 구성, 효과에 대해 배우며 적절한 필터 선택법과 연결법을 실습합니다.

SCA CtechP 교육은 커피머신과 관련한 핵심 부품, 물과 전기 공급에 대한 원리 및 관리법에 대해 중점적으로 배웁니다. 그래서 커피머신 엔지니어를 꿈꾸는 사람에게 딱 맞는 커리큘럼은 아닙니다. 그렇지만 원두 영업을 하는 실무자라면 간단한 메인터넌스를 관리해 주면서 수월하게 영업하기 위한 지식을 쌓을 수 있습니다. 그리고 카페를 운영하는 사장님이라면 자신이 직접 장비를 관리하면서 A/S비용을 아낄 수도 있습니다. 아직 한국에는 SCA CtechP과정을 운영하는 AST(공식 트레이너)는 많지 않습니다. 과정이 항상 열려 있는 것이 아니니 온라인에서 클래스오픈 홍보를 잘 찾아 보시길 바랍니다.

한국커피머신산업연구원

이미 커피머신 교육을 진행하고 있던 업체로 민간자격증을 등록하여 정기적으로 운영하고 있습니다. 커피머신 엔지니어 2급, 1급, 마스터 과정을 다루고 있어 좀 더 디테일하고 전문적인 교육을 배울 수 있습니다.*

커피머신 전문가 그룹 윤랩

커피머신을 분해하고 수리하는 실습부터 머신 스케일링 작업, 제빙기, 믹서기 등 다양한 카페 장비까지 다룹니다. 커피머신 수입상 탐방과 도매 구매 절차도 배울 수 있으며, 1:1 교육을 지향합니다. 커피머신 고장과 수리에 대한 다양한 사례를 담은 매뉴얼인 〈커피머신 119〉도 출간하였습니다.**

---

* blog.naver.com/sfantera
** yunlab.co.kr

자격증 과정으로 부족한 부분은
어떻게 채울 수 있을까요?

인턴십 과정 참여

엔지니어 잡에 지원하여 직접 현장에 부딪히며 배우는 것이 가장 좋지만 경력이 없으면 쉽지 않을 수 있습니다. 이럴 때는 에스프레소 머신 제조사나 유통 업체에서 인턴십을 경험해 보는 것이 좋습니다. 가장 좋은 학습은 현장에서 익히는 것입니다. 아무리 교육을 통해 다양한 패턴을 익힌다 해도 업무를 하다 보면 예상치 못한 상황에 맞닥뜨리기 마련이지요. 그래서 경험치를 쌓기 위해서는 현장 경험이 필요합니다. 커피머신 유통사가 인턴십을 공식적으로 오픈하지 않는다 하더라도 배우고 싶다는 열망을 표현해 보세요. 일은 하되 저렴한 인건비로 자원해서 들어가는 것을 제안해 봄은 어떨까요?

커피머신 관련 온/오프라인 커뮤니티 참여

커피머신 관련 커뮤니티에 참여하여 새로운 기술이나 트렌드를 익히는 것도 좋습니다. 최근에는 서적도 많이 출판되었고 SNS 등의 공간을 통해서도 많은 노하우가 소개되어 있습니다. 이를 통해 최신 기술과 트렌드를 파악하고, 전문성을 높일 수 있습니다.

원서 매뉴얼 숙지

에스프레소 머신이 주로 유럽이나 미국에서 제조되다 보니 영어로

쓰인 설명서와 기술 문서가 많습니다. 그래서 이를 읽고 이해하는 능력도 필요합니다. 상당 부분의 머신들이 이미 온라인을 통해서 트러블슈팅 가이드(커피머신 내부 분해도 / 세부 상황 매뉴얼)*를 공유합니다.

커피머신 엔지니어는 어떻게 비즈니스 모델을 확장시킬 수 있을까요?

커피머신 엔지니어로서 비즈니스 기회를 확장할 수 있는 다양한 아이디어가 있습니다. 직접 카페들을 방문하면서 확인한 사항을 바탕으로 제안하고자 합니다.

카페 관리 포인트 점검 컨설팅

A/S는 머신이 고장 났을 때 사후 관리해 주는 서비스입니다. 평상시에 잘 관리하고 특정 증상이 나타났을 때 신속하게 조치하면 비용은 좀 더 아낄 수 있겠지요. 하지만 관리법을 잘 모르거나 너무 바빠서 등한시하는 경우도 많습니다. 커피머신 그룹헤드 청소나 백플러싱(커피머신 추출구 스케일 제거)은 잘하지만, 고무가스켓 교체, 그라인더 날 교체, 필터 교체같이 6개월에서 1년 단위로 관리해야 하는 부분에는 소홀한 경우가 많습니다. 이는 커피머신이나 그라인더

---

* 문제가 생겼을때 사용자가 대처할 수 있도록 장애·결함에 대한 대책이 따로 기재된 설명서를 볼 수 있습니다. 문제 항목, 대책을 상세하게 정리해둔 책자

수명을 줄이는 결정적인 요인이 될 수 있어요. 이럴 때 교체가 필요한 기계나 기구는 없는지 점검해 주는 관리 컨설팅도 비즈니스 기회가 됩니다. 그렇다면 카페에 어떤 점검 포인트가 필요한지 살펴보겠습니다.

필터 관리

보통 커피머신과 온수 디스펜서에 들어가는 정수필터와, 제빙기에 들어가는 정수필터는 따로 장착합니다. 커피머신과 온수 디스펜서는 물을 데우는 보일러가 있어 스케일Scale이 아주 잘 끼므로, 이 기계에는 스케일 억제 정수 필터를 사용합니다. 하지만 제빙기는 냉수 자체를 사용하기 때문에 정수필터를 사용합니다. 이처럼 필터를 구분해서 장착하지 않거나 교체 시기를 놓치는 경우가 많으므로 잘 관리해야 합니다.

전기 / 물 공급라인 관리

전기가 떨어지는 카페의 경우, 바 설계 당시 전기 사용량을 잘못 예측했기 때문입니다. 이럴 때는 낭비되는 전력 사용은 없는지 확인하고, 필요하면 전기증설 공사를 진행해야 합니다. 그리고 물 공급라인을 엉성하게 세팅하면 커피머신 고장의 원인이 되기도 하고 제빙기 얼음 생성 속도도 느려질 수 있습니다. 이럴 때는 물 공급라인을 이원화하여 문제를 해결할 수 있는지 확인하고, 때에 따라 라인 추가 증설 공사가 필요할 수 있습니다.

커피머신, 온수 디스펜서 디스케일링

커피머신과 온수 디스펜서는 사용하는 물의 양에 따라 차이는 있지만 2~3년에 한 번은 오버홀Overhaul 작업*을 해야 합니다. 커피머신을 전부 분해하여 물이 보관되는 보일러 내부와 물이 지나가는 관 내부에 낀 스케일을 제거해 주는 작업입니다. 간혹 100~150만 원까지 드는 비용 때문에 작업을 미루거나 간과하기도 하는데, 이는 커피머신 고장과 노후화의 가장 큰 원인이 됩니다. 머신 엔지니어가 카페 사장이 미처 챙기지 못하는 이런 부분을 체크해주고, 가능하다면 조금 저렴한 비용으로 오버홀까지 직접 진행해주면 경쟁력을 갖추리라 예상합니다.

---

* 커피머신 부품을 분리하여 산도가 강한 용액으로 스케일을 제거하는 작업

커피머신의 직접적인 고장 원인인
스케일(석회질)

머신 및 기자재 체크

커피머신부터 그라인더, 제빙기, 냉장고 등을 주기적으로 체크하고 부품 교체가 필요한 경우 간단히 수리 보수해 줍니다. 한 달에 한 번 정도 해야 하는 그라인더 분해 날 청소, 제빙기 청소를 대행하고 비용을 받는 것도 좋습니다.

부품 교체를 위해
분리한 커피 그라인더

중고머신 유통

커피머신 엔지니어와 함께 할 수 있는 비즈니스 모델로 중고머신 유통이 있습니다. A/S를 진행하다 보면 자연스럽게 수명이 다한 머신을 가져오게 되고 새로운 제품이나 중고품을 팔아서 수익을 남기게 됩니다. 수명을 다한 머신이라도 핵심 부품을 교체하고 수리하면 다시 되팔 수도 있고, 자연스럽게 중고 커피머신 재고를 가질 수도 있습니다. 이처럼 카페를 오픈하는 데 드는 비용을 절감하기 위해 중고 커피머신을 알아보는 사업자를 대상으로 커피머신 기기 소싱이 가능합니다.

카페 폐업 컨설팅

개인 사정이 있거나 카페를 유지하기 어렵겠다고 판단하여 폐업을 결정하는 곳들이 있습니다. 이후 폐업하는 과정에서 손실을 최소화하기 위한 방법들이 있는데요. 먼저 점포를 철거하는 데 드는 비용, 전직장려수당 등 정부 보조금을 지원받을 수 있는 루트가 있습니다. 이러한 정보를 잘 몰라서 활용하지 못하는 사례가 생기지 않도록 도울 수 있습니다. 그리고 카페에 남은 커피머신을 비롯한 기자재들을 매입해 주거나 판매를 대행해 주면 손실을 줄일 수 있습니다. 커피머신 재고를 가지고 있다가 이를 손보고 다시 되파는 비즈니스를 하고 있다면, 폐업하는 업체들을 통해 저렴하게 기기들을 매입할 수 있는 기회가 됩니다.

카페 창업 컨설팅

커피머신 전문 업체들은 카페 오픈을 준비하는 사업자를 많이 만납니다. 그러다 보니 자연스럽게 커피머신 소싱을 하게 됩니다. 자연스럽게 카페 오픈 컨설팅을 하게 됩니다. 또한 커피머신 AS 업체는 보통 중고 머신 재고들을 보유하고 있습니다. 카페를 저렴하게 오픈하고자 하는 예비 사장님들에게는 매력적인 제안입니다.

각종 부품 온라인 유통

A/S 요청이 들어와서 현장에 갔는데 부품 교체가 필요한 경우를 위해 대부분은 커피머신 기종을 물어보고 증상을 들은 후 관련 부품을 챙겨갑니다. 많이 사용하는 제품 모델 중에서도 교체가 잦은 부품들은 일정량 재고를 가지고 있는 경우가 많지요. 이러한 제품을 온라인상에서 유통하는 것도 좋은 비즈니스 모델입니다. 고무가스켓이나 샤워스크린 같은 소모품은 수요도 많습니다. 물건을 배송할 때 A/S

서비스에 대한 정보를 같이 동봉하면 부품을 구매하러 왔다가 A/S를 신청하는 일도 생길 수 있습니다.

1인 사업자로 독립한 후
고객을 만나려면 어떻게 해야 할까요?

커피머신 회사에서 어느 정도 경험도 쌓았고, 창고로 사용할 만한 공간도 얻었습니다. 사업자등록증도 받았으니 이제 영업만 시작하면 됩니다. 자, 그렇다면 고객을 만나기 위해서는 어떻게 해야 할까요?

블로그 개설

잠재 고객이 지역 A/S 업체를 검색했을 때, 온라인 공간이 있어야 합니다. 예컨대 '마포구 합정동 커피머신 수리'라고 검색했을 때 정보가 노출되어야 한다는 의미인데요. 기존의 다른 A/S 업체들이 블로그를 비롯한 SNS를 어떻게 활용하는지 참고해 보세요. 먼저 블로그를 개설했으면 자신이 했던 수리 내용을 사진과 함께 게시합니다. 수리 전과 후 비교 사진을 같이 첨부하면 됩니다. 그리고 검색 태그에 걸리도록 키워드를 설정합니다. 한국에서 가장 많이 활용하는 검색 엔진 플랫폼인 네이버에 블로그를 개설하면 잠재 고객을 만날 수 있는 확률도 높아지겠지요.

소규모 프랜차이즈 및 커피 업체 제휴

대형 프랜차이즈 업체는 본사에 전담 엔지니어가 있기 마련입니다. 하지만 규모가 10개 내외이거나 직영카페를 몇 군데 운영하는 커피 업체의 경우 전담 엔지니어를 두기는 사실상 어렵습니다. 작은 규모의 프랜차이즈 가맹점 커피머신이 문제가 생기는 경우 난감해 집니다. 이럴 때는 검색해서 기사님을 찾거나 커피머신을 소싱했던 업체에게 SOS를 요청하게 됩니다. 간혹 턱없이 높은 비용을 지불해야 할 때도 있는데, 제휴한 업체가 있다면 든든하겠지요. 이러한 시장의 기회를 잘 활용하면 꾸준히 일거리가 제공될 수 있습니다.

신뢰할 만한 업체라는 인상주기

A/S는 비용이 공개적으로 적혀 있지 않고, 소비자 입장에서 어느 정도 견적이 적당한지 파악하기가 다소 어렵습니다. 그래서 커피머신의 솔레노이드 밸브*에 문제가 생겼으니 교체해야 한다고 하면 그렇게만 알아듣고, 메인보드 전체를 갈아야 하는 큰 문제라고 하면 '그것만 교체하면 되겠구나' 하고 이해하게 됩니다. 이 같은 상황에서 소비자는 정확한 정보인지 판단하기 어려우므로 결국 엔지니어가 말한 정보를 신뢰하는 수밖에 없습니다. 공급자가 제공하는 정보의 진실성을 판단하기 어려울 경우, 소비자에게 과한 견적이 청구되기 쉽습니다. 그래서 멀쩡한 부품을 교체한다거나 과한 견적을 청구하지 않는다는 것을 고객 눈높이에 맞춰 잘 어필해야 합니다. 한번 좋은 인상

---

* 전류가 흐르면 밸브가 열리고, 흐르지 않으면 닫히는 밸브입니다. 커피머신에서는 물의 흐름에 사용합니다.

을 받으면 고객은 추후에 다시 그 업체를 찾기 마련입니다.

또 다른 비즈니스 기회도 있습니다

에스프레소 머신 엔지니어는 또 다른 비즈니스의 기회로 확장할 수 있습니다. 몇 가지 아이디어를 소개합니다.

카페 창업자와 폐업자를 연결해 주는 플랫폼 운영

커피머신 엔지니어는 자연스럽게 중고 커피머신 유통사업과 가까워집니다. 그러다 보면 오픈하는 카페나 폐업하는 카페들을 상대적으로 많이 만나게 됩니다. 그렇다면 카페를 폐업하려는 사업자와, 좀 더 저렴한 비용으로 카페를 창업하려는 사업자를 연결해 주는 중개자 역할 또는 그들의 만남이 이루어지는 플랫폼을 만들어보면 어떨까요? 권리금이 적은 곳에 최소한의 인테리어, 기기 소싱 비용으로 카페를 오픈해 보고자 하는 사업자와 폐업하면서 기물에 대한 비용을 조금이라도 받고자 하는 사업자를 중개해 주는 겁니다. 폐업하는 카페의 인테리어와 기기를 그대로 이어받아 운영하려는 사업자도 있을 거고, 인테리어는 다시 하되 일부 기기만 받아서 운영하려는 사업자도 있을 겁니다. 이 과정에서 소정의 중개 수수료를 받거나, 새로 카페를 오픈하려는 사업자를 대상으로 인테리어, 기기 소싱 등으로 수익을 남기는 방법도 있습니다.

커피머신 관련 정보를 모은 인터넷 카페 운영

　최근 블로그로 돈 버는 법, 인스타그램으로 물건 판매하는 법 등 SNS를 활용한 비즈니스 모델을 설명하는 전자책부터 VOD까지 많이 나옵니다. 유튜브에 검색하면 다양한 강의를 볼 수 있습니다. 그중에서 저에게 가장 인상 깊었던 내용이 있는데요. 블로그나 인스타그램 같은 오픈형 SNS는 게시글을 업로드하는 순간 검색하는 모든 이에게 공개되는 장점이 있는 반면, 알고리즘에 적합한 글을 꾸준히 올려줘야 한다는 단점이 있었습니다. SNS 운영자가 지속적으로 글을 올리지 않으면 수익이 안 나오는 구조이기 때문이지요. 하지만 네이버 카페는 다릅니다. 카페는 어느 정도 규모를 갖추기 전까지 운영자가 신경을 많이 써야 합니다. 하지만 사람이 모이고 규모가 확장되면 회원들이 스스로 콘텐츠를 만들고 글을 작성하는 시기가 옵니다. 이때가 되면 운영자는 틀만 잡고 악성 컨슈머만 통제해 주면 됩니다.

저절로 카페가 자라는 순간이 오게 되는 것이지요. 네이버나 다음카페에 다양한 커피 관련 커뮤니티가 있으며, 아마 커피머신과 관련한 커뮤니티도 있을 줄 압니다. 하지만 너무 다양한 주제들을 한번에 모아서 눈에 잘 띄지 않거나 회원수가 적어서 활성화 안된 카페들도 많습니다. 이미 있는 카페들을 잘 살펴보시고 할만한 틈새시장은 없는지 한번 아이디에이션을 해보시길 바랍니다.

전자동 커피머신 A/S 전문 업체 운영

오피스 탕비실 노리기 챕터에서 커피머신 렌탈 비즈니스에 대해 공유드린 바 있습니다. 여기서 사용하는 머신은 카페용이 아닌 오피스용 전자동 커피머신으로, 버튼만 누르면 원두를 갈아서 커피를 추출하는 머신을 말합니다. 에스프레소 머신 수리는 주로 카페를 대상으로 하지만 전자동 커피머신은 오피스와 가정까지 수요가 다양합니다. 다만 그만큼 머신의 종류가 많아서 보통은 특정 브랜드 전문 A/S 기사가 활동합니다. 해외에서 들여온 머신인 경우에는 총판업체에서 수리를 담당합니다. 일반적으로는 머신을 공장으로 입고해서 A/S를 진행합니다. 국산 머신 브랜드 중에서는 전국에 대리점을 운영하며 A/S 수요를 각 대리점에 위탁하는 경우가 있습니다. 이 같은 경우는 현장으로 출동하여 A/S 처리가 가능합니다. 대리점은 전자동 커피머신 브랜드와 전문점 계약을 진행한 개별 사업자입니다. 커피머신 공장에서 생산한 머신을 도매가로 받아 유통도 가능하고 A/S 센터도 운영 가능합니다. 커피머신 수리나 렌탈 쪽으로 경력이 있는 경우 계약이 수월해집니다. 요즘은 부동산, 미용실, 식당 등 어디를 가든 커피머신 한 대씩은 있지요. 머신이 많이 있으면 있을수록 A/S 수요는 올라가며, 현재 A/S 센터를 운영하려는 사업자가 많아서 경쟁이 치열한 것으로 압니다. 하지만 그만큼 이 시장도 꾸준히 성장하기 때문에 진입 가능하리라 봅니다.

카페 정기 케어 서비스

카페를 운영하다 보면 신경 써야 할 것들이 참 많지요. 매일매일 관리하고 점검해야 할 사안이 있고 일주일, 한 달 분기 단위로 관리해야 하는 사안들이 있습니다. 앞서 카페 관리 포인트 점검 컨설팅에 대해 말씀드렸습니다. 점검한 결과를 바탕으로 아예 정기적인 관리 서비스 계약을 맺는 것입니다. 그렇게 한 달에 한 번씩 방문하여 제빙기 청소, 그라인더 날 청소, 에스프레소 머신 세부 점검, 필터 점검을 하고, 필요한 경우 부품도 교환해 줍니다. 미처 챙기지 못하는 부분을 대신 챙겨주는 비즈니스 모델이지요. 아직까지는 이런 서비스를 제공하는 업체를 보지 못했습니다. 하지만 카페 시장이 성장하고 성숙해지면서 분업 모델도 발달하여 얼마든지 생길 시장이라 생각하여 공유하였습니다.

AI가 발달하는 속도를 보면 앞으로 5년 뒤에는 어떤 세상이 펼쳐질까 쉽게 상상이 안 가는데요. 이제는 상상하는 속도보다도 빠른 속

도로 발전하는 게 디지털 기술이 아닌가 싶습니다. 그래서 걱정이 참 많았습니다. 과연 여기서 소개한 비즈니스 모델들이 앞으로 5년 뒤에도 유효할까요? 그런데도 자신 있게 말씀드릴 수 있는 영역이 바로 엔지니어 파트입니다. 디지털 기술이 아무리 발달하더라도 기계를 고치는 것은 사람이 아닐까요? 커피머신이 디지털 기술로 좀 더 세련되고 복잡해질 수는 있겠지만 그 머신을 드라이버로 열고, 부품을 교환하고, 나사를 끼우고 조이는 것은 사람이 해야 할 영역입니다. 그리고 공구를 만지고 무거운 기계를 다루어야 하는 직업은 경쟁자들이 상대적으로 잘 진입하지 않는 영역이기도 합니다. 그래서 더더욱 매력 있는 직업이라 생각합니다. 제 아버지는 평생 엔지니어로 살아오셨습니다. 큰 기계를 다루고, 고치고, 설계도를 보고, 제작도 하고, 용접도 하십니다. 요즘은 공장에 인력이 필요하면 외국인 노동자들로 채워진다고 합니다. 대학을 졸업한 사람들이 그쪽 영역으로 쉽게 눈을 돌리지 않기 때문이죠. 그래서 칠순이 넘으신 지금도 이곳저곳 다니며 일하시는데, 수입도 괜찮고 안정적입니다. 급격한 사회 변화가 오히려 아버지가 종사하는 분야를 지켜준 것이죠. 커피업 안에서 엔지니어 파트 또한 그렇지 않을까 생각했습니다. 한번 배운 기술로 오랫동안 비즈니스가 가능하고 AI로도 대체되지 않는다면 투자 가치가 있지 않을까요?

NO.10
커피 인플루언서

구독 서비스 · SNS 인플루언서

구독경제란 무엇인가요?

최근 전세계는 구독경제 열풍입니다. 넷플릭스는 O2O서비스를 통한 고객 구독을 통해 엄청난 공룡 기업으로 성장했습니다. 이제는 많은 기업들이 서비스와 상품을 정기 구독하는 고객을 유치하기 위해서 전략을 짜고 있습니다. 커피 산업에 구독경제를 적용하면 어떤 비즈니스 모델이 가능할까요?

맞춤형 원두 구독 서비스

이미 많은 커피 회사들이 서비스를 진행하고 있습니다. 고객은 월 정해진 금액을 지불하고 고객에게 맞춤형 원두를 보냅니다. 원두 생산지, 로스팅 포인트, 분쇄 정도 등을 고객 맞춤으로 하여 배송합니다.

커피 기기 구독 서비스

커피머신 렌탈과도 비슷합니다. 원두가 아니라 기계를 구독합니다. 캡슐 머신, 드립커피 메이커, 핸드드립 도구 등 고객이 원하는 형태의 도구를 일정 기간 임대하고 사용할 수 있도록 합니다. 여기에 맞는 커피 형태도 함께 보내는데요. 캡슐 머신에는 캡슐형 커피를, 핸드드립 도구에는 원두를 보냅니다.

구독 서비스로 렌탈 가능한 각종 커피 기기들

커피 음료 구독 서비스

월별로 일정한 금액을 선지불하고 할인된 금액으로 잔 커피를 구입합니다. 특정 브랜드에 충성도가 높은 고객에게 좋은 기회죠.

구독 서비스가 가능하려면?

선택권의 다양성

상품과 서비스가 다양해야 합니다. 고객이 상품을 직접 선택할 수도 있고 업체의 큐레이션Curation에 맡길 수도 있습니다. 상품과 서비스가 몇 가지 되지 않는다면 고객이 흥미를 느낄만한 요소가 줄어들기 때문에, 구독 동인이 떨어집니다.

개별화(Customising) 서비스

고객이 원하는 취향에 맞춰서 개별화 서비스를 설계할 수 있다면 구독 서비스가 성공할 가능성이 높아집니다.

콘텐츠 요소

상품만 배달되는 것이 아니라 상품을 즐기는 데 도움이 되는 콘텐츠가 함께 제공된다면 구독 지속률이 높아집니다.

할인 서비스

상품을 그냥 구입했을 때보다 저렴해야 구독에 대한 동인이 생깁니다.

커피 구독 서비스로 성공한 사례는?

커피 시장에서 구독 서비스를 성공적으로 진행하고 있는 몇 업체를 소개해 드리겠습니다.

브라운백

브라운백은 오피스 구독시장의 강자입니다. 2,400곳이 넘는 오피스가 브라운백의 커피를 구독하고 있습니다. 세 번째 챕터의 '오피스 탕비실 노리기'에서 이야기했던 커피머신 렌탈 서비스가 결국 오피스 커피 구독 서비스인 것이죠. 특징이 있다면 빅데이터를 통해서 한국인들에게 맞는 커피 취향의 몇 가지 모듈을 뽑아내고, 그것을 상품들로 구성해 오피스 고객들에게 제안한다는 점입니다. 주문한 원두가 마음에 들지 않으면 다시 취향에 맞는 원두를 선택할 수 있는 과정을 좀더 체계적이고 소비자 언어 중심적으로 제공합니다.

brownbag.one

원두 데일리

오피스 시장에 솔루션을 제공하는 여느 업체와 비즈니스 모델은 같습니다. 다만 한국의 유명 스페셜티 브랜드의 원두들을 선택해서 마실 수 있도록 플랫폼 역할을 합니다. 그리고 오피스에 설치하는 머신의 종류도 다양합니다. 오피스에 상주하는 인원, 상황에 따라 머신이 달라지죠. 커피 시장에서 소비자와 공급자가 연결되는 플랫폼을 만들어낸 몇 안 되는 업체 중 하나입니다.

onedodaily.kr

커피 리브레

위의 두 업체는 오피스 시장을 타깃으로 구독 서비스를 진행한다면, 커피 리브레는 일반 소비자들을 대상으로 구독 서비스를 제공합니다. 리브레는 이 서비스를 '장복'이라고 부르는데요. 이는 장기복용의 줄임말입니다. 재미있는 타이틀이죠? 리브레는 한국의 대표적인 스페셜티 커피 업체인만큼 다양한 고급 스페셜티 생두들을 기반으로 원두를 제공한다는 이점이 있습니다. 많은 커피 애호가들이 리브레 구독 서비스를 애용하는데요. 상품이 공급될 때 리브레만의 재미있는 콘텐츠가 함께 배달됩니다.

coffeelibre.kr

또 다른 구독경제, SNS 인플루언서

인플루언서들은 많은 팔로워, 혹은 구독자를 보유하고 있습니다. 위에서 말한 구독경제는 상품을 정기적으로 공급하는 비즈니스를 의미한다면, SNS 인플루언서는 콘텐츠를 공급하는 사람들을 의미합니다. 대표적으로 유튜브, 네이버 블로그, 트위터, 페이스북, 인스타그램 등이 있죠. 각각의 플랫폼이 지닌 특징에 맞춰 잘 맞게 콘텐츠를 생산해야만 파급력을 줄 수 있습니다. 이때 비즈니스 모델은 다양한데요. 우선 첫 번째로 광고수익이 있습니다. 구독자가 많으면 자연스럽게 광고수익이 생기는데요. 플랫폼에서 자동으로 태우는 광고부터, 특정 업체의 요청으로 싣는 광고가 있습니다. 두 번째로는 자신이 판매하는 상품이나 서비스를 광고하는 채널로 활용하여 매출이 생길 수 있습니다. 세 번째로 상품이나 서비스에 대한 협찬 섭외가 있습니다. 이는 돈으로 받는 수익은 아니지만 상품 후기를 올린다는 전제로 공짜로 상품을 얻을 수 있는 기회가 주어집니다. 네 번째로 제휴 마케팅이 있습니다. 자신의 SNS 링크를 통해서 구입이 이루어질 경우,

매출의 일부가 공유됩니다. 마지막, 다섯 번째로는 공동구매가 있습니다. 많은 팔로워를 가지고 있는 인스타그래머 혹은 페이스북 유저가 자신의 팔로워들에게 아이템을 소개하고, 공동구매를 통해서 싸게 공급하는 서비스입니다.

인플루언서가 되는 원리

나의 채널에 많은 구독자가 생겨서 사회적 영향력이 생기는 것을 의미합니다. 그럼 어떻게 해야 영향력이 생길까요? 아래의 요건들 중에서 한두 가지를 만족한다면 인플루언서가 될 가능성이 있습니다.

흥미로운 콘텐츠 공급

온라인으로 소비되는 콘텐츠는 뭐니뭐니 해도 재미가 있어야 합니다. 돈을 벌겠다고 처음부터 상품 관련 콘텐츠를 올리기 시작하면,

그 채널은 노골적인 상품 광고러로 인식되어 팔로잉이 적어집니다. 재미가 있어야 우연히 추천으로 뜬 피드에 사람들이 머물게 되고, 흥미가 생기면 팔로우 버튼을 누르게 되는 것이죠.

고퀄리티의 콘텐츠 공급

퀄리티가 높은 영상/사진은 자연스레 사람들의 이목을 끕니다. 사진, 영상 편집이 가능한 전문성을 갖춘 공급자가 유리한 이유가 여기에 있습니다. 하지만 이는 양날의 검입니다. 퀄리티가 높은 콘텐츠를 올리겠다고 너무 많은 힘을 쓰면 업로드 빈도가 낮아집니다. 콘텐츠 하나하나의 퀄리티도 중요하지만 상대적으로 더 중요한 것은 콘텐츠의 양과 업로드 빈도입니다. 퀄리티는 생산속도를 감안하여 적당한 선에서 타협해야 합니다. 또한 보여지는 것이 중요한 온라인 세상에서, 멋지고 아름다운 외모는 강력한 무기가 될 수 있습니다. 이는 어쩔 수 없는 현상이지만, 그렇지 않은 인플루언서들도 아주 많죠. 조금 유리할 뿐입니다.

유용한 정보의 공급

만약 재미가 없고 퀄리티가 낮아도, 정보가 유용하다면 사람들은 관심을 갖습니다. 대단한 정보가 아니더라도 내가 실생활에 바로 적용할 만한 소소한 정보들이 SNS를 통해서 많이 유통되죠.

신뢰할 만한 메신저

메시지를 내는 메신저, 그러니까 SNS 운영자가 정말 신뢰할 만한 사람인지가 중요합니다. 신뢰는 메시지의 진정성, 성실성, 유용함으로 쌓이기 때문에 닭이 먼저냐, 달걀이 먼저냐의 논쟁과 비슷하긴 합니다. 인플루언서는 결국 온라인에서 신뢰를 얻은 사람들입니다. 그 신뢰가 '이 사람의 정보는 뭔가 전문성이 있어.' 혹은 '종종 물건을 팔기는 하지만 진짜 좋은 물건을 엄선해주는 사람이야.' 또한 '마음을 움직일 만한 스토리를 가진 사람이라 공감이 돼.' 등으로, 신뢰의 방향과 기반은 다양합니다.

꾸준함과 성실함

그냥 평범한 사람이 온라인으로 인플루언서가 되는 과정은 오랜 기간을 거친 결과입니다. 꾸준하고 성실하게, 반응이 있든 없든, 그야말로 한 톨 한 톨 영향력을 모아서 태산을 만드는 과정입니다. 이를 버틸 수 있는 사람에게만 주어지는 영광이죠. 그리고 어느 순간을 넘어서면 기하급수적으로 팔로워가 증가하는 단계가 옵니다. 그전까지는 지난한 과정을 견뎌야 합니다. 그래서 콘텐츠를 선정할 때는 내가 원래부터 관심이 있고 좋아하는 분야여야 합니다. 그래야만 특별한 보상이 없어도 지속 가능하게 플레이할 수 있기 때문입니다.

일관성 있는 주제

주제가 일관성이 있어야 전문성이 생깁니다. 사람들이 유튜브 채널을 구독하는 원리는 마치 수강신청을 하는 것과 같습니다. 특정 분야에 유용한 정보를 공급하는 채널로 인식되고, 앞으로도 지속적으로 정보를 받을 용이가 있다면 구독 버튼을 누르게 됩니다. 정보성 채널이 아닌, 재미를 위해서 구독하는 채널도 그 채널만의 일관된 스타일이 있습니다. 이에 대한 흥미로 구독 버튼을 누르죠. 또한 이는 인스타그램에서, 이미지의 톤앤 매너의 일관성이 됩니다.

원활한 쌍방향 소통

자신의 구독자들과 소통이 원활해야 신뢰관계가 두터워집니다. 나중에 수십만 유튜버가 돼서 감당이 안 될 정도가 되면 전략적인 소통이 필요하겠지만, 적어도 수백 명, 수천 명의 단계에서는 쌍방향 소통에 능해야 합니다.

유명한 전문가

현재 온라인에서 팔로워를 가장 많이 가지고 있는 사람들은 원래 유명인인 경우가 많습니다. 연예인, 정치인, 사회적으로 유명한 전문가 등입니다. 결국 오프라인 강자가 온라인 강자가 됩니다. 하지만 우리 같이 평범한 사람이 생각하는 인플루언서는 이런 종류의 채널을 운영하는 것을 말하는 것은 아닙니다. 다만 이 원리를 잘 생각해봐야 합니다. 구독자들을 모을 때, 꼭 온라인 알고리즘에만 연연할 필요가 없다는 말입니다. 오프라인에서 만난 내 강의 수강자, 다양한 행사에서 만난 참여자들을 구독자로 초청하여 온/오프라인 영향력이 시너지가 나도록 할 수 있습니다.

커피로 인플루언서가 되는 방법은 무엇이 있을까?

지금 현재 커피 관련 많은 인플루언서들이 활동하고 있습니다. 하지만 저는 여전히 기회가 있다고 생각합니다. 노려볼 만한 틈새시장은 없을지, 현재 플레이하고 있는 인플루언서들만큼의 영향력은 아니지만 그들을 벤치마킹하여 마이크로 인플루언서 정도의 영향력을 가질 수는 없을지, 제가 가지고 있던 아이디어를 공유해보겠습니다. 커피를 가지고 뭔가를 하고 싶더라도 각자가 처한 상황과 관심사가 다를 수 있기 때문에 아이디어들을 참고하시면서 자신의 방향성을 생각해 보시길 바랍니다.

블로그

한국에서 블로그로 가장 많이 사용되는 플랫폼은 네이버와 티스토리입니다. 네이버는 가장 많은 사용자를 가지고 있는 포털이라 좀더 방문객이 많습니다. 키워드를 잘 걸어놓느냐, 네이버 알고리즘에 잘 맞느냐에 따라 순식간에 조회수 급상승도 가능합니다. 또한 애드 포스트 광고를 달 수 있는데요. 방문자가 많지만 단위당 광고료가 낮은 것이 단점입니다. 티스토리는 다음에서 운영하는 블로그 플랫폼입니다. 가장 큰 장점은 구글 애드센스를 달 수 있다는 것입니다. 이는 광고료가 높아, 방문자수가 많아지면 꽤 쏠쏠한 광고수익이 생기게 됩니다. 하지만 네이버만큼 사용자가 많지 않기 때문에 상대적으로 방문자 숫자가 적다는 단점이 있습니다.

카페 소개 블로거

포스팅 사진
촬영 중인 블로거

여행, 맛집 소개 블로거는 너무 많습니다. 여기에 카페를 전문으로 소개하는 블로거도 많구요. 많은 공급자가 있지만 여전히 시작할 만한 콘텐츠라고 생각합니다. 사진을 예쁘게 찍어서 리뷰를 올리는 것 정도는 누구나 다 하는 블로그 활동입니다. 하지만 그것과 함께 자신만의 카페를 보는 관점이 있고 전문성이 드러난다면 주목받을 수 있다고 생각합니다. 인플루언서를 모집하는 플랫폼에 무료로 커피를 마시고 카페를 소개하는 포스팅을 해달라는 요청은 지속적으로 올라오죠. 만약 카페 홍보에 도움이 될 만한 포스팅을 올리는 데 전문성이 생긴다면 카페로부터 광고비를 벌 수 있는 기회가 됩니다.

생두, 원두, 커피 상품 리뷰 블로거

집에서 직접 로스팅까지 하는 커피 애호가들의 경우, 생두에 대한 리뷰를 많이 올립니다. 로스팅 포인트를 이렇게 했더니 이렇더라, 이렇게 하는 것을 추천한다 등등이 가능합니다. 커피 애호가들 사이에서 인플루언서가 된다면 블로그를 통해서 공동구매를 추진하는 것도 가능해집니다. 그 자체가 비즈니스 모델이 되는 것이죠. 원두도, 커피상품도 마찬가지입니다. 영향력이 생기면 이런저런 업체에서 자신의 원두를 소개해달라는 요청이 들어오기 시작할 겁니다.

브런치, 네이버 프리미엄 콘텐츠

블로그보다 좀더 전문적인 글을 쓰는 플랫폼으로 '브런치'가 있습니다. 이곳은 작가로 지원해 통과해야 글을 쓸 수 있습니다. 여기에 올라라는 오는 글들을 잘 취합하여 작가로 데뷔하는 사람들도 꽤 되죠. 브런치는 다음에서 제작했습니다. 네이버에서 이와 비슷한데 조금 다른 '프리미엄 콘텐츠'라는 플랫폼을 만들었습니다. 이는 좀더 전문적인 글들을 보기 위한 플랫폼입니다. 구독자를 모집할 수 있고, 과금이 가능하며 자신의 글을 보기 위해서 월 00원을 내도록 설정이 가능합니다. 또한 구독자들에게 바로 구독료를 받을 수 있습니다.

커피 에세이

자신이 맛깔나는 글을 쓰는 재주가 있다면 커피와 관련한 일상을 에세이로 남겨보는 것이 어떨까요? 커피 회사에 다니면서 생기는 일들, 카페를 운영하면서 생기는 일들, 커피 생산지를 돌아다니면서 생긴 에피소드 등을 꾸준히 쓴다면, 책으로 엮을 만큼의 훌륭한 모음집이 되어 있을 것입니다.

커피에 관한 깊은 이야기

업계에 있는 사람들이 읽고 참고할 만한, 좀더 전문적인 지식을 다룬 글을 아예 구독료를 받고 구독자를 모아보는 것이 어떨까요? 카페를 성공적으로 운영하는 소소한 방법들, 미래 시대에 일어날 기술을 활용한 커피 테크들, 생산지의 소상한 정보와 생두 정보들, 커피 사업을 일으킨 과정과 방법론들 등, 실제로 월 10,000원을 내고라도 꾸준히 구독해 볼 만한 글들을 올려서 월 100명만 구독자를 모으더라도 100만 원의 수익이 생기게 됩니다.

인스타그램

현재 기준으로 가장 파급력이 높은 SNS입니다. 글보다는 사진이, 사진보다는 영상이 집중도가 높습니다. 뒤에 이야기할 유튜브는 콘텐츠를 만드는 데 시간이 많이 걸립니다. 하지만 인스타그램은 약간만 배우면 누구든지 시작할 수 있습니다. 영향력은 페이스북에서 인스타그램으로 넘어온 지 오래되었죠. 인스타그램을 활용한 비즈니스 모델은 그만큼 많습니다. 인스타그램은 라이프 스타일을 파는 효과적인 플랫폼이라 정의 내리고 싶습니다. 사진으로 표현되는 맛집, 뷰티, 패션, 명소, 다양한 용품 등이 한 사람의 라이프 스타일을 규정하고, 따라 하고 싶고, 경험하고 싶게 표현된다면 영향력이 생길 것입니다.

홈 카페 꾸미기, 즐기기

자신의 집의 한 공간을 홈 카페처럼 꾸며 놓고, 매일 다양한 음료들을 즐기는 사진을 일관성 있는 톤앤매너로 올려보면 어떨까요? 자신의 집에도 그런 공간을 하나쯤은 가지고 싶어 하는 팔로워들에게 자극이 될 것입니다. 감성적인 느낌의 커피잔과 주변의 데코로 시선을 잡고, 다양한 홈 카페 레시피를 소개하면 홈 카페족들에게 어필이 될 것입니다. 이때 자연스럽게 홈 카페 용품 판매 링크를 함께 공유하면

판매가 일어나게 됩니다. 또한 앞으로는 홈 카페를 대행으로 꾸며주는 비즈니스 모델도 생기지 않을까 생각합니다. 작은 공간을 튜닝하여 집의 한 공간을 멋지게 바꾸는 방법을 소개해보세요.

커피 관련 용품 공동구매

　인스타그램에서 꽤 높은 수익을 벌었다는 분들 중에서 공동구매를 이야기하는 분들이 종종 계십니다. 많은 팔로워를 소유하고 있는 팔로워와 신뢰 관계가 좋은 인스타 유저들이 자신이 사용해 본, 정말 유용하고 좋은 물품을 소개합니다. 그리고 상품 링크를 건 후, 공동구매 기한을 정합니다. 공동구매를 진행한 사람의 숫자가 높을수록 상품 소싱 가격이 낮아집니다. 수익률이 높아지는 것이죠. 주문이 들어올 때마다 주문을 쳐낼 필요도 없습니다. 공동구매의 특성상, 기한까지 주문자들을 모으고 한꺼번에 배송하는 것이 특징이니까요. 인스타그램에 상품 광고만 노골적으로 올리면 팔로워들과의 신뢰가 형성되지 않습니다. 그냥 장사치로 보일 뿐이죠. 하지만 꾸준히 계정을 통해서 자신의 삶의 모습을 보여주고, 자신이 어떤 가치를 가지고 있는지 보여주면서 고객들과 커뮤니케이션을 통해 큰 계정이라면, 이런 공동구매가 좀더 효과적이게 될 것입니다. 정말 믿을 수 있는 사람이 추천해 준 믿을 만한 물품이 되거든요. 육아 용품같이 비슷한 상황, 비슷한 감정을 가지고 있는 사람들과 커뮤니티로 기능하기 좋은 아이템이 더욱 효과적입니다. 커피는 조금 성격이 다르긴 하지만, 어떤 메시지를 주고 고객들과 어떻게 신뢰를 형성하는지에 따라 충분히 가능하다고 생각합니다.

유튜브

유튜브는 현재 가장 강력한 커뮤니케이션 툴입니다. 이제는 구글이 아니라 유튜브로 검색한다는 말이 있습니다. 또한 구독자 10만, 100만을 달성해서 월 수백만 원에서 수억 원까지 번다는 말이 있습니다. 초등학생들의 장래희망을 물어보면 유튜버가 의사를 상위한다고 합니다. 이제는 어떤 비즈니스 모델을 하던, 유튜브는 브랜딩을 위한 필수 채널이 되었죠. 그렇다면 커피를 가지고 유튜브를 이용해서 수익을 낼 방법은 무엇이 있을지 고민해 보겠습니다.

카페를 운영하면서 필요한 소소한 팁

자신이 만약 카페를 운영한다면 단순히 자신의 카페를 홍보하는 것을 넘어서 다른 카페 사장님들에게 도움이 될 만한 실질적인 팁들에 대해서 영상자료를 만들어 보는 것은 어떨까요? 예를 들면 카페에서 사용하는 커피머신 이상 증상에 따른 조치들, 커피머신 잘 관리하는 방법, 필터 교환법 및 필터 종류에 따른 기능 소개, 단골 만드는 방법 등, 알려주는 사람이 없어서 처음에 애를 먹는 사장님들에게 꾸준히 좋은 팁들을 제공한다면 충분히 영향력을 가질 수 있게 될 거라 생각합니다. 또한 이는 자연스럽게 컨설팅으로 연결되겠죠.

커피 생산지 투어

커피에 관한 대부분의 정보와 경험이 공유되었지만 커피농장에 대한 정보만큼은 아직 한국 커피 소비자들과 업계의 종사자들에게조차 생소합니다. 생산지 여기저기를 돌아다닐 수 있는 여건이라면 생산지의 영상을 담아 소개하는 것이 어떨까요? 생산지 농부들이 수확하는 모습, 내추럴/워시드 프로세싱 실제 모습, 생산지 전통 커피 음용 문화, 생산지 카페는 어떻게 생겼는지 등, 아직 미지의 세계인 생산지를 담는다면 분명 영향력을 가질 수 있을 거라 생각합니다. 이는 자연스럽게 생두 비즈니스로 이어질 수 있습니다. 물론 이렇게 생산지를 자주 다니는 사람이라면 이미 그린 빈 바이어일 가능성이 높지만 말입니다.

카페 시그니처 메뉴 레시피

시그니처 메뉴 하나로 대박이 나서 성공한 카페들이 있습니다. 그런 카페들을 잘 리서치하여, 무엇이 그들의 성공 비결인지 분석하고 회심의 메뉴인 시그니처 메뉴 레시피를 공유하고, 이를 아카이빙하는 유튜브 채널, 어떠신가요? 물론 이 과정에서 원천정보에 대한 공유는 법적인 테두리 안에서 진행되어야 합니다. 물론 카페 사장님들이 쉽게 공유를 하지는 않겠지만 말입니다. 만약 가능한 방법을 찾는다면, 아주 유용하고 파워풀한 채널이 되리라 생각됩니다.

교육적 커피 콘텐츠

이제 막 커피를 입문한 사람들, 그리고 커피를 업으로 삼고 있는 사람들이 꾸준히 참고하고 공부할 만한 내용들을 업로드하는 게 어떨까요? 로스팅을 하고 계신 분들은 로스팅에 대한 팁과 지식을 꾸준히 공유합니다. 또한 브루잉을 가르치시는 분들은 다양한 원두 생산지에 따른 테이스팅 노트를 공유하고, 맛있게 내리는 레시피를 공유하죠. 교육을 주업으로 하시는 분들이, 자신이 가르치는 지식들을 쉽게 오픈하면 뭘 먹고 사느냐 하실 수 있겠지만 그렇지 않습니다. 그럴수록 더 많은 수강생이 올 거라고 생각합니다. 또한 교육이 주업이 아닌 분들에게는 교육의 기회가 생기게 될 것입니다.

팟캐스트

팟캐스트는 한때 유행이 지난 채널이라 생각하실 수 있는데, 그렇지 않습니다. 아직도 많은 사람들이 라디오를 청취하고 있습니다. 또한 얼마 전까지 가장 영향력이 컸던 정치뉴스 채널도 팟캐스트였다는 점, 잊지 마시길 바랍니다. 유튜브는 영상 콘텐츠이자 시각과 청각을 함께 동원해야 하는 콘텐츠들이기 때문에 멀티를 하면 집중이 되지 않습니다. 하지만 팟캐스트는 청각만 동원해도 됩니다. 걸으면서, 운전하면서 청취가 가능하죠. 책을 읽을 시간이 부족한 현대인들에게 책과 같은 효과가 있는 콘텐츠를 팟캐스트를 통해서 제공한다면, 많은 구독자를 모을 수 있습니다. 현재 가장 많은 유저를 가지고 있는 플랫폼은 팟빵입니다. 또한 네이버에도 오디오클립이라는 팟캐스트 플랫폼이 있습니다.

커피 업계 뉴스

커피와 관련한 뉴스들을 정기적으로 전하는 채널은 어떨까요? 생산지 뉴스, 새로 나온 머신 소개, 커피업계 투자 뉴스 등 커피 산업에 좀 깊숙이 들어와 있는 사람들이 관심을 가져볼 만한 주제들을 정해서 뉴스 형식으로 2~3명이 대담하는 형식의 채널은 어떤가요?

그 외 SNS채널

가장 초창기에 SNS의 대명사로 일컬어지던 페이스북은 그 분위기가 한껏 달라졌습니다. 시사, 정치 등의 좀 무겁고 비판적인 논조가 담긴 글들이 많이 올라오고 있죠. 페이스북은 이제 40~50대가 많이 사용하는 플랫폼이 되었습니다. 여기서 비즈니스 계정을 만들고, 팔로워를 유치하고, 비즈니스를 하는 것이 불가능한 것은 아니지만 다른 SNS보다 파급력이 떨어지는 것은 사실입니다. 트위터(2024년 기준 X로 이름이 바뀜)도 마찬가지입니다. 인플루언싱 마케팅을 하기에 적절한 채널은 아니죠. 틱톡 마케팅은 좀 난해합니다. 유튜브보다도 좀더 전문적인 영상기획과 기술이 필요합니다. 틱톡은 진입장벽이 높기도 하고, 커피 아이템과 마케팅적인 연결 접점을 찾기 쉽지 않아 소개하지 않았습니다.

커피 관련 인플루언서 소개

한국, 그리고 전세계적으로 커피 인플루언서들이 있습니다. 커피라는 아이템 하나로 수십만, 수백만의 팔로워들을 가지고 있는 대단한 사람들입니다.

외국의 커피 관련 인플루언서 채널 소개

유튜브 James Hoffmann
전 세계 바리스타 챔피언이자 커피 전문가인 James Hoffmann은 커피머신 리뷰, 홈 브루잉 가이드, 커피 원두에 대한 깊이 있는 정보를 제공하는 동영상을 제작합니다. 200만 명이 넘는 구독자가 있죠.

인스타그램 Morgan Eckroth @morgandrinkscoffee
바리스타이자 커피 크리에이터인 Morgan은 자신의 인스타그램에서 커피 레시피, 라떼 아트, 카페 탐방 등 다양한 커피 관련 콘텐츠를 공유합니다. Morgan은 2024년 기준 110만 명이 넘는 팔로워를 자랑하고 있습니다.

유튜브 Kyle Rowsell
로스팅 기계, 브루잉 기구 등 홈 카페 용으로 사용할 만한 머신들을 소개하고 리뷰합니다. 이 채널은 10만 명이 넘는 구독자를 자랑합니다.

한국의 커피 관련 인플루언서

유튜브 안스타
커피와 관련된 다양한 소식과 정보, 유용한 이야기들을 전달하는 채널입니다. 19만 명이 넘는 유튜브 채널이죠.(2024년 9월 기준)

유튜브 커픽쳐스
카페 메뉴 레시피, 카페 창업, 카페 아이템, 카페에 대한 소소한 이야기가 채널의 콘셉트입니다. 다양한 카페 메뉴 레시피를 다루는 데 영어 자막을 사용하여, 많은 외국인들도 구독하고 있을 거라 짐작합니다. 44만 명이 넘는 구독자를 자랑합니다.(2024년 9월 기준)

> **인스타그램 예나 @y.na__**
>
> 홈 카페 레시피들을 공유하는 SNS입니다. 사진과 영상의 색감이 상당히 컬러풀하고 예쁘게 구성되어 있습니다. 2024년 기준 72만 명이 넘는 인스타그램 팔로워를 자랑합니다.

인플루언서가 되는 과정은, 다른 말로 퍼스널 브랜딩을 하는 과정이라 할 수 있습니다. '나'라는 사람을 대중에게 어떠한 키워드와 연관 지어 인식시키는 과정입니다. 분명 효과적인 온라인 기법들을 가지고 있는 사람들은, 자신이 가지고 있는 기술과 지식을 돋보이게 하는데 능합니다. 고객들로 하여금 기꺼이 지갑을 열어서 무언가를 사게 만들죠. 물론 자신의 얼굴을 알리지 않으면서 큰 숫자의 팔로워와 구독자를 가진 채널들도 있습니다. 이들은 오프라인에서 자신의 얼굴이 알려지고 모르는 누군가가 자신을 알아보는 것을 좋아하지 않기 때문이겠죠. 온라인과 오프라인 공간의 명확한 분리가 쉽지 않은 세상입니다. 이 둘 간의 연결고리를 잘 기획하여 시너지를 내길 바랍니다.

노하우 판매 시장을 노려볼까요?

노하우 판매 시장은 말 그대로 자신이 가지고 있는 노하우를 파는 시장을 말합니다. 대단한 것이 아니어도 실무와 실생활에 필요한 노하우가 많이 사고 팔리고 있죠. 커피와 관련하여 판매할 만한 노하우에는 무엇이 있을까요? 또한 이들이 주로 팔리는 형태와 플랫폼은 무엇인지 알아보겠습니다.

VOD 플랫폼

최근 VOD, 전자책 등을 통해 자신이 가지고 있는 지식을 파는 플랫폼이 성행입니다. 사실 한찬 주목을 받다가 지금은 포화상태가 아닌가 생각하기도 합니다. VOD는 소비자가 필요로 하는 내용을 영상 콘텐츠로 만드는 서비스를 말합니다. VOD 플랫폼의 주제는 다이어트하는 법, 뜨개질하는 법과 같은 실생활적인 콘텐츠부터, 베이킹 레슨, AI 강의 등과 같이 전문적인 영역의 강의까지 정말 다양합니다. 초기에는 강의별로 결제해서 구입하는 구조였다가, 최근에는 싸게 월정액을 내고 서비스하는 대부분의 강의를 구독할 수 있도록 하였습니다. 클래스 101도 구독경제 비즈니스 모델로 전환한 것이 인상적입니다. 아울러 콜로소, 탈잉 등의 다른 플랫폼도 있습니다.

전자책

전자책은 크몽이 대표적인 플랫폼입니다. 사실 구입해서 활용해 본 사람들은 느끼지만 질 낮은 콘텐츠도 많이 나와 있습니다. 유튜브를 조금만 검색해도 나오는 내용을 굳이 VOD로 만들어 팔기도 하고, 강의 타이틀만 다르지 실제로는 거의 같은 내용을 말하는 강의들도 있습니다. 결과적으로 너무 많은 공급자들이 생겨버려서 전체적인 콘텐츠의 질이 낮아졌다고 할까요? 정말 제대로 된 정보를 필요로 하는 고객들에게 나의 특별한 노하우를 팔고 싶다면 다른 전략이 필요하다고 생각합니다.

커피를 가지고 어떤 노하우를 판매할 수 있을까?

VOD 시장도, 전자책 시장도 나올만한 콘텐츠는 이미 다 나온 것 같은 분위기입니다. 이미 많은 콘텐츠들이 업로드되어 있죠.

틈새시장 노리기

카페 운영 잘하는 방법, 카페 브랜딩하기, 카페 인테리어 AtoZ 이런 류의 제목의 강의는 이미 나와 있기도 하거니와, 시중에 책으로도 나와 있는, 상당히 오픈된 정보들입니다. 그리고 이렇게 범위가 넓은 개론 같은 느낌의 강의들은 플랫폼 초기에만 반응이 있었습니다. 하지만 지금과 같이 시장 진입자가 많이 나와 있는 상태에서는 틈새시장을 노리는 전략이 필요합니다. 좀더 세분화를 해야 하죠. 예를 들면, '카페 운영 잘하는 방법' 대신 '카페에 온 고객을 단골로 만들고 디지털로 관리하는 10가지 방법', '카페 브랜딩하기' 대신 '카페에 주인장의 스토리를 담는 5가지 방법', '카페 인테리어 AtoZ' 대신 '셀프 인테리어로 20평 카페 단돈 500만 원에 인테리어한 스토리' 이런 식으로 말입니다. 이렇게 세분화를 통해서 총론적인 내용이 아닌 각론적인, 또한 좀더 실질적인 내용을 원하는 고객들을 얻을 수 있습니다.

시간 줄여주기

같은 내용을 VOD와 전차책으로 만들어 두 가지의 시너지가 날 수 있도록 기획해도 좋습니다. 대단한 내용을 담고 있지 않아도 사업을 기획하고 있는 사람들에게 시간을 줄여주는 정보를 제공해도 충분히 팔리는 콘텐츠가 됩니다. 진자책 시장에도 이런 콘텐츠들이 쌔 있습니다. 커피를 가지고 아이디어 몇 가지를 드리자면, '수제청을 공급하는 공급처 리스트업 30개', '서울권역 커피머신 AS 괜찮은 업체 리스트업', '대박 난 카페들 메뉴판 유형 30가지' 등이 있습니다. 내용은 좀더 세분화하되, 카페 사장님들이 스스로 알아보려면 몇 시간 혹은 며칠을 리서치 해야 하는 자료들을 단돈 1~2만 원에 판다면, 니즈가 있는 경우에는 싸다고 느낄 겁니다.

SNS와 시너지 내기

파이프라인 구축으로 수익 내기란 말이 있습니다. 다양한 채널들을 통해서 수익화 모델을 만들고, 이들이 시너지를 내서 한 달에 직장인들의 월급을 벌어가는 N잡러가 되었다는 무용담들이 있죠. 강의에서 인플루언서가 되기 위해서는, 다양한 채널에 자신의 퍼스널 브랜딩을 위한 콘텐츠를 채널의 성격에 맞게 올리고 이들이 시너지가 나야 한다고 했습니다. 이런 자신만의 온라인 영향력을 만들어가는 요소요소에 VOD 강의와 전자책 판매 링크를 넣는다면 효과적인 판매로 이어질 것입니다.

   온라인에서 인플루언서가 되는 과정, 그리고 노하우 판매 시장에서 수익을 올리는 과정 모두 실제로 오프라인에서 강자가 되는 과정입니다. 처음부터 전문가여서 자신이 가지고 있는 콘텐츠로 금방 영향력을 모으는 사람도 있겠지만, 그런 사람들은 소수입니다. 보통은 온라인과 오프라인에서 전문가가 되기 위해서 열심히 노력하고, 그 영향력을 온라인과 오프라인을 통해서 어필하는 것입니다. 온라인에 글을 써야 하니까 공부를 하게 되고, 공부를 하니까 점점 더 전문성이 쌓입니다. 이런 과정이 차곡차곡 쌓이면 큰 자산이 되어있는 날을 맞이하게 될 것입니다.

NO.11

로스터리 창업

공유 로스터리·커피 전문 물류 창업

로스터리 창업은 어떻게 하나요?

　로스팅 기계가 있는 장소를 로스터리Roastery라고 합니다. 카페 안의 한쪽 귀퉁이에 따로 공간을 마련하여 로스팅 기계를 두는 경우도 있고, 그냥 로스팅 기계만 두고 원두를 생산하는 공장으로서의 기능만 하는 경우도 있습니다. 제가 여러분께 드리고자 하는 정보는 후자, 즉 로스팅 공장을 창업하는 케이스를 의미합니다. 가장 첫 번째 비즈니스 모델 파트에서 카페를 대상으로 B2B원두 비즈니스를 이야기했습니다. 처음부터 로스팅 기계를 둘 생각하지 말고 OEM을 하는 방법을 찾아보라 이야기했습니다. 하지만 어느 정도 매출규모가 되면 직접 로스팅 시설을 가지는 것이 좋습니다. 로스팅 시설을 기본으로 카페 B2B영업을 할 수도 있고, 온라인 스토어 개인소비자들 대상으로 판매를 할 수도 있습니다. 그리고 로스팅 교육을 진행할 수도 있습니다. 일종의 로스팅 공방 커뮤니티를 운영하는 방법도 있습니다. 먼저 로스팅 시설을 구비하고 창업하는 데 필요한 예산은 대략 어느 정

도이며, 어떤 것들을 고려해야 하는지, 그리고 로스팅 시설로 진행할 만한 비즈니스 모델들을 소개하도록 하겠습니다.

로스팅 머신은 어떻게 분류하나요?

로스팅 머신에 따른 분류

　로스팅 기계는 크게 3가지 방식으로 나뉩니다. 열풍식, 반열풍식, 직화식입니다. 이름에서 느낌이 오시나요? 열풍식은 뜨거운 바람으로만 로스팅을 하는 방식을 말합니다. 다음으로 직화식은 바람이 아니라 데워진 드럼통 표면의 열로 로스팅을 하는 방식을 말합니다. 또한 반열풍은 이 두 가지 방식을 섞은 것을 말하죠. 세 방식은 각자의 장단점이 있습니다. 직화식은 커피의 맛과 향이 개성적인 맛을 낼 수 있다는 것이 장점입니다. 하지만 잘못 로스팅하게 되면 생두 겉표면이

과하게 탈 수 있는 단점이 있죠. 또한 생두 속과 겉의 편차가 커집니다. 반대로 열풍은 데워진 고온의 열풍으로만 로스팅하는 것을 말합니다. 이는 균일한 로스팅이 가능한 반면, 예열시간이 길고 커피의 개성을 표현하기 어려운 면이 있습니다. 반열풍은 이 두 가지 장·단점이 적절히 섞여 있습니다.

로스팅 용량에 따른 분류

로스팅 기계는 한 번에 로스팅할 수 있는 용량의 한계가 있습니다. 작은 것은 50g부터, 큰 것은 120kg까지 있습니다. 여기서 50g은 한 번에 투입 가능한 생두의 양을 말합니다. 생두가 투입되어 원두가 되는 과정에서, 수분과 생두 표면에 있는 체프Chaff 등이 소실됩니다. 평균적으로 20% 정도 무게가 소실된다고 볼 수 있죠. 이때 12kg의 생두를 투입하면 약 10kg의 원두가 생산됩니다. 큰 프랜차이즈에서 운영하는 로스팅 기계는 보통 아주 큰 것을 사용하는데요. 한 번에 볶을 수 있는 양이 많아야 생산의 효율성이 생깁니다. 로스팅할 때 한 번 생산하는 단위를 '배치Batch'라고 합니다. 한 배치당 보통 20분을 잡죠. 볶는 데만 10분에서 15분 정도 소요되고, 한 번 볶은 후 로스팅 머신을 약간 식히는 시간, 배출하고 원두를 쿨링하는 시간 등을 감안하면 넉넉히 20분 정도로 잡습니다. 그럼 1시간에 3배치를 돌릴 수 있게 되죠. 자신이 가지고 있는 로스팅 기계가 5kg 용량의 기계라면 1시간에 4kg×3회=12kg의 원두가 생산 가능합니다. 5kg의 생두를

로스팅 머신의 크기, 방식에 따라
종류는 다양합니다.

투입하면 4kg의 원두가 생산되기 때문에 4kg를 3번 곱했습니다. 이때 용량이 높을수록 로스팅 머신의 단가는 올라갑니다.

로스팅 머신을 설치할 때 함께 설치해야 하는 머신이 있나요?

아주 작은 샘플 로스터, 즉 100g, 200g단위는 집에서도 간단히 볶을 수 있고 휴대도 가능한 머신들이 있습니다. 이는 별다른 장치 없이 환기가 잘 되는 곳에서 볶으면 됩니다. 하지만 1kg 단위만 넘어가도 다른 장치들이 필요합니다.

제연기

로스팅하면서 나오는 연기들을 최소화해주는 장치입니다. 로스팅 기계 용량이 클수록 제연기는 크고 복잡해집니다. 전기를 사용하여 먼지들을 포집하는 형태, 다시 고열로 연소하여 미세먼지들을 없애는 방법, 물을 사용하여 먼지를 제거하는 방법 이렇게 3가지로 나뉩니다.

제연기
자료: filtror

사이클론

생두를 로스팅하는 과정에서 생긴 생두 표면의 실버스킨 등이 제거되어 모인 먼지들을 체프라고 합니다. 이들이 연기와 함께 외부로 날리기 전에 포집하여 잡아주는 장치를 말합니다. 로스팅 기계와 일체형인 경우도 있습니다.

사이클론

자료: giesen

덕트

덕트는 연기를 외부로 빼주기 위해서 연결된 배관입니다. 로스팅하면서 생긴 연기는 최대한 높은 곳에서 배출되어야 하죠. 그렇지 않으면 주변 주택에서 민원에 시달릴 수 있습니다. 만약 공장이 도심 내에 주택가에 있다면 해당 건물의 옥상까지 덕트를 연결하여 연기를 배출해야 합니다.

생두 이송기

로스팅 기계 용량이 큰 경우에 필요합니다. 5kg 이하의 로스터는 사람이 직접 생두를 투입하는 게 가능하지만 10kg가 넘어가게 되면 매번 사람이 직접 투입하는 게 비효율적이고 건강에도 좋지 않습니다.

원두 자동 계량기, 실링기

자동 계량기는 로스팅 후에 원두를 자동 계량하여 소포장을 해 주는 기계입니다. 그리고 실링기는 소포장 되어 있는 원두를 열선으로 실링해주고, 제조일자를 자동으로 프린팅 해주는 역할을 합니다. 사업 초반에는 사람이 일일이 저울과 손으로 소분하여 담는 것이 가능하겠으나, 사업의 규모가 커질수록 이는 정말 어려워집니다.

예산이 얼마나 필요할까요?

가상 견적을 내보도록 하겠습니다. 5kg 정도의 중소형 로스터기를 설치한다고 상황을 가정합니다.

로스터기

브랜드 별로 차이가 있지만 5kg 정도의 중소형은 20,000,000원 내외에서 구입 가능합니다.

사이클론

중소형 로스터의 경우 로스팅 기계에 사이클론이 일체형인 경우도 있습니다. 분리되어 있는 경우를 감안하여 별도로 구입할 경우에는 대략 1,700,000원 정도의 예산이 들어갑니다.

제연기

소형 로스터기의 경우, 때에 따라 제연기를 추가 설치하지 않는 경우가 있습니다. 하지만 주변에 주택이 위치해 있는 경우, 5kg 용량이 넘어가는 경우에는 제연기를 설치하는 것이 좋습니다. 제연기 종류와 용량에 따라 다르겠지만 좀더 비싼 습식 제연기를 설치한다고 가정한다면 8,000,000원의 예산이 들어갑니다.

덕트

작은 로스터기를 사용하는 경우에는 실내에서 실외로 연기를 빼는 정도로 덕트를 설치해도 무리가 없습니다. 하지만 5kg 이상의 로스터를 자주 돌려서 원두 사업을 할 예정이거나, 로스터리 카페를 운영하면서 주변의 주민들에게 피해를 주지 말아야 할 상황이라면 해당 건물의 가장 높은 층까지 덕트를 빼주어야 합니다. 1층에 로스터리가 설치되고, 10평 공간에 5층 건물이라고 가정했을 때 넉넉히 200만 원 정도를 잡아야 합니다. 또한 덕트 배관이 건물 외부로 빠져서 옥상까지 가는 데 층당 25~30만 원의 예산이 추가된다고 생각하시면 됩니다. 그리고 로스터리 안에 배관이 어떻게 설치되는지에 따라 예산이

상이하죠.

위에서 가정한 예산안을 기본으로 정리해보겠습니다. 로스팅 머신 + 에스프레소 머신 세트까지 예산에 더했습니다. 로스팅된 원두를 테스트해야 하기도 하고 추후에 로스팅 교육 때도 센서리[*] 교육이 필요하기 때문입니다. 수도권의 약간 덜 붐비는 동네의 상가 중 하나를 선택했다고 가정하고 예산을 시뮬레이션 해보겠습니다. 어디까지나 가정입니다. 실제로 창업을 하시게 되었을 때의 상황은 다를 수 있다는 점, 참고하시길 바랍니다.

항목	예산(원) VAT포함	비고
기기 예산	39,300,000	기기 예산 합
로스터	20,000,000	
사이클론	1,700,000	
제연기	8,000,000	
덕트	2,000,000	
에스프레소 머신	4,500,000	
그라인더	1,300,000	
냉·온수기	1,000,000	
제빙기	800,000	
공간 예산	21,800,000	공간 예산 합
인테리어	10,000,000	
냉·난방기	1,000,000	
보증금	10,000,000	
월세	800,000	
초기 자본비용 합	61,100,000	

[*] 커피맛을 감별하고 평가하는 과정

로스팅 머신을 한 대 더 설치하게 되거나 추가 공사 비용이 들어가게 된다면 예산은 추가됩니다. 또한 에스프레소 머신이나 그라인더 종류의 경우, 카페를 운영할 것이 아니기 때문에 중고로 구입하거나 좀더 저렴한 머신을 구입하게 된다면 예산은 절감됩니다. 원두 사업을 염두하고 있는 경우라면 5kg 이상의 로스터 한 대에 더하여 1kg 이하의 샘플 로스터 한 대를 두게 됩니다. 그리고 프로파일이 없는 원두를 생산하게 될 경우, R&D가 필요하죠. 상품화 하기까지 수차례 볶아보면서 프로파일을 잡아야 합니다. 이 경우, 한 번에 투입되는 원두의 양이 많을 수밖에 없는 머신에서는 버리는 생두량이 너무 많아집니다. 그래서 용량이 적은 로스터기 한 대가 필요한데요. 그렇게 되면 수백만 원이 추가됩니다. 또한 로스팅을 하면서 동시에 로스팅 교육을 하게 된다면, 교육용 머신으로 용량이 적은 것이 필요합니다.

로스터리로 할 만한 비즈니스 모델이 있나요?

원두 사업

원두를 파는 사업입니다. B2B로 카페에 납품하거나, B2C로 온라인으로 파는 것이 가능합니다. 이 비즈니스 모델에 대해서는 전 강의에서 자세히 다루었기 때문에 여기서 다루지는 않겠습니다.

로스팅 교육

로스팅 교육이 가능합니다. 바리스타 자격증을 발급하는 대부분의 협회에서는 로스팅 자격증 또한 발급합니다. 바리스타 자격증의 경우, 교육 내용이나 콘텐츠가 좀더 규격화 되어 있고 표준화되어 있는 반면, 로스팅은 그렇지가 않습니다. 로스팅 방식, 브랜드에 따라 이론이 조금씩 다르기도 하고 소위 고수로 일컬어지는 분들의 주장이 차이가 있는 경우도 있습니다. SCA 국제 자격증에도 로스팅은 5가지 모듈 중에 하나죠. 이때 AST 자격을 획득하여 교육이 가능합니다.

로스팅 공방, 커피 트레이닝 커뮤니티

커피직능 영역 중에서 가장 고난이도로 여겨지는 영역이 바로 로스팅입니다. 로스팅을 잘하려면 커피 맛을 보는 센서리는 기본이 되어야 합니다. 그리고 생두에 대한 지식과 브루잉, 에스프레소 추출에 대한 기본 베이스도 필요합니다. 로스팅을 마스터하는 과정은 커피 직능의 모든 과정을 마스터하는 과정이라 해도 과언이 아닙니다. 커피를 깊이 있게 연구하고자 하는 업계의 종사자들부터 창업을 하고자 하는 분들이 꽤 있습니다. 이분들을 위한 트레이닝 커뮤니티를 열어보는 것이 어떨까요? 중대형 로스팅 기계보다는 소형 로스팅 기계 2~3대 정도를 갖추고, 에스프레소 머신 두어 대, 그리고 강의를 할 만한 공간이 갖추어져 있다면 트레이닝 센터를 운영할 만한 충분한 조건이 됩니다. 이 비즈니스 모델을 운영하고 있는 한 업체를 소개해 드리겠습니다.

위커피(WECOFFEE)

예전 말로 하자면 커피, 로스팅 공방 같은 개념인데요. 가서 실제로 로스팅을 배우고, 실제로 해볼 수 있으며, 커피 센서리를 통해 실력을 쌓습니다. 또한 선생님에게 배우는 시간 뿐만 아니라, 함께 하는 멤버들끼리 서로 토론하고 함께 실험합니다. 커피에 진심인 사람들이 서로 모여서 함께 공부하며 성장해가는 커뮤니티를 시즌별로 운영합니다.

wecoffee.co.kr

커피를 중심으로 커뮤니티를 운영할 수 있는 방법론은 다양합니다. 취미를 중심으로 커리큘럼을 짜서, 많은 사람들을 대상으로 모객을 하는 방법도 있고, 좀더 전문가 중심으로 창업을 염두하는 소수의 사람들에게 하드 트레이닝을 하는 방법도 있습니다.

공유 로스터리

　원두 비즈니스 파트에서 한번 공유한 바 있습니다. 아직 로스터리 시설이 없지만, 공유 로스터리 시설을 이용해서 사업을 하고자 하는 분들께 한국에서 이제 막 시작한 공유 로스터리 시설 체리빈커피를 소개했었습니다. 미국이나 호주에서는 이 비즈니스 모델이 좀더 보편화되어 있습니다. 공유 로스터리는 원두로 사업하고자 하는 사업자들에게 로스터리를 오픈하여 공유하고, 그들이 자신의 원두를 볶아가게 하며 시간당 시설 렌탈료를 받는 방식의 비즈니스 모델입니다.

공유 로스터리
자료: perfectdailygrind

공유 로스터리의 이용 고객

첫 번째 고객군은 카페를 운영하는 사장님 중, 자신이 운영하는 가게의 커피를 직접 볶고 싶은 욕구가 있는 사업자입니다. 두 번째 고객군은 원두를 자신만의 브랜드로 카페에 납품하고 싶어하는 사업자, 온라인 판매를 하고 싶어 하는 사업자입니다. 세 번째 고객군은 로스팅을 배우고 싶어 하고, 추후에 로스터리 카페 등을 운영해보고자 하는 계획을 가지고 있는 잠재 사업자입니다. 네 번째 고객군은 취미 생활로 로스팅을 꾸준히 하며 자신이 집에서 마시는 커피를 직접 로스팅해보고 싶어 하는 개인입니다.

한국에서 비즈니스 기회가 더 높은 이유

저는 미국, 호주보다도 한국이 공유 로스터리 비즈니스 기회가 더 높다고 생각합니다. 이유는 단위 면적당 그 어느 나라보다 카페가 많습니다. 그리고 인구밀도가 높죠. 도심 한가운데 공유 로스터리 시설을 오픈하면 인구밀도가 낮은 미국과 호주보다도 잠재 고객군이 더 많다고 생각됩니다. 그리고 커피에 대한 관심도가 다른 나라보다도 높고, 커피가 이미 보편화된 어떤 나라들보다도 인구 대비 로스팅 기계 판매 대수가 훨씬 높습니다. 이는 개인 카페들이 로스팅 업체로부터 원두를 받아서 쓰기보다는 자신의 원두를 직접 볶고자 하는 욕구가 높다고 여겨집니다.

긍정적인 사회적 효과가 있습니다

　공유 주방 서비스가 가게를 오픈하려고 하는 예비 사업자에게 높은 초기 투자자본 리스크를 줄여주는 효과가 있는 것처럼, 공유 로스터리는 큰 자본투자 없이 원두를 직접 볶아서 사업을 시작할 수 있는 기회를 제공합니다. 혹 사업이 잘 안 되더라도 좀더 가볍게 접을 수 있죠. 성공한다면 그때 자본투자를 해도 늦지 않습니다. 카페 사업자가 자신의 원두를 직접 본인이 볶게 된다면 원가절감의 효과가 생깁니다. 이는 자영업자들의 수익을 올려주는 효과를 가져오죠. 그리고 로스팅 기술을 익히는 데 있어서 진입장벽을 낮춰줍니다. 바리스타 자격증은 보편화 되어 있고 많은 사람들이 쉽게 배울 수 있는 반면, 로스팅은 그렇지 않았습니다. 수업료도 비싼 편이었고 막상 배웠는데 계속 볶아 볼 수 없어서 수박 겉핥기식 자격증 수업이 이루어지는 것이 대부분이었죠. 하지만 공유 로스터리 서비스는 저렴한 비용으로 로스팅 시설을 빌려서 지속적으로 로스팅 기계를 만져볼 수 있는 기회를 제공합니다.

커피를 전문으로 하는
물류 창업이 가능한가요?

　커피는 적시에 문제없이 배송되는 게 정말 중요한 사업입니다. 일단 무역의 차원에서 먼저 볼까요? 생산지에서 막 재배된 생두가 배항

로를 통해서 적시에 한국에 도착해야만, 한국에 있는 커피 회사 생두 재고에 문제가 생기지 않습니다. 생산지에서 비행기를 타고 온 샘플 생두의 퀄리티가 훌륭해서 계약을 했건만, 막상 한국에 도착한 생두는 다른 생두처럼 퀄리티가 떨어지는 경우가 종종 생기죠. 이는 생산지에서 수출하는 과정에서, 그리고 배를 타고 오는 과정에서 온도, 습도의 급격한 변화로 인해서 변하는 경우가 생깁니다.

생두 전문 포워딩 업체

생두를 수입하는 업체들이 좀더 믿고 맡길 수 있는 포워딩 업체가 있다면 어떨까요? 생두를 전문으로 선적하여 항로 중에 생두가 변질되지 않도록 변수를 최대한 컨트롤하고 한국 생두업체의 창고에 들어가기 전까지 책임지는 겁니다. 견적이 다소 비싸더라도 안전하고 퀄리티 유지를 보증할 수 있다면 스페셜티 생두 전문 업체들은 매력을 느끼리라 생각합니다.

전 세계 다양한 커피 생산지 수출업자와 네트워크를 가지고 있어서 CIF*로 계약하여 생두를 들여올 수 있는 능력이 있다면 COE 생두와 같은 프리미엄 생두 소싱에 적극 이용하는 고객이 있으리라 생각됩니다.

무역의 차원이 아니라 국내 유통의 차원에서 틈새시장은 없을까

---

* 농장에서 국내 항구까지 운임되는 과정을 수입자가 책임지는 무역 계약

요? 카페를 운영하는 데 있어서 가장 중요한 재료는 무엇일까요? 바로 커피 원두입니다. 원두가 떨어지면 파는 메뉴의 70%는 팔 수 없게 되죠. 하지만 동시에 로스팅한 지 얼마 안 된 신선한 원두를 받고자 하는 한국 카페 사장님들의 고집도 있습니다. 그러다 보니 대량의 원두를 한 번에 주문해서 쌓아놓고 쓰기보다는 일주일에 한 번 혹은 2주일에 한 번 원두를 주문해서 일주일 치 혹은 이주일 치의 재고를 관리하면서 카페를 운영합니다. 만약 너무 많이 주문해 놓으면 로스팅 신선도가 떨어져서 문제이고, 너무 적게 주문하면 운영 중간에 원두 재고가 바닥날 수 있습니다. 제가 원두 영업을 할 때, 원두 재고가 떨어졌는데 미처 원두를 주문하지 못해서 퀵으로 원두를 보내 달라는 사장님 전화를 받은 기억이 납니다. 또한 주문은 제때 했는데 택배 파업 등의 상황으로 도착이 늦어져서 발을 동동 굴렀던 기억 등이, 조금 과장해서 수백 번쯤은 되죠. 사람이 하는 일이라 카페가 실수를 할 수도 있고, 로스팅 업체가 실수를 할 수도 있습니다. 그럴 경우 참 난감해지는데요. 이를 해결해줄 만한 비즈니스 모델은 없을까요?

로스터리와 카페를 연결해주는 직배(직접배송) 전문 물류

오늘 로스팅한 원두를 오늘 받으면서 택배비 정도만 받는다면 어떨까요? 로스팅 업체는 택배가 잘 들어가는지 걱정할 필요가 없습니다. 카페 사장님 입장에서는 아침에 전화만 하면 오후에 원두를 받을 수 있으니 좋습니다. 늦더라도 하루 정도라면 충분히 재고 리스크

가 관리됩니다. 대형 로스터리는 B2B로 영업하는 카페들을 많이 가지고 있습니다. 보통은 주기적으로 카페들이 일정한 양의 원두를 시킵니다. 주문이 들어온 원두를 오전에 로스팅 합니다. 그리고 박싱해서 기다리면 점심시간 즈음에 직배업체 차량이 옵니다. 택배 물량을 싣고 오후 그리고 다음날 오전까지 배송을 합니다. 그리고 다시 명일 점심시간에 로스터리로 물건 픽업을 갑니다. 물론 이런 시스템으로 운영되려면 몇 가지 전제사항이 필요합니다. 첫째는 배송을 가는 지역이 너무 넓지 않아야 합니다. 서울 지역권, 경기도 남부 지역권 혹은 반경 50kg 내 지역권 등으로 한정되어 있어야 합니다. 그리고 물량이 충분히 있어야 하죠. 또한 B2B 물량, 즉 카페나 기업에 공급하는 정기적인 물량이어야 합니다. 처음 보는 동네를 주소를 찾아다니면서 작은 택배 하나 배달하려고 찾는 것은 효율성이 떨어집니다. 직배업체가 배송을 가는 지역이 예상되어, 동선을 기획할 수 있도록 주기적으로 일정한 곳이어야 합니다. 커피 시장의 이런 특성을 활용한 시장 기회를 좀더 창의적으로 풀 수 있다면, 비즈니스 기회가 된다고 생각합니다.

커피 전문 물류로 한 가지 아이디어를 더합니다. 생두 창고 공유 서비스입니다. 큰 생두 업체들이야 전문 생두 창고를 보유하고 있어서 석발기, 소분기 등으로 판매하기에 최적의 상태로 패키징화하고 판매합니다. 하지만 규모가 애매하지만 생두를 소싱해야 하는 업체들이 있습니다. 이들은 자신들이 물류 창고를 직접 운영하기에는 비용도 높고 창고 시설도 항온/항습 같은 항상성 유지 시스템이 되어 있지 않습니다. 그리고 69kg, 60kg 지대와 같이 용량이 큰 생두백으로 들여오는 경우가 많아서 유통하기도 어렵습니다. 소분업체에 맡겨서 소분하여 다시 받는 경우도 있습니다. 생두 최적화 3PL 서비스를 제안합니다.

생두 3자 물류 서비스

위에서 언급했듯이 창고의 공간을 공유합니다. 수입하여 생두가 들여오면 바로 석발기와 소분기를 돌려서 20kg 지대 단위로 소포장합니다. 그리고 항온/항습 시설에 보관합니다. 생두 출고 시점에는 자체 물류시스템 혹은 택배물류를 활용하여 배송 서비스도 진행합니다. 수도권 외곽에 저렴한 토지에 시설을 지을 수 있는 자본력만 있다면 충분히 가능한 서비스라 생각됩니다. 3자 물류 시 해당 생두 물량을 적절한 가격으로 매입도 진행하여 직접 로스팅한 후 파는 계약도 진행 가능합니다.

아이디어가 아이디어로 남아 있는 이유는 현실가능성이 적어서 일 수도 있고, 누구도 실행을 하지 않아서 일 수도 있습니다. 커피 전문 물류 비즈니스 모델이 조금은 생소할 수 있다고 생각합니다. 다만 커피 업계 종사자로서 시장에 이런 니즈가 있다는 현실을 드립니다. 혹시 물류 관련 정보와 경험이 더 많은 분들은, 더 좋은 그림을 그릴 수 있을 거라 생각합니다.

NO.12
식자재,
부자재 납품

카페용 식자재 및 부자재·카페 용품 제작

점점 커지는 카페 시장, 그리고 획일성?

인트로에서 한국의 카페 시장은 기형적으로 컸다는 말씀을 드린 바 있습니다. 그리고 한동안 카페 시장은 계속 클 것이라는 예측을 했습니다. 여기에 카페를 하나 더 얹어 같이 경쟁하기 보다는, 이 카페들을 대상으로 B2B 납품할 수 있는 아이템을 만들어 보면 어떨까 생각합니다. 카페의 핵심 원료인 원두 비즈니스에 대한 부분은 이미 소개해드린 바 있습니다. 그밖에도 카페에서 지속적으로 소싱해야만 하는 상품은 많습니다. 제가 카페를 관리하고 운영하면서 항상 아쉬웠던 점은 식자재의 경우 몇 가지 되지 않는 브랜드들 안에서만 소싱을 해야 한다는 점이었습니다. 특히 가향시럽은 공급자가 많지 않습니다. 대부분 외국에서 수입해서 들여오는데, 브랜드에 따라서 특별히 맛과 향이 크게 다르지도 않았습니다. 결국 카페들 간의 차이가 별로 없게 됩니다. 이 동네 바닐라 라떼나 저 동네 바닐라 라떼가 거의 흡사하죠. 이것은 당연한 결과입니다. 브랜드가 같은 시럽을 쓰거나 다르더라도 큰 차이가 없기 때문입니다. 앞에서도 이야기했습니다만 고객들이 이 카페와 저 카페를 다르게 인식하는 것의 대부분은 공간입니다. 인테리어와 분위기를 다르게 함으로써 자기다움을 구축해 나가는 것이 가장 큰 요소였죠. 하지만 저는 비용이 덜 들어가는 요소로 자기다움을 구축해 나갈 수 있다고 생각합니다. 바로 다른 식자재를 쓰는 것인데요. 옆집 카페와 같은 원료를 쓰면서 가격을 싸게 하거나 양을 많이 하는 식의 경쟁이 아니라, 다른 식자재를 써서 그 맛으로 인정받아 정말 맛집 카페가 되는 겁니다. 문제는 다른 식자재를 공급하는 공급자가 많지 않다는 것인데, 여기에 비즈니스 기회가 있습니다. 그럼 하나하나 알아보겠습니다.

카페에서 어떤 식자재를 사용할까요?

원두 외에도 다양한 식자재가 있습니다. 시럽, 과일 베이스, 허브티, 파우더 등이 있죠. 시럽과 허브티의 경우, 대부분 외국산 브랜드입니다. 시럽은 향이 발달한 프랑스에서 많이 제조하고, 허브티는 커피만큼 티 문화가 발달한 영국에서 많이 제조합니다. 이제 한국 커피 문화도 프랑스, 영국 못지 않게 발달을 했는데, 이런 카페용 식자재도 더 훌륭한 대안을 만들어낼 때가 되지 않았나 생각합니다.

시럽류

시럽은 기본적으로 단맛을 내는 가향시럽입니다. 바닐라 라떼를 만들 때 필요한 바닐라 시럽, 카라멜 마끼아또를 만들 때 필요한 카라멜 시럽 혹은 소스가 있습니다. 대부분의 가향된 시럽은 외국에서 들여옵니다.

카페 시장에서 가장 보편화된 두 브랜드
자료: 1883, monin 공식 홈페이지

바닐라 시럽, 카라멜 시럽, 헤이즐넛 시럽 같이 보편화된 시럽부터 블루큐라소 시럽, 모히또 민트 시럽, 장미 시럽 같이 에이드나 칵테일 제조시에도 쓰이는 시럽 등 종류가 다양합니다. 종종 바닐라 라떼 같이 흔한 음료로 시그니처를 만들어내는 카페를 봅니다.

바닐라빈 시럽을 직접 제조해서
바닐라 라떼로 유명해진 카페들이 있습니다.

    이는 시중에서 일반적으로 통용되는 제조된 시럽을 사용하는 것이 아니라 가게에서 직접 바닐라빈을 우려서 시럽을 제조하는 경우 그렇습니다. 마셔보면 단맛과 향이 월등한데요. 만드는 과정이 정말 간단합니다. 그래서 이미 시중에 홈 카페를 겨냥한 수제 바닐라빈 시럽을 판매하는 셀러들이 여기저기 등장했습니다. 헤이즐넛 시럽, 카라멜 시럽을 직접 만드는 것도 가능하죠. 바닐라 시럽보다는 조금 까다롭지만 불가능하지 않습니다. 인터넷 여기저기 뒤지면 만드는 레시피를 찾을 수 있으니 참고하시길 바랍니다.

    시중에 수제로 시럽을 만드시는 분들은 카페를 겨냥했다기보다는 홈 카페를 겨냥한 상품들입니다. 집에서 밀크티를 직접 해서 드시는 분들, 좀 특별한 레시피로 커피를 즐기고 싶으신 분들을 위한 패키지로 구성되어 있습니다. 만약 대량으로 제조할 수 있는 시설만 갖추어

진다면 카페 납품용으로 충분히 제조가 가능하다고 생각합니다. 대단한 기구들이 필요 없죠. 식당을 운영할 정도의 주방시설만 있어도 충분히 제조 가능합니다.

자료: madvanilla
인스타그램: @mad.vanilla_official

바닐라빈 시럽을 비롯하여 다양한 응용 시럽을 제조하여 고급화하여 판매하는 사업자를 소개합니다. 바로 매드바닐라입니다.

파우더류

라떼를 만들 때 시럽을 섞어서 향을 내는 방법이 있는가 하면, 파우더로 맛을 내는 라떼류가 있습니다. 대표적으로 녹차라떼, 고구마라떼류입니다. 설탕과 녹차가루, 그리고 적절한 곡물을 섞어서 녹차향과 단맛, 무게감을 줍니다. 고구마라떼 파우더도 그렇습니다. 바닐라라떼 또한 파우더로 된 상품이 나와 있습니다. 이 파우더를 어떤 시설에서 만들 수 있을까요? 카페가 생기기 훨씬 이전부터 한국인들이 즐겼던 전통적인 파우더 라떼가 있습니다. 바로 미숫가루인데요. 이 미숫가루는 방앗간에서 만들었습니다. 예전 말로 하면 방앗간 시설에서 파우더 제조가 가능하다는 것이죠. 좀더 현대화된 기계와 시설이 있다면 가능하다 생각합니다. 그리고 생산량과 판매 활로만 있다면 제조시설도 OEM이 가능합니다.

카페에서, 그리고 개인들이 애용하는 파우더를 국내에서 생산된 곡물들로 생산하여 판매하는 업체 하나를 소개합니다. 방앗간 청년입니다.

자료: youngmiller
인스타그램: @jiin.stl

과일청류

　과일청을 직접 수제로 만들어 과일차와 에이드 메뉴를 서빙하는 카페들이 꽤 많습니다. 아마 만들기 가장 간단한 수제 식재료가 청이 아닌가 싶습니다. 과일을 잘 씻고 적당히 잘라내서 적당량의 설탕을 넣어서 1~2주 숙성기간을 거치면 과일청이 완성됩니다. 과일청을 만들이 카페와 개인 소비자들을 대상으로 판매하는 업체는 참 많습니다. 카페에서 음료를 서빙하기 위해서 시작한 수제청이 반응이 너무 좋아 만들어 팔기 시작했고, 결국에는 주객이 전도되어 카페를 접고 과일청 사업으로 전환한 사업자도 봤습니다.

　수제청 납품을 전문으로 하는 사업자를 소개합니다. 자르당블랑입니다.

자료: jdbl
인스타그램: @jdbl_wholesale

카페용 디저트

대부분 베이커리로 이루어져 있는 카페 디저트 시장에 베이커리를 납품하려면, 베이커리 제조시설이 필요합니다. 생지를 구워서 납품하는 것이 아니라 밀가루 반죽부터 시작하는 제조시설이 필요하죠. 이는 카페를 하나 창업하는 것만큼이나 무게감 있는 사업입니다. 이 비즈니스 모델을 다루려면 또 다른 책 한 권이 필요합니다. 그리고 작은 베이커리 오븐 시설로 베이커리에서 흔히 볼 수 있는 크로아상, 마들렌 등을 베이킹해서 납품사업을 시작하는 것은 사실상 어렵습니다. 이미 대량으로, 심지어 저렴한 가격으로 납품 가능한 사업체들이 널려 있기 때문이죠. 이런 시장에 같은 아이템으로 뛰어드는 것은 리스크가 굉장히 큽니다. 결국 틈새시장을 노리거나 일반 베이커리와는 다른 독특한 콘텐츠로 승부를 해야 합니다. 그래서 이 관점으로, 제가 몇 가지 아이디어를 드리도록 하겠습니다.

비건 전문 베이커리

최근에 부쩍 늘어난 라이프 스타일이자 소비 형태가 있습니다. 바로 '비건'인데요. 건강을 위해서, 그리고 환경을 위해서 완벽한 채식을 하는 라이프 스타일을 의미합니다. 육류와 생선은 물론이고 우유나 꿀 등 동물의 희생으로 얻어지는 식품을 거부하죠. 비건 라이프 스타일을 추구하는 소비자들은 꾸준히 늘고 있고, 이들을 위한 카페도 늘고 있습니다. 그렇다면 비건들을 위한 베이커리는 어떻게 제조

할까요? 일단 우유 사용이 안 됩니다. 계란도 안 됩니다. 오로지 곡물로만 베이킹을 진행해야 하죠. 베이킹을 하시는 분들은 굉장히 의아할 겁니다. 가장 핵심 원료인 우유와 계란을 빼면 무엇으로 만들까? 하는 생각이 들기도 할 것입니다. 그런데 만드는 곳이 있습니다. 제 경험상 맛은 더 뛰어났습니다. 비건을 콘셉트로 운영하는 카페들이 모두 직접 베이킹하기는 어렵습니다. 이들의 베이커리 수요를 채워줄만한 비건 베이커리 공급사가 있다면 분명 비즈니스 기회가 있을 거라 생각합니다. 제가 만났던 카페 사장님도 직접 베이킹을 한 빵들을 카페에 납품도 하고 동시에 클래스도 운영하고 계셨습니다. 이는 앞으로도 계속 커질 시장이라 생각합니다.

색다른 베이커리(디저트)

시장에 나중에 진입하는 플레이어들은 기존 소비되는 상품들과 차별성이 있어야 합니다. 똑같은 외관과 맛이라면 가격이 낮아야 하죠. 하지만 소자본 창업자들이 가격 경쟁력을 가져가기는 어렵습니다. 그렇다면 어떤 점에서 차별성을 줄 수 있을까요? 제가 카페들을 다니면서 시선을 끌었던 아이템들을 중심으로 아이디어 몇 가지를 드려 보겠습니다. 이를 바탕으로 여러분의 창의력을 발휘해 보시길 바랍니다.

캐릭터 마카롱

마카롱인데, 캐릭터를 형상화한 마카롱입니다. 이모티콘으로 유명한 캐릭터부터, 애니메이션 캐릭터들이 마카롱마다 형상화되어 있었습니다.

다양한 맛의 타르트

　기본 타입부터 딸기, 오렌지, 초콜릿, 체리 등 다양한 타르트만 제공하는 베이커리 카페가 있었습니다. 타르트 위에 과일과 토핑이 잔뜩 올라가 있어서 타르트처럼 보이지 않는 외관이 특징이었습니다. 이 카페는 타르트 하나로 손님이 끊이지 않는 카페였습니다.

단팥죽, 팥빙수 전문 카페

　지방에서 만난 카페였는데, 사장님이 단팥에 십수 년을 바쳐온 분이었습니다. 카페는 주로 추운 날씨에는 단팥죽, 더운 날씨에는 팥빙수를 팝니다. 이 두 가지 아이템이 주력임에도 불구하고 만들어 놓은 팥이 다 소진됩니다. 인조적이고 인스턴트적인 단팥의 맛이 아니라, 건강하고 깊고 여운이 있습니다. 신기한 점은 설탕을 전혀 넣지 않는다는 점이었습니다. 저는 이 단팥을 이 카페에서만 먹는다는 게 아쉬울 정도였죠. 사장님께 단팥을 제품화하여 납품을 해보시라 제안했지만, 매일 새벽같이 일어나서 제조하느라 너무 힘들다고 손사래를 치셨던 기억이 있습니다.

베이커리는 유통기한이 길지 않다는 단점이 있습니다. 택배 발송도 여의치 않고요. 냉동상태로 보관하다 냉장해서 혹은 살짝 데워서 나갈 수 있는 베이커리여야만 납품 시스템이 가능합니다. 접근하기 쉽지 않은 비즈니스 모델이지만, 특별히 베이커리 제조시설을 가지고 있는 카페를 운영하시거나 베이커리 전문성이 있는 분이라면 카페 시장을 노린 디저트 납품 비즈니스를 한번 생각해 보시길 바랍니다.

처음부터 무작정 시작하기 보다 차근차근해볼까요?

위에서 제안 드린 아이디어의 전부는 제조업 기반 비즈니스 모델입니다. 제조업이라고 꼭 큰 기계 장치가 있어야 하는 것은 아닙니다. 가내수공업 같은 느낌으로 얼마든지 시작할 수 있습니다. 물론 법적인 테두리를 지켜야 하죠. 또한 집에서 제조해서 판매가 가능하다는 이야기가 아닙니다. 즉석판매제조가공업이나 식품제조업 허가를 받아야 합니다. 이 부분은 뒤에서 다루도록 하겠습니다. 최근에는 시장에 처음 진입하는 소규모 사업자들이 시장을 테스트해 볼 수 있는 여러 루트가 생겼습니다. 특별히 식품을 제조하는 소규모 사업자들이 소소하게 소비자들의 반응을 볼 수 있게 되었죠. 대표적인 플랫폼 몇 군데를 소개합니다.

텀블벅

크라우드 펀딩 플랫폼입니다. 문화 예술부터 패션, 푸드, 출판, 게임, 테크까지 창조적인 시도를 하고자 하는 크리에이터들을 위해서 프로젝트별 펀딩을 진행합니다. 크리에이터가 목표한 금액이 채워지면 리워드로 창작물을 빚습니다.

tumblbug.com

와디즈

텀블벅이 예술인들에게 집중되어 있다면, 와디즈는 사업가들에게 집중되어 있습니다. 새롭게 선보일 상품들, 혁신적인 제품들이 크라우드 펀딩을 통해서 생산되고 펀딩을 진행하는 후원자들에게 제품이 배송됩니다.

wadiz.kr

제조업을 새롭게 시작하는 작은 사업자들이 크라우드 펀딩을 적극 활용해야 하는 몇 가지 이유가 있습니다. 첫 번째, 일단 자본금을 모을 수 있습니다. 제조를 하려면 자본금이 필요합니다. 하지만 얼마나 팔릴지 모르는데 재고들을 만들어 놨다가 안 팔리면 손해를 봐야 합니다. 하지만 크라우드 펀딩을 진행하면 얼마나 많은 사람들이 해당 상품을 필요로 하는지 알아볼 수 있으며 동시에 팔릴 만큼만 제조할 수 있습니다. 두 번째, 유통기한 리스크를 줄일 수 있습니다. 공산품이야 만들어놓고 영구적으로 보관했다가 팔리는 대로 출고하면 되겠지만, 식품은 유통기한이 정해져 있습니다. 법적인 유통기한이 지나고 나면 다 처분해야 하는 재고가 됩니다. 식품은 항상 이게 리스크입니다. 유통기한이 짧은 식품을 운영하는 것이 고난이도인 이유가 바로 이것이죠. 그런데 크라우드 펀딩은 스케줄을 사업자가 정합니다. 펀딩이 끝나갈 때 즈음에 제조하여 딱 판매된 만큼만 출고하면 재고 리스크가 줄어듭니다. 세 번째, 사업자가 온라인 커뮤니케이션을 잘하는지 못하는지 테스트해볼 수 있습니다. 앞으로 온라인 스토어를 구축하여 지속적으로 판매를 할 예정이라면 상세 페이지에 들어갈 문구, 사진 퀄리티, 영상 퀄리티 등을 신경 써야 합니다. 초보 셀러가 처음부터 멋드러진 기획을 하기는 어렵습니다. 하지만 크라우드 펀딩은 이것을 실험해볼 수 있는 좋은 장입니다. 위에서 소개한 크라우드 펀딩 플랫폼 외에도 오마이컴퍼니, 크라우디 같은 플랫폼도 있습니다. 조금씩 성격이 다르니 아이템과 맞는 펀딩 사이트를 섭외하시길 바랍니다.

즉석판매제조가공업과 식품제조가공업은 무엇인가요?

카페에 원두를 납품하는 비즈니스 모델을 설명할 때 간단하게 말씀드린바 있습니다. 대부분의 제조업은 즉석판매제조가공업 허가만 가지고도 운영 가능합니다. 온라인에 올려서 판매하는 것도, 가능하고 해당 상품이 식재료로 쓰이는 카페 등에 납품하는 것도 가능합니다. 이는 최종소비자가 별도의 유통구조를 거치지 않고 바로 받는 경우에만 해당합니다. 만약에 시럽 상품을 제조해서 마트에 진열하여 판매한다면, 식품제조가공업 신고를 받아야 합니다. 처음부터 식품제조가공업을 받을 필요는 없죠. 추후에 브랜드가 알려지고 제조물량도 많아져 대형마트나 지역미트에 납품하는 일이 생겼을 때 진행해도 늦지 않습니다.

식품제조가공업 허가 받기

식품을 제조하여 유통까지 고려하고 계시다면 허가가 필요합니다. 건축물은 근린생활시설이나 공장 용도여야 합니다. 건물의 위치가 축산폐수나 화학적 오염물질 등으로 인해 취급 식품에 부정적 영향을 미칠 수 있는 곳에 있으면 안 됩니다. 적정 온도와 환풍 시설이 갖추어져 있어야 하고, 제조실과 포장실은 따로 분리가 되어 있어야 합니다. 또한 바닥은 내수처리가 되어 있어야 하고 폐수가 원활하게 처리되어야 합니다.

신고를 위해서 필요한 구비서류는 식품영업등록신청서, 위생교육 이수증 및 신분증, 건강진단결과서(건강진단 해당자의 경우), 취급식품에 대한 식품과 첨가물의 종류 및 제조방법 설명서, 수질검사 성적서가 있습니다.

해당 관청에서 요구하는 게 조금씩 다를 수 있으니 먼저 문의하시길 바랍니다.

카페 용품은 어떻게 제작하나요?

식자재 외에도 카페에 필요한 물품은 많습니다. 머그컵, 아이스컵, 일회용컵, 빨대, 홀더 같은 부자재들이 있고 트레이, 앞치마, 유니폼, 휴지걸이, 액자, 테이크아웃컵 디스펜서 등과 같은 소품들도 있습니다. 여기에도 비즈니스 기회가 있습니다. 먼저 부자재 시장부터 살펴보도록 하겠습니다.

음료 부자재

소규모 사업자가 컵 만드는 공장을 설립하는 것은 어렵습니다. 설립하게 되더라도 이미 공급자가 충분히 있는 시장에서 원가 경쟁력을 가져가는 것은 더 어려운 일입니다. 위에서 잠깐 이야기했지만 이런 시장에서 소규모 사업자들이 노릴 만한 시장은 틈새시장, 그리고 창의적인 아이템입니다. 카페 바리스타로서 수년간의 경험이 있다면 카페에서 사용하는 물품들에 대한 이런저런 생각이 있으실 겁니다. '이건 이렇게 만들어지면 더 편할 텐데', '이런 디자인의 소품들을 가져다 놓으면 참 예쁠 텐데' 등등 말입니다. 저는 현장에서부터 올라온 아이디어가 가장 성공 가능성이 많은 아이디어라고 생각합니다. 그럼 어떤 아이디어들이 있을까요? 먼지 좋은 사례 하나 공유해 드리겠습니다.

레스랩스

레스랩스는 친환경적인 테이크아웃 용품 전문 제조 업체입니다. 종이 사용을 최소화한 캐리어, 홀더 제품부터 친환경 일회용 빨대, 종이 리드까지 다양한 상품을 친환경적인 콘셉트로 디자인해서 제조했습니다. 또한 플라스틱 사용을 최소화하기 위한 다양한 아이디어 상품을 제안했죠.

less-labs.com

카페 소품

    카페바의 편의성과 디자인을 위해서 다양한 아이디어 상품 제작이 가능합니다.

    카페를 운영하는 현장에서 유용하게 쓰이면서, 동시에 디자인적인 요소를 고려한 소품들에 대한 아이디어입니다. 그리고 이런 다양한 아이디어 상품들을 판매하는 온라인 플랫폼이 있는데요. 바로 아이디어스*입니다. 아이디어스에서는 크라우드 펀딩에서 성공한 아이템들이 판매됩니다. 다양한 손재주가 많으신 분들은 사이트에 한번 들리셔서 카페와 홈 카페를 위한 소소하고 아기자기한 창의적인 아이템 제작 아이디어를 얻어보시길 바랍니다.

* idus.com

지금까지 카페를 운영하는 데 필요한 식자재, 부자재, 소품에 대한 시장 가능성, 그리고 제조가능성에 대해서 알아봤습니다. 제가 드린 아이템은 아주 일부입니다. 주로 작게 시작할 수 있는 아이템을 위주로 드렸습니다. 이미 하고 계신 사업의 규모가 있어서 원가 경쟁력까지 갖출 수 있다면, 메이저 브랜드들과 겨뤄 보시라고 말씀드리고 싶습니다. 프랜차이즈 카페가 아닌 개인 독립카페들의 경우, 어떻게든 다른 카페와 차별성을 가지려고 할 겁니다. 그게 바로 자기 브랜딩을 하는 방법이자 시장에서 살아남는 방법입니다. 그렇게 되려면 시중에 선택할 수 있는 다양한 아이템이 있어야 합니다. 꼭 가격만이 선택의 중요한 요소가 아닙니다. 가격을 뛰어넘는 디자인, 가치, 편의성이 있다면 얼마든지 경쟁력을 가질 수 있습니다. 카페를 차별화하는 데 꼭 돈이 많이 드는 인테리어가 아니라 맛으로, 아기자기한 소품으로,

사용하는 부자재의 가치로 소구할 수 있다고 생각합니다. 카페 주인장들이 여러분의 창의적인 아이디어를 구입하길 기다립니다. 여러분의 감성을 풀어 보시길 바랍니다.

NO.13

미래 커피 산업의 지속가능성

환경 · 사회 · 경제

지속가능성(Sustainability)이란?

최근에 많이 언급되는 말입니다. 산업이 고도화되고 인구도 많아지면서 필연적으로 발생할 수밖에 없는 환경파괴 문제, 불평등 문제, 경제위기 등의 문제들이 있습니다. 이러한 문제들은 우리가 살고 있는 삶의 터전까지 위협하는 수준에 이르렀습니다. 지속가능성을 정확히 정의하자면 '미래 세대가 그들의 필요를 충족할 수 있는 기반을 저해하지 않는 범위 내에서 현세대의 필요를 충족시키는 발전'으로 1987년 브룬트란트 위원회의 〈우리들 공동의 미래〉 리포트에서 정의된 정의가 가장 잘된 설명입니다. UN에서는 2015년 이후, 지속가능한 발전 목표를 17개 카테고리로 정리하여 제시하였습니다. 여기에는 기후위기, 에너지, 물 등 환경을 다루는 이슈부터 빈곤, 질병, 교육, 난민 등을 다루는 사회 문제, 기술, 노사 문제, 대내·외 등을 다루는 경제 이슈가 있습니다.

지속가능성이라는 개념을
처음 제시한 리포트, 우리들 공동의 미래

커피 산업에서도
지속가능성을 고려해야 하나요?

    커피 산업도 지속가능성을 고민해야 할 중요한 시점에 와 있습니다. 특별히 커피 생산을 주로 하는 저개발국에서의 커피 산업은 생명 다양성, 환경 파괴, 경제개발 문제와 맞닿아 있습니다. 또한 이미 개발을 많이 이룬 소비국들에서 커피 산업은 일자리, 노사 문제, 불평등 문제와 맞닿아 있죠. 소비국와 생산국과의 경제적 불평등, 의존성의 문제도 있습니다. 가장 근본적으로는 '앞으로 10년 후에도 지금과 같이 커피를 마실 수 있을까?'라는 질문도 나옵니다. 일방적으로 한두 가지 종으로만 재배된 커피 농업이 커피 녹병*과 같은 전염성 질병에 취약해지기 때문입니다. 브룬트란트 위원회의 지속가능성 정의에 빗대어 말하면, 지금 현세대가 즐기는 커피가 앞으로 10년 뒤, 20년 뒤

---

* 커피나무 잎과 줄기를 통해 곰팡이가 번식하는 병

의 미래세대도 지금과 같이 마실 수 있는 기반을 해치지 않는 지속가능한 발전을 말합니다. 실제로 고도화되고 속도가 더 빨라진 전지구적 산업 발전은, 미래세대의 자원까지 긁어다 쓰게 됩니다. 지금과 같이 보편화된 커피 문화가 미래세대에게는 없을 수도 있습니다. 지금부터는 커피 산업에서의 지속가능성을 환경, 사회, 경제 총 3가지 분야로 나눠서 이야기하도록 하겠습니다.

환경 측면의 지속가능성

기후위기

지구온난화 현상으로 전세계적인 기후 이상현상을 겪고 있습니다. 미래세대에게는 기후 이상현상으로 인한 자연재해, 그리고 이로 인해 발생할 전사회적인 급격한 변화가 가장 큰 리스크로 다가옵니다. 커피산업도 예외는 아니죠. 일단 점차적인 기온 상승 현상으로 인해, 당장 수확환경에 변화가 생깁니다. 1980년대 이후 평균 기온이 1°C 상승하면서 곰팡이나 병균 등 미생물의 활동 범위와 고도가 확장되었습니다. 예를 들어 해발 600m에서 녹병의 원인이었던 곰팡이가, 기온 1°C 상승으로 인해 해발 900m까지 활동하게 된다는 뜻입니다.* 이는 고스란히 농장의 유지 및 고용 비용에 반영됩니다. 농장주는 이전에 없던 녹병으로 인해 위기를 맞이합니다. 더 많은 농약을 뿌려야 하는 것은 물론이고, 더 많은 인력을 투입해 농장을 관리하며 녹병에 강한 새로운 품종을 구매해야 하죠. 또한 지속적인 기온상승은 커피 품질과 생산량 저하를 가져옵니다. 전문가들은 이 상태로 계속 온도가 상승하면 2050년에는 아라비카 재배 면적이 50% 감소할 것으로 예측합니다.* 심지어 호주 기후학회에서는 기후위기에 대응하지 않으면 2080년에는 지구상에서 커피가 멸종할 수도 있다고 경고했습니다.**

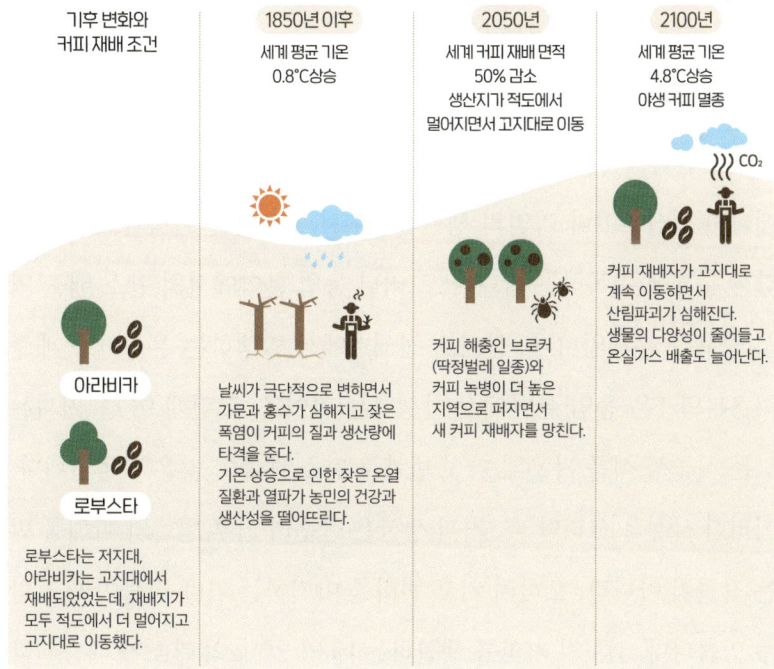

* 월간 커피(2022년 5월).자연이 주는 선물 커피.95p.
** 비즈니스 포스트 '커피가 멸종 위기종? 기후 위기에 위협받는 커피 한 잔의 여유'
businesspost.co.kr/BP?command=article_view&num=288780

생산량 감소는 자연스레 커피 가격의 상승으로 이어집니다. 커피의 소비는 인구가 늘면서 자연스럽게 꾸준히 늘었습니다. 하지만 이에 비해 공급이 늘어난다면 커피 공급시장에서 어떤 일이 벌어질지 불 보듯 뻔합니다. 2022년 말, 커피 선물시장에 역대급 인플레이션 현상이 일어났었죠. 이는 코로나 팬데믹으로 인해 자산 시장의 거품 현상이 원인이 되어 일어난 것으로 보고 있지만, 이것이 일시적이지 않을 수도 있다는 의견도 있습니다.

탄소 저감 커피

기후변화에 대한 대응을 논할 때, 일반적으로는 화력발전 같은 에너지 생산분야나 기업의 생산활동에서 발생하는 화석연료 사용과 같은 문제에 주목하곤 합니다. 그러나 농업 분야에서의 탄소 배출 역시 중요한 문제입니다. 실제로 전세계에서 발생하는 온실가스 배출의 3분의 1은 농업 분야에서 발생하는 것이죠. 그런데 이 중 커피는 모든 식물성 식품 가운데 다섯 번째로 탄소 배출이 많은 작물입니다. 이러한 사실을 고려할 때, 커피 생산은 단순히 기후 변화의 피해를 받는 작물이 아니라, 오히려 기후 변화를 야기하는 가해 작물이라고 할 수 있습니다. 1kg의 커피를 생산하는 데 약 29kg의 탄소가 배출된다고 하는데요.* 소비지에서 커피찌꺼기 때문에 배출되는 탄소배출량

---

* ourworldindata.org
co2everything.com/co2e-of/coffee

을 제외하고, 생산 과정에서만 총 17kg의 온실가스가 배출됩니다.

유통되고 상품으로 바뀌는 과정에서 발생되는 온실가스가 12kg란 이야기입니다. 탄소 저감 커피는 생산, 가공, 운송 등의 과정에서 배출되는 탄소를 최소화한 커피를 말합니다. 커피를 재배하는 과정에서 토양을 보존하고 물사용을 최소화하죠. 또한 수확 후 가공 시, 물 사용을 최소화하는 허니프로세스로 진행합니다. 그리고 모든 과정은 친환경 에너지를 사용합니다. 코스타리카의 오래된 협동조합인 쿠페빅토리아가 탄소중립을 실현하기 위해서 커피생산의 모든 과정을 모니터링하고 연구하여 얻은 결과로, 커피 재배과정에서의 탄소중립의 가이드를 제시한 바 있습니다. 이렇게 탄소저감에 대한 노력은 소비국 뿐만 아니라 커피 생산국에서 일어나고 있습니다. 탄소배출을 최소화한 커피를 한국에 소개하는 업체들이 점점 늘어나고 있는데요.

대표적인 플레이어 한 곳을 소개해 드리겠습니다.

키자미테이블

키자미테이블은 한국에서 가장 먼저 탄소 저감 커피를 소개한 곳입니다. 특별히 생산, 가공, 운송 과정 중 발생하는 탄소를 실시간으로 계산하는 방법을 고안하였습니다.

kijamitable.com

품종 개발

위에서 이야기한 기후위기 등으로 줄어들 수 있는 커피 공급량을 지키기 위해서는 다양한 노력이 필요합니다. 그 중에 유전공학을 이용한 개발이 이루어지고 있습니다. 먼저 단일 품종의 커피를 심는 것은 몇 가지 리스크가 있습니다. 두 가지로 압축될 수 있는데요.

질병에 대한 취약성: 농장에 한 가지 유전자를 가진 종자 커피만 심겨 있다면 특정 질병이나 해충에 순식간에 농사를 망칠 수 있습니다. 그리고 단일종일 경우에는 질병이 퍼지는 속도 또한 빨라서 통제하기 어렵습니다. 2000년대 초에 발생한 커피녹병 로야가 전세계적인 영향을 미친 것이 그 예입니다.

기후 변화에 대한 취약성: 기후에 적응하는 정도도 커피종에 따라 편차가 있습니다. 특별히 온도가 점점 높아지는 상황에서는 수확량을 떨어뜨릴 수 있는 리스크가 있습니다. 리스크에 극복할 수 있는 품종을 개발하는 것이 필요합니다.

변화하는 커피 농업 환경, 그리고 병충해에 좀더 강한 커피 종자 개발 등 다양한 리서치를 수행하는 기관이 있습니다. 월드 커피 리서치

World Coffee Research*입니다. 주로 커피를 농업 측면에서 연구하는 기관인데요. 커피 농부들의 생계도 개선하려 노력합니다. 그리고 품종 개발을 통해서 커피 산업의 지속가능성을 증진시키기 위해, 구체적인 목적을 세우고 있습니다.

기후 저항력 강화: 기후 변화로 인해 높은 온도, 강한 강우, 병해충 증가 등의 문제가 발생하고 있습니다. 새로운 환경 조건에 적응할 수 있는 품종을 개발하는 데 초점을 맞추고 있습니다.

병충해 저항력 강화: 기후 변화로 병충해 위협이 증가하고 있어, 병충해에 강한 품종을 개발합니다.

재배 환경 다변화: 다양한 지역에서의 커피 재배를 지원하기 위해, 다양한 기후 조건에 적합한 품종을 개발하는 것이 중요합니다. 이는 지구의 다양한 지역에서 커피 생산이 지속가능하도록 돕습니다.

---

* worldcoffeeresearch.org

생물 다양성

커피 생산지에서 발생하는 환경 파괴의 문제 중에 하나는 생물 다양성의 파괴입니다. 소농들이 재배한 커피보다는 플랜테이션 농장에서 발생하는 현상인데요. 소농들의 경우, 자신들이 소유하고 있는 땅에 한 가지 작물만 심는 것은 리스크도 크고 효율적인 토지 이용 방법이 아니기 때문에 커피 나무를 심은 중간 곳곳에 다른 작물을 심습니다. 이로써 자연스럽게 생물 다양성이 유지되죠. 하지만 플랜테이션의 경우, 대지에 한 가지 커피 나무만 심기 마련입니다. 또한 기계수확을 하는 것이 대부분이고, 화학비료와 농약도 상대적으로 많이 사용하게 됩니다. 이는 병충해가 살만한 환경을 없애기 위함이지만 동시에 다양한 곤충과 새들이 머물만한 곳을 앗아가는 결과를 낳게 됩니다. 생물 다양성이 파괴되는 것이죠.

플랜테이션 농장과 커피 소농의 경작지 차이

이를 위해서 환경을 지키는 커피 농업에 대한 연구가 진행되고 있습니다. 소위 '복원농업Agroforestry'이라 하는데요. 물리적으로 커피 농장에 다른 작물들을 심는 것부터, 농장의 자원이 자연 안에서 순환하도록 만드는 것입니다. 나무를 심어 그늘을 만들어 커피를 강한 태양으로부터 지키고, 동시에 토양을 보호합니다. 그리고 나뭇잎은 토양에 영양을 공급합니다. 또한 나무에 날아든 새들은 해충을 제어하는 역할을 합니다. 화학물질을 통해서 인위적으로 조절하기보다는 자연이 가지고 있는 조건들을 활용하여 커피 농장을 지키는 것을 말합니다.

쓰레기(제로웨이스트)

환경 문제는 커피 생산지에서만 발생하는 게 아닙니다. 사실 커피 생산지 보다는 소비지에서 발생하죠. 대한민국의 커피 소비자들은 유난히 아이스 아메리카노를 좋아합니다. 심지어 '얼죽아(얼어 죽어도 아이스아메리카노)'란 단어가 탄생할 정도인데요. 여기서 문제는, 일회용 플라스틱 쓰레기입니다. 현재 태평양 한가운데에는 대한민국 국토만한 플라스틱 쓰레기 섬이 있다고 합니다. 이 중에 상당 부분이 한국 카페에서 나온 아이스 아메리카노 컵이 아닐까요? 그래서 최근에는 수백 년이 지나도 재생 분해되지 않는 플라스틱 일회용을 최대한 덜 쓰기 위한 다양한 노력이 진행되고 있습니다. 또한 생분해 플라스틱 개발로 카페 일회용컵에 적용된 바 있죠. 이것이 플라스틱 일회

자료: beyondplastics

용보다 비쌌음에도 불구하고 많은 카페들이 사용했습니다.

하지만 이도 결국 일반 쓰레기로 분류되기 때문에 다른 종류의 쓰레기를 만드는 것밖에 안 된다는 비판이 생겨났습니다. 또한 재생분해되는 조건이 까다로워, 실제로는 일반 플라스틱과 크게 다르지 않다는 비판도 있었죠. 그래서 지금은 일회용 컵의 대안으로 여겨지지는 않습니다.

현재는 버려진 플라스틱을 분해하는 기술을 개발하려고 여기저기서 연구 중입니다. 플라스틱을 분해하여 열분해유로 만드는 연구부터, 특정 플라스틱을 분해하는 미생물을 활용하여 분해하는 시간을 대폭 줄이는 기술까지, 플라스틱 분해 R&D는 진행 중입니다. 하지만 이는 상용화 수준이 되려면 시간이 좀더 필요하리라 봅니다. 당장의 대안이 되기는 어렵죠. 사실 현재는 최대한 일회용을 쓰지 않는 것이 실천가능한 유일한 대안입니다. 소비자들의 자발적인 참여로 텀블러를 들고 카페를 이용하거나, 다회용컵 서비스를 대폭 도입하는 것이 필요합니다. 사실 이럴 때 정부의 규제가 필요하다고 여겨집니다. 기업의 자발적인 참여로 판도를 바꾸기는 사실상 어렵죠. 환경을 지키기 위해 다회용기 서비스를 하는 업체들이 생겨났습니다. 이는 카페 내에 수거함을 두고 다회용컵을 사용한 고객들이 음료를 다 마신 후 수거함에 두면, 다회용컵 업체가 수거해서 세척하여 다시 카페에 공급하는 서비스입니다. 이런 서비스가 보편화 되어야 쓰레기가 줄어들 수 있는데, 이는 정부의 규제와 함께 갈 수밖에 없습니다. 그렇기 때문에 이제는 조금 불편하더라도 모두가 감수해야 하는 상황이 왔다는 생각이 듭니다.

또한 카페에서 지속적으로 발생할 수밖에 없는 커피 슬러지*를 재자원화하는 연구가 꾸준히 진행되었고, 성공적으로 상용화한 업체들이 있습니다. 아래는 카페에서 발생한 쓰레기들을 줄이면서, 동시에 이를 비즈니스 모델화한 업체들입니다.

---

* 커피를 추출하고 남은 커피 찌꺼기

트래쉬버스터즈

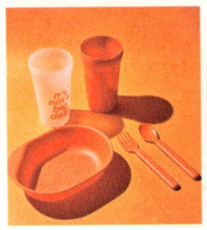 

트래쉬버스터즈는 다회용컵 서비스 전문업체입니다. 매년 3,000명 이상 모이는 행사에서, 기존 일회용컵으로 커피를 서비스 했을 때는 100L 봉투로 350개의 쓰레기가 빌생했다고 합니다. 그러나 트래쉬 버스터즈를 이용하고 나서는 단 8개로 줄었다고 합니다. 쓰레기를 95% 줄이는 마법 같은 서비스죠. 또한 카페에도 서비스를 하는데요. 핫컵, 아이스컵, 리드, 베이커리용 접시 등을 위한 사이즈가 준비되어 있습니다. 이를 공급하고 한번 사용한 다회용 용기를 다시 세척하여 배송하는 서비스를 진행합니다.

trashbusters.kr

어반랩스

어반랩스는 푸드 테크 기업으로, 단백질 트렌드를 겨냥하였습니다. 커피를 내린 후 남는 원두 찌꺼기인 '커피박'을 단백질 식품 원료로 만들어 공급하는 B2B 사업이 핵심입니다. 이를 통해 건강식품이 탄생합니다.

urbanlabs.kr

어반랩스의 건기식 마카롱

포이엔

커피박으로 만든 고형연료

포이엔은 커피 찌꺼기로 화석연료를 대체하는 숯과 고형연료를 만들고, 화학비료를 대체하는 저탄소 비료 등을 만듭니다. 그리고 커피 수확 과정에서 발생하는 폐 바이오매스를 활용하여 친환경 연료를 개발하고, 커피 찌꺼기를 원료로 한 바이오 플라스틱을 만드는 일도 합니다. 석탄이나 석유를 대체할 수 있는 바이오매스 고형연료, 숯 등을 사용하면 그만큼 화석연료를 덜 사용하게 되는데, 그 차이만큼을 배출권으로 인정받아 탄소배출권을 거래하기도 합니다.

4en.co.kr

사회 측면의 지속가능성

저개발국 빈곤, 공정무역

커피벨트로 불리는 북위25°, 남위25°는 대부분 저개발국 나라들이 위치해 있습니다. 적도 부근의 열대, 아열대 기후를 가진 나라들인데요. 이 나라들은 커피 생산에 적합한 기후라 해서 커피벨트로 불립니다. 문제는 이 부근에 위치한 나라들이 대부분 저개발국이라는 것입니다. 기원은 16세기 대항해시대로 거슬러 올라가는데요. 유럽의 열강들이 삼각무역을 통해서 아프리카 흑인 노예들을 아메리카 대륙으로 나르고, 이를 통해서 전세계에 식민지를 구축했던 폭력의 역사가 있습니다. 식민지는 당시 유럽대륙에서 판매가 잘 되던 설탕, 담배, 카카오 그리고 커피를 생산하기 위한 플랜테이션이었습니다. 물론 현재는 독립국으로 존재하지만 이때의 경제적 의존도가 남아 있습니다. 석유를 무역하는 나라들은 부유해지는 반면 커피 무역은 그렇지 않았습니다. 커피 산업에서 대부분의 부가가치는 북반구의 커피 회사들에게 돌아가기 때문입니다. 그래서 농부들에게도 정당한 대가를 지불하자는 취지에서 시작된 운동이 바로 공정무역 운동입니다.

자료: Fairtrade, WFT 공식 홈페이지

현재는 전세계적으로 합의된 원칙과 인증 시스템이 존재합니다. 유럽의 마트에 가보면 공정무역 마크를 가진 커피, 초콜릿 상품을 손쉽게 볼 수 있죠. 한국은 아름다운가게로부터 시작되어, 현재는 아름다운커피, 그리고 전국의 생협들을 중심으로 공정무역 상품들이 유통되고 소비되고 있습니다. 지금은 여러 시각에서 실제 공정무역이 농부들을 실질적으로 돕는 것이 맞는 것인지 회의적인 시각으로 바라보는 비판적인 시각도, 인증 시스템을 좀더 생산지 농부들의 상황을 적극 반영한 인증으로 고쳐야 한다는 시각도 제기되고 있습니다. 특히 한국은 국제개발협력 펀드를 활용하여 임팩트 있는 커피 생산지 개발을 위해 다양한 프로젝트를 실험했다는 것이 특징입니다. 일반 소비자들이 찾는 대형마트 등에 상품이 놓일 만큼 소비자 인식이 보편화되어 있지 않은 것이 현실인데요. 공정무역 상품을 공급하는 공급사들은 아직 소규모입니다. 유럽만큼 보편화되려면 아직 갈 길이 멀죠.

성평등, 케어 트레이드

커피 생산지에서 여성들은 상대적으로 차별을 겪습니다. 농가 소유권은 대부분 남자가 가지고 있지만 커피 가공에 일조하는 사람들은 여성입니다. 우리나라가 가난한 시절 그랬듯이, 여성들보다는 남성들에게 먼저 교육의 혜택이 돌아갑니다. 그러니 더더욱 자신의 권리를 찾을 수도, 어려울 삶을 극복할 방법도 없습니다. 코스타리카에서 여성 농부들의 삶을 보고 문제의식을 느낀 이들이 '빈보야지Bean Voyage'라는 비영리 단체를 설립하였습니다. 코스타리카의 여성 소농들이 다양한 권리를 누릴 수 있도록, 여성으로서의 자존감을 높일 수 있는 지식을 공유하고 금융지식을 교육하여 미래 계획을 세울 수 있도록 돕는 단체죠. 공정무역을 페어트레이드Fairtrade라고 한다면, 이들이 하는 무역을 케어트레이드Caretrade로 이름 붙였습니다.

자료: beanvoyage

한국의 아름다운커피도 르완다 뷔샤자 지역에 있는, 여성들로만 구성된 협동조합을 만들어 그들이 스페셜티 커피를 잘 재배할 수 있도록 돕는 일들 수년간 해왔습니다. 이들이 재배한 커피를 가지고 한국에서 붙인 이름은 바로 '솔브SOLAVE' 우먼스 커피입니다. 일명 문제를 해결하는 커피입니다.

투명성, 신뢰, 인증 시스템

거래는 신뢰를 기반으로 합니다. 특별히 커피 무역은 남반구에서 북반구로 물역품이 옮겨갈 수 있는 긴 여정입니다. 또한 다양한 이해관계자들이 커피 생두의 무역을 위해서 개입하죠. 우리가 마시는 커피가 정말 농부들이 안전한 환경에서 재배가 되었는지, 그리고 내 건강에 문제는 없는 건지를 커피 회사의 마케팅 문구를 보고 믿을 수밖에 없습니다. 그리고 커피 생산지 농부들은 중간상인들에게 커피를 넘길 때, 정말 제대로 된 가격을 받은 것인지 정보화 환경에 익숙한 농부가 아니라면 알기 어렵습니다. 이런 문제들을 해결하기 위해서 그동안 많은 표준들이 등장했습니다. 그리고 그 표준들을 중심으로 인증 제도가 생겨났습니다. 위에서 언급한 공정무역도 인증 시스템에 기반합니다. FLO Fairtrade Labeling Organization이 가장 보편적인 인증입니다. 열대우림보호 인증은 생태계의 다양성을 보존하는 환경에서 커피가 재배되었는지 야생동물과 사람이 안전한 환경에서 재배되었는지, 인증합니다. 위 두 인증이 가장 보편화된 인증이죠.

열대우림인증
자료: Rainforest-alliance

스타벅스나 네스카페 같이 큰 회사들은 자체적인 검증 시스템을 통해서 소비자들에게 윤리적인 유통체계를 통해 환경과 노동자들을 보호하는 무역을 했다는 것을 홍보해 왔습니다. 기업의 CSR기금으로 생산지의 어려운 농부들을 돕는 프로그램을 운영하기도 했죠. 현재까지는 이렇게 인증 시스템의 권위를 신뢰하거나 커피를 소싱하는 회사의 공신력을 신뢰하는 게 최선이었습니다. 하지만 이는 기술이 발전함에 따라 좀더 투명하고 신뢰할 만한 시스템 구축이 가능할 것으로 보여집니다. 블록체인 기술을 활용하여 탈중앙을 통해 특정 인증 기관의 권위에 의지하지 않고, 모든 거래가 투명하게 오픈되면서 자연스럽게 신뢰를 가지게 될 수 있다면 투명성으로 인한 신뢰문제가 쉽게 해결될 수 있습니다. 아직 구체적으로 응용된 바가 크지는 않지만, 가까운 미래에 이 기술을 활용한 스타트업들이 등장할 것으로 보여집니다.

노동과 바리스타

여기서의 노동은 소비지에서의 노동을 의미합니다. 특별히 한국적 상황에서 커피 산업 내의 노동자들의 현실에 대해서 이야기하고자 합니다. 기하 급수적으로 늘어난 카페 숫자들과 함께 바리스타 근무자들의 숫자 또한 늘어났습니다. 하지만 현재 카페 바리스타는 최저임금 노동자입니다. 자신이 특별히 대회에 입상한 경력이 있거나 카페 사장이 아니고서는, 바리스타란 직업의 사회적 인식은 카페 알바 정도입니다. 자격증을 따려는 사람은 많지만 사실상 시장에서의 그들의 노동가치가 높게 인정받지 못하는 것이 현실이죠. 상황이 이렇다 보면 커피 커리어에서 가장 기초적인 단계이자 입문 단계에서 커피 산업 내, 앞으로의 미래를 그리기 어려워집니다. 열심히 돈을 모아서 나만의 카페를 하나 차리거나, 스타벅스 같이 큰 기업에서의 바리스타라면 한 매장을 책임지는 점장 정도의 포지션을 목표를 삼을 수 있을 것입니다. 하지만 대부분은 대학을 휴학하고 학비를 벌기 위해서 카페 알바를 하는 등으로 바리스타 직업을 접하게 됩니다. 여기서 한국 커피 산업은 기초가 튼튼하기 어려운 구조를 가지게 됩니다. 커피 산업 내에서 바리스타로 시작한다면, 단순히 메뉴의 레시피를 외워서 서빙하는 수준이 아닌 좀더 고기능의 바리스타, 즉 세상에 없던 신메뉴를 R&D하여 런칭하고 카페 하나의 운영 전략을 고민하며 마케팅하는 책임자로 커가는 그림을 그리기 어렵습니다. 경력이 오래된 바리스타도 여전히 최저임금 수준을 벗어나기 어렵고, 최저임금 수준을 벗어나기 어려우니 특별히 다른 고기능을 가질 필요도 없습니다. 셰프 수준의 역량 있는 바리스타들은 좀더 고연봉을 주는 다른 업계로 가는 것이 현명합니다. 심지어 바리스타 대회에서 입상한 실력자들도 결국에 다시 시간제 알바로 돌아오는 경우도 봤습니다. 바리스타들의 노동권을 존중하는 것은 그들의 시급을 올려주는 것만을 의미하지 않습니다. 그들이 플레이하는 필드를, 그들이 꿈을 꿀 수 있는 환경으로 만들어 주는 노력이 필요합니다. 이는 커피 산업을 이끌어가는 리더들의 숙제입니다. 이런 현실 속에서 지속가능성을 중심으로 두 가지 솔루션을 생각해 봤습니다.

첫 번째, 취약계층 일자리 창출로 바리스타 직군을 적극 활용하는 것입니다. 한동안은 바리스타 직군이 최저임금 파트타임 일자리로 남아 있는 것을 바꾸기는 어려워 보입니다. 그럼 이 일자리를 좀더 많은 취약계층을 고용하기 위해, 더 많은 룸을 만드는 것이 어떨지 생각합니다. 장애인, 노인, 자활참여자, 느린학습자, 다문화 등의 일자리를 만들기 위해서 가장 많이 시도된 사업 아이템은 카페였습니다. 상대적으로 높은 교육 수준을 요구하지도 않고 고객들과 소통하면서 일해야 하는 환경 등 일자리를 경험하기에 좋은 조건이기 때문이죠. 최소한 기업에서 운영하는 사내 카페, 프랜차이즈에서 직영하는 카페에서 자발적인 참여를 시작하고 적극 고용한 기업주, 점주들에 대해서는 정부 차원의 혜택이 있으면 더 많은 참여를 이끌어 낼 수 있을 것으로 보여집니다. 우리 사회의 취약계층 일자리 참여 자체가 사회의 지속가능성을 높이는 중요한 지표입니다.

장애인 바리스타를 고용하는 프랑스의 카페브랜드 Joyeux
자료: Cafejoyeux

두 번째는 바리스타 직군의 고도화와 안정화입니다.

커피 산업의 기초이기도 하고 진입로이기도 한 바리스타 직군이 사회적으로 인정받고 보호받기 위한 장치들이 필요합니다. 이는 커피 산업 전체가 고민해야 할 지점이기도 하죠. 커피 산업 내에 지속적으로 인재가 들어오고 육성되려면 현장의 인력 개발에 신경을 써야 합니다. 이 부분을 가장 체계적으로 관리하는 회사는 스타벅스입니다. 바리스타 스스로도 자신의 가치를 높이기 위한 노력이 필요한데요. 커피를 추출하여 서빙하는 기능 이상의 역할을 염두해야 합니다. 카페의 매출을 어떻게 하면 더 효과적으로 올릴지 좀더 고민하는 마케터로서의 정체성도 있고, 카페 메뉴를 시즌에 맞춰서 예쁘고 맛있게 만들어 내는지에 대한 메뉴 개발자로서의 정체성도 있고, 원두를 비롯한 식자재, 컵 등의 부자재 등의 재고를 관리하는 물류담당자로서의 정체성도 있습니다. 적성에 맞고 흥미가 생기는 분야에 대해서 좀더 깊게 책임감을 가지고 들여다보기 시작하면, 매장 책임자의 눈에 띌 것입니다. 회사가 커리어 패스가 가능한 조직이라면, 더 성장할 기회가 주어질 것입니다.

그리고 바리스타는 육체 노동과 감정 노동이 함께 이루어지는 직군입니다. 특히 고객과 직접 대면하는 서비스 직군이다보니 블랙컨슈머의 갑질에 시달리기도 합니다. 이런 상황에 바리스타들의 정신질환 사례도 늘어났습니다. 스타벅스 내에서 정신적인 고통으로 상

AI시대가 올수록 바리스타의 감정노동 비중은 높아질 것입니다.

담을 받는 사례가 크게 증가했습니다. 매년 스타벅스의 산재 건수는 늘어나지만 정신적 고통에 의한 질병으로 인한 산재는 미미합니다.* 감정 노동에 대한 사회적인 인식이 보편화된 추세에 맞춰 바리스타 직군들이 겪는 애로와 이로 인한 피해보상도 확대되어야 할 것입니다.

경제 측면의 지속가능성

대체원료 개발

　기후위기로 점점 커피 생산에 차질이 생길 것이라고 예측하는 사람들이 많습니다. 그럼 커피 가격은 점점 비싸질 것입니다. 생산지들은 더 많은 커피 경작지를 얻기 위해서 더 많은 숲들을 밀어버리는, 우리가 원치 않는 결과를 만들 수 있습니다. 그리고 이런 문제를 해결하기 위해서, 대체 커피를 실험실에서 만들어 냈습니다. 또한 이를 커피 음료로 출시한 푸드테크가 있습니다. 이름하여 '애토모Atomo커피'입니다. 애토모 커피는 대추씨, 치커리 뿌리, 포도 껍질, 해바라기씨 겉껍질, 수박씨 등을 주재료로 만든 커피입니다. 커피 원두를 전혀 사용하지 않고 커피 원료를 분자 단위로 분석한 뒤, 화학 공정으로 맛과 향을 냈습니다. 공동 창업자인 앤디 클라이치Andy Kleitsch와 재럿 스톱포스Jarret Stopforth는 연구진과 함께 1,000여 가지가 넘는 화합물을 조사해 커피 풍미에 영향을 미치는 40여 가지 화합물을 찾아냈습니다.** 커피를 생산지에서 수확하여 소비국으로 옮긴 후 이를 상품화하여 팔리는 과정에서 발생한 탄소에 비해, 대체 커피 상품을 생산하여 판매하는 과정에서 생긴 탄소는 7% 밖에 안 된다고 합니다.

커피뿐만이 아니라 우유 또한 대체하려는 움직임이 꾸준히 있었습니다. 비건 라이프 스타일을 추구하는 소비자들은 우유 대신 두유를 소비해 왔습니다. 그리고 귀리로 만든 오트 음료, 아몬드로 만든 아몬드 브리즈 등도 우유대체 식물성 음료입니다. 동물성 음료인 우유를 식물성 음료로 바꾸려는 움직임부터, 식물성과 동물성 성분을 혼합한 하이브리드 우유 제품과 실험실에서 세포배양을 통해 생산하는

---

* 평화뉴스 '스타벅스, 산재 극증에도 4년간 '근로 감독 0번'....국감 "노동청 뭐하니"'
pn.or.kr/news/articleView.html?idxno=19013

** 조선비즈 '대체육, 대체 우유 이어 '대체 커피'도 나온다'
biz.chosun.com/distribution/food/2021/12/01/E2C7S77GABGOVMLX7CRW7STR64

실험실 우유 개발을 위한 투자도 확대되는 추세입니다. 식물성 대체 우유는 일반 우유와 달리 유통기한이 길고 냉장보관을 하지 않아도 되는 장점이 있습니다. 이는 해외수출이 가능하다는 말이죠. 카페들도 이런 움직임에 조금씩 반응하고 있습니다.

인플레이션

커피생두의 가격이 2022년 최고가를 찍은 이래, 인플레이션 상황을 크게 벗어나지 못하고 있습니다. 전세계 중앙은행들이 금리를 올리고 있지만 여의치 않은 상황입니다. 예상하기로 한동안 커피는 높은 가격을 유지할 것으로 예상합니다.

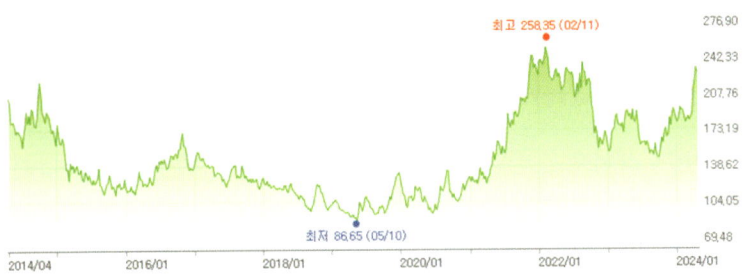

뉴욕상장거래소 선물로서의 커피 파운드당 가격 10년 추이
자료: naver

중국의 커피 소비 증가와 개발도상국들의 점차적인 경제개발로 커피 소비가 늘어나는 속도에 비하여, 생산지들의 생산이 늘어나는 속도는 턱없이 부족합니다. 이로 인해 아라비카 커피를 주로 공급하던 로스팅 기업들은 로부스타에 관심을 가지기 시작했습니다. 로부스타

라고 하면 싸고 퀄리티가 떨어지는 커피로 인식되었지만, 막상 마셔 보니 그렇지도 않습니다. 블렌딩에 적절히 섞었을 경우 구수한 풍미를 돋우는 장점이 있었죠. 아라비카의 수요를 진정시켜 값을 떨어뜨려야 하는 측면도 있지만, 로부스타의 재발견이 필요합니다. 그리고 상대적으로 저렴한 비용에 재배가 가능한 다른 커피 품종을 심어 부지런히 실험해 봐야 합니다.

인플레이션으로 가장 득을 본 사람들은 커피의 큰손들인 대형 도매상입니다. 일부 농민들도 득을 본 것은 사실이지만 사실 대부분의 이익은 유통의 큰 손들이 보았습니다. 문제는 그동안 저렴한 가격으로 꾸준히 생두를 매입하면서 비즈니스를 영위한 소비지의 소규모 사업자들입니다. 사실 큰 회사들은 본격적 인플레이션이 시작되면서 바로 커피 판매가격을 높이는 등의 행동을 취했습니다. 하지만 소규모 커피 사업자들은 타격이 컸을 것으로 예상합니다. 원료의 가격이 오르니 당연히 상품의 가격을 올려야 하지만, 경쟁을 해야 하는 상황에서 이것이 쉽지 않았을 겁니다. 예를 들어 소규모 로스터리 사업자가 생두 가격이 올라 카페에 납품하는 원두 가격을 올렸더니, 카페사장이 더 저렴한 대형마트의 원두로 바꿉니다. 경제가 어려우면 약자들이 먼저 고통을 받곤 하죠. 스타벅스 같은 대형 브랜드야 커피 가격을 몇백 원 올린다 한들 소비자 저항이 거세지 않습니다. 하지만 소규모 카페들은 그렇지 않습니다. 결국 커피 시장의 공급이 양극화되는 현상을 가져오게 되죠. 경제가 호황과 불황을 오가면서 조정되는 것이 일반적인 자본주의 경제라 하지만, 급격한 인플레이션은 시장에 큰 고통을 줍니다. 인플레이션 이후에 물가를 잡겠다고 급격하게 금리를 올리는 과정에서 융자가 많은 사업자나 개인은 또 고통스러운 시간을 보내야 합니다. 이런 상황에서는 급격하게 무너질 수 있는 소상공인이나 중소기업을 보호하는 정부정책이 필요합니다.

혁신(Innovation)

슘페터가 이야기하길, 자본주의는 창조적 파괴Creative Destruction를 통해서 유지되고 지속한다고 이야기했습니다. 말의 뜻은 이렇습니다. 이미 시장에 존재하는 기술과 물품들은 어느 순간이 되면 포화상태가 됩니다. 이미 많은 사람들이 사용하고 있고, 기술이 보편화되어서 많은 공급자가 나오게 되죠. 그럼 가격도 떨어지게 되고 기업은 이윤율이 떨어지게 되어 경제 위기가 오게 되죠. 이를 혁신가들이 새로운 기술과 제품을 만들어내서 기존 경제시스템에 균열을 가하는 것입니다. 새로운 기술과 제품은 강자로 등장해서 경제에 활력을 불어넣고 이로 인해 다시 경제가 굴러간다는 말입니다. 예를 들어 삐삐가 보편화될 때쯤, 휴대폰이 등장해서 다시 시장을 갈아 엎었습니다. 그리고 휴대폰이 보편화 될 때쯤에, 스마트폰이 등장해서 다시 시장을 갈아 엎었죠. 스마트폰의 등장으로 새로운 경제 생태계가 구축되었습니다. 지금은 어떤가요? 또다른 혁신가들은 미래를 창조하기 위해서 다양한 연구를 진행하고 있습니다. 커피업계도 같습니다. 물론 비관적인 전망들이 많습니다. 데이터를 보다 보면 정말 미래가 어둡다는 생각도 듭니다. 하지만 커피 산업은 또 다른 혁신을 통해서 지켜질 것입니다. 미래의 커피 산업은 어떤 기술들과 아이디어로 경제에 새로운 활력을 불어넣어줄 어떤 플레이어들이 등장할까요? 이에 대한 자세한 이야기는 다음 챕터에서 다루도록 하겠습니다.

NO.14

AI 시대, 미래의 커피 산업 공략

로봇 바리스타 · IOT 커피 산업 · 블록체인/NFT/빅데이터

커피로 부자가 될 수 있을까요?

질문이 '카페로 부자 될 수 있을까?'였다면, '어렵다'로 답하고 싶습니다. 카페로 부자가 되었다고 말하는 분들은 대부분 과거 시제일 겁니다. 아직 카페가 한국에 많지 않을 때 초기에 진입해서 재미 보신 분들, 아니면 이미 어느 정도 자산이 있는 분들이 좋은 목에 높은 투자금을 내고, 또 리턴도 많은 분들이 이렇게 이야기할 가능성이 많습니다. 골목길에서 작게 시작해서 카페로 부자가 되는 케이스는 지금은 정말 어려운 이야기가 되었습니다. 하지만 '커피로 부자 될 수 있을까?'라고 질문한다면 '가능하다'고 답하고 싶습니다. 커피 산업 안에는 아직도 혁신해야 할 부분이 많기 때문입니다. 부자가 되는 방법은 혁신적인 아이디어입니다. 4차 산업혁명 시대에 판도를 뒤집을 만한 기술들이 여기저기서 쏟아져 나오고, 이를 통해서 수십억씩 투자를 받았다는 이야기를 심심치 않게 듣습니다. 현재 4차 산업혁명의 대표적인 기술들로 일컬어지는 미래 테크들을 중심으로 이야기를 해보도록 하겠습니다.

로봇 기술- 로보 바리스타

이미 상당 부분 상용화된 기술입니다. 루틴화되어 있는 바리스타의 동작들을 익힌 로봇 팔이 바리스타의 루틴을 자동으로 합니다. 그라인더에서 원두를 도징하고 에스프레소 머신에 포터필터를 꽂아 에스프레소를 추출합니다.

한국의 한 프랜차이즈 브랜드가 선제적으로 로봇 바리스타 부스형 카페 모델을 확장하려고 노력 중입니다. 최근 바리스타가 미래에 없어질 직업 중 하나라고 일컬어지곤 하죠. 그리고 로봇이 그 자리를 차지할 것이라고 말합니다. 과연 그럴까요? 저는 사실 부정적입니다. 사업 초기여서 더 그렇겠지만, 로봇 팔을 카페에 도입하는데 너무 비쌉니다. 거의 억대의 예산이 들어가죠. 거의 카페 하나를 풀로 차릴 만한 예산을, 인건비 한두 명치 아끼겠다고 로봇 팔을 들여놓을까요?

지금으로서는 너무 효율성이 떨어집니다. 또한 현재 도입한 카페들도 퍼포먼스를 통해 고객들을 모객하려는 의미가 더 강하다고 보여집니다. 저는 로봇 팔 바리스타가 보편화되는 것보다는, 좀더 고퀄리티의 커피를 추출할 수 있는 무인 카페가 보편화되는 게 더 빠를 것이라고 예측합니다. 무인 카페의 전자동 머신이 아메리카노를 비롯한 라떼류의 커피까지, 사람이 만든 정도의 퀄리티를 내게 되는 기술이 좀더 가까운 미래라 여겨집니다. 자동화하기 위해 이런저런 로봇을 도입한다고 해도, 카페는 아날로그 감성이 있어야 사람이 오는 공간이 되리라 생각됩니다. 바리스타가 기계적인 일을 덜하게 될 수는 있어도 여전히 고객을 맞이하고, 그들을 친절히 대하고, 서비스하는 휴먼터치의 영역은 사람이 해야 하는 일입니다. 저는 카페에서 로봇으로 대체되는 영역은 오히려 서빙이라 생각 합니다. 이미 많은 식당들이 서빙 로봇을 도입하여 운영하고 있죠. 이제는 카페뿐만 아니라 일반적인 식당에서도 수요가 있는 서빙 로봇의 수요가 더 많을 것이고, 그만큼 가격도 내려갈 것입니다.

보편화되고 있는
서빙 로봇

IOT 기술은 커피 산업에 어떤 영향을 미칠까요?

대형 프랜차이즈와 IOT(Internet of Things)

　　IOT는 사물인터넷을 말합니다. 전자기기들을 인터넷으로 연결하여 스마트폰으로 끄기도 하고, 켜기도 하며 머신의 상황을 실시간으로 알 수 있는 기능이라 생각하시면 됩니다. 인터넷만 연결되어 있으면 멀리서도 조종이 가능해지죠. 이미 스타벅스는 마이크로소프트와 협력해 스타벅스 매장 내의 커피머신들을 클라우드로 연결하여, 개별 머신들의 상태를 중앙에서 한눈에 파악할 수 있게 되었습니다. 압력, 물의 양, 온도, 콩 종류 등을 실시간으로 알 수 있고 기계 상태가 미묘하게 변화하는 순간까지 포착할 수 있게 되면서 프랜차이즈의 생명인 품질 관리가 이전보다 쉬워졌습니다.[*]

　　이는 중앙에 매장에서 서빙되는 커피의 데이터가 자동으로 수집되는 것을 의미합니다. 이를 바탕으로 잠재적 사고나 장애를 사전 예측하는 모델까지 발전시킬 수 있게 되었습니다. 큰 커피 회사의 입장에서 개별 카페의 상황을 체크하고 커피 퀄리티까지 실시간으로 컨트롤할 수 있는 길이 IOT 기술로 열렸습니다. 그럼 앞으로 IOT 기술이 커피 산업과 관련하여 어떻게 개발될까요?

---

[*] 동아비즈니스리뷰 '블록체인, AI, IOT가 커피 한잔속에 스타벅스, 기술기반으로 문화를 만들다.'
dbr.donga.com/article/view/1203/article_no/9263

무인카페와 IOT

IOT 기술이 개인사업자들에게 유용한 방법은 무엇이 있을까요? 무인카페 모델에 적용 가능합니다. 실시간으로 머신의 상태를 점검할 수 있고 머신 안에 재고가 얼마나 남아 있는지도 실시간으로 체크가 가능합니다. 이로 인해 매장 점검 빈도를 줄일 수 있게 되죠.

커피머신과 IOT

에스프레소 머신과 그라인더가 IOT로 연결되어 있다면 도징된 원두의 양과 상태를 자동으로 체크하여, 에스프레소 머신이 거기에 맞는 에스프레소를 자동으로 추출하는 식의 기술도 가능할 것으로 예측합니다. 그동안은 바리스타의 중요한 역량 중에 하나가 원두의 상태에 따라 최적의 에스프레소를 추출하는 것을 칼리브레이션하는 것이었는데, 이를 자동으로 해주는 날이 올 수도 있겠습니다.

커피생산지와 스마트팜

IOT 기술이 좀더 유용하게 쓰일 곳은 커피 생산지라 생각합니다. 소위 '스마트팜'이라고 하는데요. 스마트팜 기술은 농작물의 생장 모니터링 및 관리를, 다양한 센서와 연결된 데이터 분석을 활용하여 농작물의 상태를 실시간으로 추적하고 최적화하는 데 초점을 맞춥니다.

토양 센서: 토양 센서는 토양의 온도, 습도, pH 레벨, 영양소 수준 등을 측정할 수 있습니다. 이러한 정보는 커피나무의 건강 상태와 성장을 유지하는 데 중요합니다.

기상 스테이션: 농장에 설치된 기상 스테이션은 온도, 습도, 강수량, 풍속 등의 정보를 제공할 수 있습니다.

드론 이미지: 드론을 통한 이미지는 커피 농장의 전반적인 상태를 모니터링하는 데 사용될 수 있습니다. 이를 통해 농장의 특정 부분에서 문제가 발생하는 경우 신속하게 인지하고 대응할 수 있습니다.

데이터 분석: IOT 기술을 바탕으로 수집된 모든 데이터는 AI 또는 머신 러닝 알고리즘에 의해 분석될 수 있습니다. 이를 통해 농부는 더 정확한 예측을 하고, 더 효과적인 결정을 내릴 수 있게 됩니다.

아직 생산지에서 상용화된 것은 아니지만, 개발 중인 스마트팜 프로젝트를 중심으로 가까운 미래 커피농장에서 일어날 수 있는 변화에 대해서 예측해봤습니다.

블록체인으로 거래 시스템의 혁신을 가져올 수 있습니다

　블록체인 기술은 가상화폐를 만든 기술로 알려져 있지만, 사실 핵심은 거래내역을 중앙이 관리하지 않고 분산하여 정보를 소유한다는 특징을 가지고 있습니다. 이를 통해 자연스럽게 탈중앙화, 거래내역의 투명화의 결과를 낳게 되는데요. 거래가 시작된 최초의 블록에서부터 현재의 블록까지 생성되면 모두의 동의 없이 변경하거나 삭제할 수 없습니다. 이런 특징으로 블록체인 기술이 물류, 유통분야에 접목하기 용이합니다. 커피 산업과 유사한 와인을 예를 들어보겠습니다. 와인은 포도 주산지인 미국, 칠레, 프랑스 등지에서 동북아시아까지의 먼 거리를 기차, 선박을 통해 운송됩니다. 그 과정에서 통과하는 지역의 기후, 유통의 관리상태 등에 따라 영향을 받습니다. 특히 와인은 온도에 민감하기 때문에, 철저한 경우에는 온도조절용 컨테이너에 실려서 옵니다. 이럴 경우 와인 라벨에 온도조절용 컨테이너에 실려서 왔다가 라벨링을 하죠. 이는 마케팅의 수단이기도 합니다.

와인의 라벨링을 확인하는 소비자

하지만 소비자가 유통과정에서 어떤 일들이 있었는지 일일이 알 수는 없습니다. 다만 라벨링을 믿을 뿐입니다. 하지만 여기서 블록체인 기술을 적용하면, 이 문제가 단번에 해결됩니다.

산지의 생산자와 소비지에서의 물류담당자는 해당상품의 생산, 포장, 이동, 유통과정을 실시간으로 확인할 수 있고, 만약 중간 단계에서 문제가 생기면 그 행위자에게 책임을 물을 수 있게 됩니다.* 보통 문제가 생길 경우에는 원인 파악에 한두 달 걸렸던 부분을 수 분 안에 파악할 수 있게 됩니다. 이는 인류 건강에도 크게 이바지할 수 있습니다. 오염된 식료품이 매년 6억 명을 병에 걸리게 하고, 40만 명을 사망케 한다는 세계보건기구의 보고가 있는데, 블록체인을 통해서 신선식품을 관리한다면 문제가 있는 식품이 경우 즉각 유통 금지, 식음 금지 등의 노티스를 실시간으로 할 수 있게 됩니다. 이는 사고가 나고 수습하는 체계를 예방하는 체계로 바꿀 수 있게 되죠. 와인과 커피 산업은 닮은 면이 많습니다. 위의 사례와 같이 물류가 이동하는 모든 면을 투명하게 하면서 퀄리티 컨트롤을 용이하게 하게 됩니다. 그리고 공정무역에서 추구하던 거래의 투명성, 윤리성 등에 대한 가치를, 표준을 가지고 있던 인증회사가 담당하는 것이 아니라 생산자와 소비자가 같이 관리하면서 거래의 투명성을 보증하게 됩니다. 중간에 누군

---

* EY partners with EZLab on blockchain wine security project

가 인증을 할 필요가 없어지는 것이죠.

　커피 무역뿐만이 아니라 모든 무역에 따르는 불필요한 비용을 없애는 역할을 할 것으로 기대합니다. 수출자가 물품을 실어 수입자에게 보내는 과정에서 다양한 이해관계자를 거치게 됩니다. 수출업자, 선사, 운송사, 통관사, 금융사 등이 무역물품이 안전하게 수입자 항만에 떨어시기까지 선하증권, 신용장, 화물인도지시서 등 각종 서류가 오갑니다. 이는 지금도 서류작업으로 진행되고 있죠. 만약 화물의 분실이 발생하게 되면, 책임소재가 불분명해 다수의 분쟁이 발생하게 됩니다. 대부분이 비용은 수출자나 수입자가 떠안는 구조입니다. 하지만 블록체인 기술이 무역 시스템에 적용된다면 계약을 온라인으로 진행하고 불필요한 부분이 없어지면서 비용이 줄어듭니다. 또한 문제가 생겼을 경우, 책임소재가 명확해집니다. 비용을 줄이면서 생산자는 더 높은 가격에 팔 수 있는 기회가 되고, 소비자는 더 저렴하게 살수 있는 기회가 됩니다. 블록체인의 핵심은 정보를 중앙통제하지 못하게 하여 조작이 불가능하도록 하는 것입니다. 이를 활용한 좀더 혁신적인 아이디어들이 커피 산업 내에도 많이 나오길 기대합니다.

NFT와 커피 산업 간의 관계는 어떠한가요?

　NFT는Non-Fungible Token의 약자입니다. 대체불가능한 토큰이라는 뜻인데요. NFT는 블록체인 기술을 기반으로 하는 시스템입니다. 위에서 말한 블록체인 기술이 좀더 구체적으로 활용된 사례이기도 하죠. 소유권과 판매이력의 정보가 블록체인에 저장되고, 최초 발행자를 언제든 확인할 수 있다는 특징을 활용하여 희소성이 있는 자산을 담는 수단으로 쓰입니다. 주로는 가상자산의 소유권과 거래이력의 정보를 담는 데 쓰입니다. 하지만 현실세계의 희소성이 있는 자산들과 NFT를 연결하여 거래를 하고, 소유권을 이전하는 데에도 쓰입니다. 대표적으로 예술품 거래에 쓰이는데요. 가상자산의 특징상 메타버스에서, 즉 가상세계에서 자산의 거래를 하는 데 유용하게 쓰입니다. 또한 게임 안에서 아이템, 독특한 옷, 집 등이 NFT로 거래될 수 있는 자산이 되겠습니다. NFT의 거래가 기하급수적으로 증가하면서 NFT와 연결된 이미지, 밈, 사진 등이 거래되고 있습니다. 대표적인 NFT거래 플랫폼인 오픈시*에 직접 접속해 보시길 바랍니다.

위스키와 NFT

일본에서는 위스키의 NFT를 발행하였습니다. 위스키의 수요가 급증하는 최근, 점점 더 가격이 올라가고 오래될수록 가치가 올라간다는 특징을 감안하여 가상자산과 연결하였습니다. 바로 유니카스크 UniCask의 대표, 크리스 다이입니다.

위스키와 NFT의 결합은 기존의 위스키 투자 및 소유 방식을 혁신

---

* opensea.io

적으로 변화시키는 아이디어입니다. 전통적으로 위스키는 증류소에서 수년 간 숙성되며, 많은 투자자들은 실제로 술통을 소유하는 대신, 증류소에 그대로 맡겨두는 관행을 가지고 있습니다. 이런 관점에서 위스키와 NFT를 결합하는 것은 자연스러운 진화입니다. NFT는 위스키 통의 디지털 소유권을 나타내며, 각 NFT는 고유한 ID를 가진 IC 태그와 연동됩니다. 이 태그는 위스키 통에 부착되어 진품임을 보증하고, 위스키의 숙성과 이동을 디지털로 추적할 수 있게 해줍니다. NFT를 사용함으로써 투자자는 언제든지 자신의 위스키 투자를 확인하고, 전 세계 어디에서든 거래할 수 있는 가능성을 갖게 되는 것이죠. 하지만 이 시스템은 위스키 통의 물리적 보호가 확실히 이루어져야 하는 리스크를 안고 있습니다. IC 태그가 조작되거나 분리될 경우, NFT의 가치는 크게 손상될 수 있습니다. 이러한 문제를 최소화하기 위해, 위스키는 증류소에 머물면서 숙성되고 관리되는 것이 이상적입니다. 이렇게 하면 NFT의 진품 보증 기능이 실제 위스키와 완벽하게 일치하게 되며, 위스키의 숙성 기간 동안 안전하게 보관될 수 있습니다.

이 아이디어는 고급 위스키의 경우, 흔히 20년에서 30년까지 증류소에서 숙성되는 것이 일반적이기 때문에 특히 매력적입니다. 이 시간 동안 NFT를 통해 위스키 투자가 안전하고 투명하게 관리될 수 있습니다. 유니카스크는 NFT와 위스키의 결합을 통해 전통적인 술 투자를 디지털 시대로 전환시키는 획기적인 방법을 제시했습니다.

NFT를 커피에 적용하기

커피는 상황이 조금 다릅니다. 위스키의 경우 오래될수록 가치가 오르는 특징이 있어, 전통적으로 프리미엄화되어 있는 시장에서 경매 등으로 거래가 되던 상품입니다. 하지만 커피는 오래되면 가치가 떨어지고 상대적으로 덜 프리미엄화되어 있습니다. 그래도 적용가능한 영역이 있지 않을까 생각합니다. 그렇다면 커피 산업에서 프리미엄화되어 있는 시장은 어디일까요? 바로 COE 시장입니다. 사실 COE는 현재 소수의 스페셜티 기업과 개인만이 경매에 참여합니다. 하지만 이를 NFT화하면 좀더 많은 사람이 참여할 수 있게 되며, 경매 낙찰 이후에도 지속 거래가 일어나 가격이 더 오를 수 있는 가능성을 열어둘 수 있습니다. 그린 빈 바이어들이 좀 더 수월하게 비즈니스 기회를 만들 수 있는 방법이죠. 꼭 이미 생산된 생두에 대해서만 거래를 해야만 한다고 생각하지 않습니다. 스페셜티 생두 생산으로 이미 유명해진 농장의 앞으로 생산될 생두들에 대한 입토선매를 NFT를 활용하여 진행할 수 있습니다. 농부는 수확을 하기도 전에 수익을 얻을 수 있어서 좋고, 구매자는 스페셜티 생두 재고를 확보하고 다시 팔 수 있어서 좋습니다.

스타벅스와 NFT

자료: starbucks.com

스타벅스는 NFT를 활용하여 커뮤니티 구축을 한다고 합니다. 스타벅스에 충성도가 높은 회원들을 대상으로 스타벅스 가장 커뮤니티인 '스타벅스 오디세이'에 참여하여 회원권을 받을 수 있는 기회를 제공합니다.* 이때 회원권을 NFT로 발행하죠. 또한 오디세이에 로그인하여 인터랙티브 게임을 하거나 다양한 도전에 참여할 수 있게 됩니다. 해당 콘텐츠를 완료하면 NFT 보상이 주어지게 되는데요. NFT를

---

* TechM '스타벅스 코리아도 NFT 발행…혜택보다는 환경·수집에 방점'
techm.kr/news/articleView.html?idxno=118974

통해 모은 회원 포인트로, 이전에 제공되지 않은 독특한 혜택과 경험을 누릴 수 있게 됩니다. 가상 에스프레소 마티니 만들기 수업, 스타벅스 리저브 초대, 코스타리카 커피 농장 여행 등의 혜택이 주어지죠.

카페와 자율주행 시대

스타벅스가 드라이브 스루 매장을 늘려가는 데에는 여러가지 이유가 있겠지만, 미래 카페 비즈니스 모델에 대한 선점이 아닐까 생각합니다. 자율주행 시대가 언제쯤 올까요? 혹자는 10년 안에 온다고 이야기하곤 합니다. 또한 AI 기술에 대한 신뢰가 별로 없었던 게 엊그제인데, ChatGPT의 등장으로 많은 사람들이 AI로 세상이 변하는 것이 바로 앞에 닥친 미래라고들 하며, 다시 말을 바꾸기 시작했습니다. 언제가 될지는 모르지만 그리 멀지 않은 미래에 자율주행 시대가 올 것으로 생각합니다. 그럼 사람들은 자동차 안에서 무엇을 할까요? 일을 하거나 영화를 보는 등 각자의 시간을 활용할 것입니다. 또한 이 시대가 오면 사람들은 카페 공간에 대한 필요성을 덜 느끼게 되겠죠. 오히려 자동차 안이 카페로서의 기능을 가지게 되며, 차 안에서 커피를 잘 마시는 솔루션을 제공하는 쪽으로 커피 산업은 진화하지 않을까 생각합니다. 스타벅스는 심지어 드라이브 스루에 들어서는 순간 자동차 번호판을 인식하여, 자동으로 주문과 결제가 되게 하는 기술을 도입했습니다.

또한 AI 시스템을 통해서 고객이 자주 주문하는 음료를 기억하고 큰 변수가 없다면 주문이 자동으로 들어가도록 합니다. 그리고 고객의 동의 하에 신용카드와 자동차 넘버를 연동시켜 놓습니다. 신용카드를 직원에게 전달하는 일 없이, 모두 비대면으로 자동 결제하는 시스템이 가능합니다. 이 서비스는 이미 시작되었습니다.

커피 산업의 플랫폼
비즈니스 모델은 어떤 것이 있을까요?

플랫폼은 소비자와 생산자를 연결해주는 생태계를 만들어, 그 안에서 소비자는 생산자를 직접 선택하고 생산자는 소비자에게 공급할 수 있게 됩니다. 플랫폼 기업은 심지어 아무것도 생산하지 않지만, 플랫폼이 구축되면 수수료, 광고 등으로 수익화가 가능합니다. 카카오톡이나 배달의 민족같이 아주 큰 플랫폼 기업부터 작은 스타트업이 구축한 작은 플랫폼까지 양상과 규모는 다양하죠. 그럼 커피 산업에서 플랫폼을 구축한 비즈니스 모델은 어떤 사례가 있을까요?

티피카

티피카는 스페셜티 생두를 구하려는 로스터리와 농장을 연결해주는 생두 직거래 플랫폼입니다. 일본인이 시작한 글로벌 스타트업인데요. 한국도 서비스 중입니다. 그린빈 바이어인가요? 파트에서 좋은 생두를 생산하는 농부의 정보를 얻고 이를 안전하게 들여오는 것이 비즈니스를 처음 시작하는 분들에게는 큰 도전이라 말씀드렸던 바 있습니다. 하지만 이 플랫폼을 활용하면 정보도 쉽게 얻고 안전하게 거래할 수 있습니다.

typica.coffee

원두데일리

구독경제 파트에서 소개해드린 바 있습니다. 한국의 유명 로스터리와 카페사업자, 그리고 원두를 구독하고자 하는 오피스를 연결합니다. 단순히 커피머신을 렌탈하는 것이 아니라 한국이 유명 로스터리의 원두를 취향대로 선택해서 마실 수 있다는 장점이 있습니다.

onedodaily.kr

코케

원두데일리는 오피스 시장에 집중한 플랫폼이라면, 코케는 개인 소비자들을 위한 플랫폼입니다. 유명 로스터리 원두들을 한눈에 보고 자신의 취향을 입력하면 자동적으로 원두를 추천받을 수 있습니다. 또한 주문할 때 구독설정을 할 수 있죠.

koke.kr

더컵

카페 경영과 창업에 필요한 필수 정보를 공유하는 온라인 커피 플랫폼입니다. 커피업계의 다양한 소식들과 정보들을 한눈에 볼 수 있습니다. 또한 이곳은 커피인들이 모이는 커뮤니티이기도 합니다.

the-cup.co.kr

커피 산업에서
또 다른 플랫폼 비즈니스가 가능할까요?

저는 좀더 발전된 기술을 바탕으로, 좀더 보편화된 생두 직거래 플랫폼을 만들 수 있지 않을까 생각합니다. 옥션에도 좀더 쉽게 참가하고 위에서 말한 NFT 등을 활용하여 소유권도 안전하게 확보하는 등의 다양한 활동들이 기능하지 않을까 생각합니다.

또 하나는 소규모 로스터리들이 R&D를 하는 데 시간을 줄여줄 생두별 프로파일 노하우를 좀더 쉽게 얻고 공급하는 방법으로 플랫폼을 생각해봤습니다. 실력을 인정받은 로스터들이 오랜 시간에 걸쳐서 터득한 노하우를 소수에게 비싼 가격을 받고 공유하기보다는, 다수에게 좀더 저렴한 가격을 받고 공유한다면 누이 좋고 매부 좋은 상황이 아닌가 생각합니다.

빅데이터도 활용 가능할까요?

사람은 경험을 통해서 축적된 감각을 갖고 일하며, AI는 데이터를 기반으로 일합니다. AI는 축적된 데이터를 기반으로 인풋되는 데이터를 스스로 학습하여 상황에 맞는 행동을 하죠. 커피 산업에서 장인으로 불리는 사람들이 있는 영역이 있습니다. 대표적으로 브루잉, 로스팅이 그렇죠. 이분들은 오랜 기간의 경험을 통해서 쌓인 노하우를 가지고 상황 변수를 적절히 통제하고 다루는 능력을 가지고 있는 분들입니다. 그분들만의 객관성과 주관성이 어우러져 훌륭한 결과물을 만들어내는데요. 데이터는 이 과정을 획기적으로 단축할 수 있습니다. 오랜 기간을 걸쳐서 닦아온 장인들에게는 죄송한 이야기지만, 10년의 경험에 걸쳐서 축적해온 결과물을 단 몇 분으로 단축할 수 있는 것이 바로 빅데이터의 힘입니다.

로스팅의 예를 들어보겠습니다. 각각 다른 커피 생산지의 생두 로스팅 프로파일과 그에 따른 주관적 원두 테이스팅 노트, 그리고 객관적 화학성분이 데이터로 남아 빅데이터를 구성하게 된다면 생산지 생두마다 가장 최적의 로스팅 프로파일을 찾아낼 수 있게 됩니다. 개별 로스터들이 주관적인 혀들을 기준으로 수십 번의 시행착오를 겪지 않아도 됩니다. 브루잉의 경우도 원두 특징에 대한 기본 데이터를 기준으로 최적의 브루잉 추출방식을 찾아내는 데 시간을 아낄 수 있습니다. 장인에게 비싸게 배우지 않아도 AI에게 물어보면 금방 답을 찾을 수 있게 될 수 있죠. 커피의 경우, 맹점이 맛이라고 하는 영역이 상당히 주관적이어서 '최적', '최고'라는 말이 모두에게 동일하지는 않습니다. 하지만 이 영역마저도 생두 성분을 화학적으로 분석하고 추출된 원두를, 화학적으로 분석하여 맛을 객관적으로 규정할 수 있다면 객관적 데이터로서 가치가 올라갈 것이라 생각합니다. 그럼 어느 시점에는 커피테크 기업이 제공하는 생두별 프로파일을 값싸게 사서 로스팅하는 날이 오지 않을까 생각합니다. 그런데 사실 이미 이 프로젝트를 시작한 스타트업이 있습니다. 제가 말씀드린 아이디어와 정확히 일치하지는 않지만 커피의 화학성분을 분석해서 최적의 로스팅 프로파일을 찾고, 원하는 맛의 방향의 로스팅 프로파일을 구현해내는 데이터기반 로스팅을 구현하려는 스타트업입니다.

에그스톤

생두의 화학성분을 분석하여 로스팅한 결과물들의 데이터를 가지고 최적의 로스팅 프로파일을 찾는 데 도움을 줍니다. 그리고 원하는 맛을 찾아가도록 로스팅 프로파일을 어떻게 튜닝해야 하는지 데이터 기반으로 설명합니다.

eggstone.co

이번 챕터에서는 미래 커피 산업에서 어떤 변화들이 있을 것인지 예측하고, 이미 시작된 커피테크 기업들의 사례들을 나눠봤습니다. 앞으로 기술기반의 커피 사업을 진행하시고 싶은 혁신가들에게 조금이라도 도움이 되었기를 바랍니다. 저는 IT와 거리가 먼 사람이기 때문에 위 챕터를 정리하고 준비하면서 약간의 민망함을 느꼈습니다. 비전공자가 이야기한 넓고 얕은 이야기이니 예측이 다소 거칠고 현실가능성이 적다 하더라도 넉넉한 마음으로 양해해주시길 바랍니다. 저 또한 부지런히 미래 커피 산업에 적응하고자 IT도 공부하고, 트렌드를 공부하여 아이디어들을 좀더 정교하게 다듬도록 하겠습니다.

**눈떠보니
커피 사업가?!**

2024년 11월 초판 1쇄

지은이 신동민

기획 김진희
디자인 강소연
펴낸곳 (주)넷마루

주소 08380 서울시 구로구 디지털로33길 27, 삼성IT밸리 806호
전화 02-597-2342 **이메일** contents@netmaru.net
출판등록 제 25100-2018-000009호

ISBN 979-11-93752-05-0 (03320)

Copyright © netmaru, 2024
이 책은 저작권법에 따라 보호를 받는 저작물이므로 무단 복제 및 무단 전재를 금지합니다.

책값은 뒤표지에 있습니다. 잘못 만들어진 책은 구입한 곳에서 바꿔 드립니다.